高职高专金融投资专业教材

金融服务营销项目教程

韩宗英　主　编

清华大学出版社

北　京

内 容 简 介

本书将营销、金融、礼仪、商务谈判等知识融合到了一条主线(营销工作)、六个项目(工作流程)的构架中，旨在培养既精通金融营销理论知识又具备金融营销实战能力，既能迅速适应营销岗位又具有发展潜力的金融营销专业人才。

本书适合财经类高职高专三年制的学生使用，也可作为金融本科类在校学生以及金融从业人员的参考用书。

图书在版编目(CIP)数据

金融服务营销项目教程/韩宗英主编. --北京：清华大学出版社，2017（2020.8重印）
(高职高专金融投资专业教材)
ISBN 978-7-302-45825-8

Ⅰ. ①金… Ⅱ. ①韩… Ⅲ. ①金融市场—市场营销学—高等职业教育—教材 Ⅳ. ①F830.9

中国版本图书馆 CIP 数据核字(2016)第 288631 号

责任编辑：陈冬梅
装帧设计：杨玉兰
责任校对：周剑云
责任印制：刘海龙
出版发行：清华大学出版社
　　　　　网　　　址：http://www.tup.com.cn, http://www.wqbook.com
　　　　　地　　　址：北京清华大学学研大厦 A 座　　　邮　　编：100084
　　　　　社 总 机：010-62770175　　　　　　　　　　　邮　　购：010-62786544
　　　　　投稿与读者服务：010-62776969, c-service@tup.tsinghua.edu.cn
　　　　　质量反馈：010-62772015, zhiliang@tup.tsinghua.edu.cn
　　　　　课件下载：http://www.tup.com.cn, 010-62791865
印 装 者：三河市铭诚印务有限公司
经　　销：全国新华书店
开　　本：185mm×230mm　　　印　张：18.5　　　字　数：404 千字
版　　次：2017 年 7 月第 1 版　　　印　次：2020 年 8 月第 3 次印刷
定　　价：48.00 元

产品编号：069318-01

前　言

中国加入 WTO 以后，随着金融市场的深化发展和政府监管方式的转变，市场的经营环境也发生了深刻变化。那种靠政府保护的盈利模式已行不通。一方面是因为金融经营者的数量和规模迅速扩大，各类金融机构在相互竞争的同时，还要面对来自其他国家的金融机构运用先进的营销理念和灵活的营销策略抢夺国内的优质客户所造成的威胁；另一方面是因投资渠道和品种迅猛增加，使金融市场围绕着相对稀少的客户而展开的竞争愈演愈烈，经营者的日子越来越难过，迫使他们不得不放弃那种坐等客户的传统模式，转而探索和建立一种能够适应市场需求的新型经营机制。

投资、银行、保险、期货、外汇、基金、信托以及各类资产管理公司、理财顾问公司等金融机构都在实行经营转型。虽然形式多种多样，但核心内容都是以客户为中心，变坐商为行商。金融机构将公司的全部岗位划分为前台和后台两大块：前台一线人员主要分布在公司的各营业部和营业网点，直接面对客户，负责拓展市场和客户服务工作；后台只留部分人员于公司总部，负责研究开发、委托交易清算、计算机维护和综合管理等工作，全力为一线的营销工作提供业务支持和技术保障。

金融机构的转型，使人才需求的结构和方向也发生了极大的变化，其变化的焦点是市场对营销类金融人才或金融营销人才有大量需求，但供给却远远跟不上。目前，金融企业的营销人员主要来自三个渠道：一是把其他行业的营销人员招聘过来；二是将原有后台员工分派到前台充实一线营销队伍；三是招聘应届毕业生。由于前两种人员不是缺乏金融投资知识，就是缺乏市场营销能力等，而第三种院校人员的培养不仅在数量上不足，更重要的是在实践中与现实要求还存在相当大的差距。特别是金融营销类教材基本上秉持金融知识简单加营销理论，或者是将营销理论冠以"金融"就变成了金融营销，造成学生普遍认为已有的营销概念与策略足以指导一切产品的营销工作，没有很好的找到如何指导金融营销实践的理论，以及如何用金融营销理论解决金融的实际问题的缺口。

《金融服务营销项目教程》是以市场营销学为基本理论框架，以银行、证券、保险和其他金融企业为对象，通过把市场营销和金融服务进行融合，研究和展示金融行业的营销观念、营销流程、营销策略和营销技巧等金融服务营销理论与实务，用市场营销学基本理论指导金融实际工作，实现了市场营销学知识和金融实际工作的紧密结合。

针对金融这样一个特殊的服务行业在营销实际工作中出现的各种问题，作者根据几十年的营销教学、金融教学实践以及实地去金融机构的大量调研，将金融营销理论重新梳理，把营销知识、金融知识融合到六个项目的技能培养中，通过先破后立的大手术，重新构架本书的结构，本着"务实""有用"的精神，根据金融业具体的工作任务对《金融服务营销项目教程》这本书进行了一条主线、六个项目的设计，目的是为了培养出既精通金融营销理论知识又具有金融营销实战能力、既能迅速适应营销岗位又具有发展潜力的金融营销专业人才。

这一条主线是以金融机构的全年工作为主线，以寻找客户、拜访客户、客户调研、客户风险防范、与客户建立合作关系、客户关系维护六个方面的教学和操练，使学生掌握市场细分、目标市场选择、市场定位、客户关系管理理论以及商务谈判、商务礼仪理论在金融实际工作中的运用，培养学生适应经济发展需要，服务地方经济建设，具备能胜任金融企业(各类工商企业、服务行业)的产品销售、市场督导、市场推广、方案策划等岗位；培养出有自信、会沟通、能销售、可策划、学习能力强、具有团队合作意识和创新精神的高素质应用型金融营销人才。

本书具有前瞻性、适用性的特点，可作为从事金融管理实际工作的人员和金融学专业的大学生工作和学习之用，也可作为金融类高校的教师参考书。本书语言活泼生动，文笔特色鲜明，一改传统营销学科生涩枯燥的缺点和不足，为广大读者打开了一扇系统了解现代金融营销理论与实务的窗口，尤其是广大读者能结合金融业实际营销工作将所学到的理论知识加以灵活运用，共同为推动中国金融业的改革与发展发挥积极作用。

本书由辽宁金融职业学院教授韩宗英主编。

本书吸收借鉴了近年来国内外金融营销学科和相关科学研究领域的最新研究成果，特别是得到了清华大学出版社、中国人民银行沈阳分行、沈阳市于洪区永安村镇银行、铁岭农业银行、辽宁省人寿保险公司、辽宁金融职业学院的大力支持。在此，谨向上述各有关单位及专家、同仁们表示衷心的感谢。

由于水平所限，尽管力求周详和严密，其中疏漏和错误依然难免，敬请教正。

编　者

目　录

项目一

寻 找 客 户

本项目要达到的目标：

职业知识

(1) 掌握金融客户分类的方法

(2) 掌握寻找目标客户的方法

(3) 掌握选择目标市场策略需考虑的因素

(4) 掌握选择目标市场的三种模式

职业能力

(1) 能够对金融客户进行分类

(2) 能够正确的选择目标客户

(3) 能用合适的方法对目标客户信息进行初步评价、整理目标客户名单、制定客户开发计划

职业道德

(1) 具有高度的热情和服务意识、强烈的自信心和意志力

(2) 具有吃苦耐劳精神和严谨认真的工作态度

(3) 具有团队协作意识和勇于创新的精神

(4) 具有良好的社交能力、语言表达能力、应变能力

项目提出

A 银行所能给予的中小企业授信额度的准入标准需要满足以下 6 项要求。

(1) 年销售规模达到 3000 万元以上，实际收入(发票收入)2000 万元以上;

(2) 现金流量净额>0;

(3) 经营利润>0;

(4) 资产负债率<70%;

(5) 无不良信用记录，法律诉讼等;

(6) 企业核心负责人工作 2 年以上。

请学生通过上述项目完成金融客户分类、寻找目标客户、确定目标客户三个任务。

任务一　金融客户的分类

任务提出

通过沈阳(当地)企业网"沈阳(当地)企业名录"找出以下行业中，年销售规模达到 3000

万以上的客户(2 名), 填入表 1-1 所示中。

表 1-1　年销售规模达到 3000 万以上的客户

	行业名称	年销售额(万元)
1.工业企业		
2.建筑业企业		
3.批发业企业		
4.零售业企业		
5.交通运输业企业		
6.邮政业企业		
7.住宿和餐饮业企业		

知识准备

引例: 请大家通过以下故事, 分析戴尔是如何对客户进行分类的?

戴尔少年时的一件趣事

戴尔在十六岁那年的夏天找到了一份负责争取《休斯顿邮报》订户的勤工俭学工作。报社交给他一份由电话公司提供的电话用户名单, 让他通过打电话的方式向客户推销, 年少的戴尔非常诧异——报社居然用这种传统的方式推销产品。

小戴尔在争取客户的时候, 观察客户的反应, 并逐渐摸索出一条规律。他发现有两种人会对订阅邮报感兴趣: 一是刚刚结婚的人; 二是搬入新房没多久的人。戴尔想: "怎样才能找到这两种人呢?" 经过明察暗访后戴尔得知, 情侣在结婚前必须到地方法院申请结婚证书, 同时也必须写明住址, 好让法院把结婚证书寄给他们。在得克萨斯州, 这项资料是公开的。所以戴尔找了几个同学去走访几个县市的地方法院, 并一起搜寻和记录休斯顿地区新婚或即将结婚的新人姓名和地址。

接着戴尔又发现, 有些公司会整理出贷款申请者的名单, 而名单上是按照贷款额度来排序，所以很容易找出贷款额度最高的人，戴尔将他们定位为高级潜力客户群。并发给高级客户群中每人一封信，信的开头是每一个人的姓名，信上则提供订阅报纸的资料。

在即将看到成果的时候，小戴尔要开学了，他不甘心自己辛苦所做的就此中断，所以利用课余的时间继续这份工作。经过一段时间的积累工作后，戴尔取得了巨大的成功，第一次他通过细致的分析工作找到了数千名订户。有一天，当教历史和经济学的老师询问他的销售报纸所得报酬时，老师惊讶地发现，戴尔那年赚的比老师还要多。

这就是戴尔在很小的时候通过研究客户需求的差异，进行交叉销售获得利益的故事。

（案例来源：http://web.it.nctu.edu.tw/~etang/1to1marketing/cn/theory.）

在现代广阔而复杂的市场上，产品营销者根本不可能获得整个市场，也不可能用一种产品和销售模式应对所有的客户，更不可能对所有的客户提供需要的所有产品，金融营销者也是如此。一方面，每家金融机构的资源都是有限的，另一方面，不但客户数目巨大，分布广泛，而且所需金融服务又是迥然不同。因此，只有通过市场细分，各家金融机构才有可能发现并充分发挥其资源优势的细分市场，并在该细分市场中取得竞争优势，达到扬长避短的目的。

金融市场上的交易主体均是金融机构的客户，他们是个人、家庭、企业、金融机构、政府，还包括一些事业单位和社会团体(如图 1-1 金融机构客户所示)。

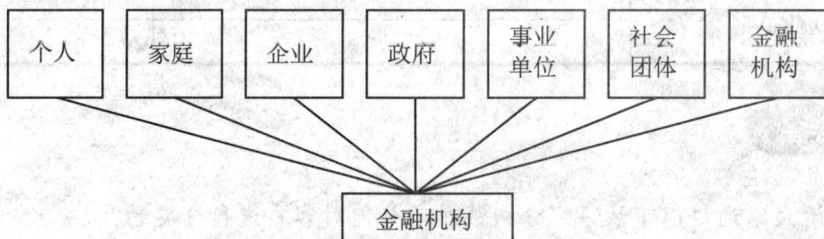

图 1-1　金融机构客户

这些金融机构的客户对金融产品有着不同的需求，根据需求的不同，我们从另一个角度对金融机构的客户分类为：个人客户和企业客户，他们既是金融机构资金的主要供应者，也是资金需求者。

比如在银行，分为个人业务和公司业务两大块；在保险公司，分为个人险和公司险；在证券公司，同样按照个人和企业分为不同的运作部门。

由于与企业在业务范围以及规模上的巨大区别，金融机构往往在统一的营销战略指导下，对于不同的业务范围、规模的企业和企业营销环境，分别制定不同的营销策略。同时，由于不同的客户具有不同的需求，为满足客户的多样化需求，金融机构提供的产品必须具有差异性与易变性。这种差异性和易变性，反映了金融营销面对的客户环境因素的不确定性，也为金融机构改善经营、重视营销、提高竞争力、求得自身发展提供了动力。

一、个人客户细分

随着金融机构的发展和激烈的行业竞争，以及个人财富的积累，为个人客户提供的业务也正在从简单的存款取款、买卖股票和购买保险向更为复杂的按揭、投资等方面发展。由于个人客户在年龄、性别、职业、收入、文化程度等方面的不同，导致他们对金融产品和服务的需求也各不相同。

对于这些具有不同需求的客户，究竟以什么标准加以细分，自然影响和制约着营销的最终结果和目的。例如，有的对利率最为敏感；有的对风险关注；有的选择某种金融产品或服务时会"货比三家"，经过其深思熟虑和全面比较后再做决定。因此，根据客户的偏好设计具有创新的营销手段，无疑将会提高销售量，达到出奇制胜的效果。例如，为了满足客户的生活需要，推出分期付款购买住宅、耐用品的贷款项目；为了满足客户的安全需要，推出保管箱服务等业务。

一般而言，个人客户市场的细分标准通常分为地理标准、人口标准、心理标准、利益标准等。

1. 地理细分标准

世界地区或国家行政区、地理位置、气候、城市大小、密度等都可成为个人客户市场的划分依据。

【教学互动 1-1】

美国纽约的华尔街；英国伦敦的金融城；欧洲的苏黎世、法兰克福；东方的香港等既是世界的名城名街，又是闻名于世的国际金融中心。它们既代表着一个国家的著名金融品牌，也代表着某个地区的金融品牌。

我国金融机构基本按行政地区分布和布局。在东部地区，由于经济发展较好的缘故，金融机构的种类比较丰富、齐全并且分布的密度比较大，在我国的中部和西部地区由于经济发展较慢导致金融机构的数量较少。

分析地理因素对于金融机构选择设置网点的数量和位置有什么好处？

金融机构可根据各地区之间的需要和偏好的不同及其自身的实力来决定在其中一个或一些地理区域中开展业务。如设置新的营业机构或营业网点时，即是按照地理变量来划分的。任何一家金融机构都不会随随便便就设立一处营业机构，因为作为一家自主经营、自负盈亏的企业，它总是要最大限度地用好它有限的资源以求获得最大收益。这就决定了它只会把它的营业机构或网点设置在最有发展前途的区域内。

主要的地理因素分为以下两个方面。

(1) 国外客户和国内客户。这两类客户对金融服务的需求有所不同，国外客户主要是外币化金融产品，国内客户主要是本币化金融产品，此外提供服务方式与手段也有差异，如交流的语言和金融产品载体的文字、输入有关业务时所要履行的手续。

(2) 城市客户、城郊客户、农村客户。城市客户更需要的是多元化的金融产品和服务，城郊和农村客户则主要选择便利的位置。

2. 人口细分标准

人口细分标准是指根据人口的特征(如年龄、性别、收入、职业和地位)来对服务对象进行划分，同组归纳，或者说同类划分。如根据职业上的差别，金融机构可以把律师、会计师、医生或其他白领阶层选择作为特定的服务对象；而针对购房者提供各种住房信用抵押贷款服务，则是以收入作为根据进行的市场细分。根据人口特征来细分标准主要有以下三类。

(1) 年龄。

不同年龄阶段的人，有不同的生活工作经历和生活观念，对待风险和收益的态度也不同。例如，25~34 岁年龄组，注重财富积累和高消费，对财产的增值要求高于保值要求，愿意为获取高额投资回报承担高风险；35~45 岁年龄组，大多数面临着"上有老下有小"的家庭环境，他们一要考虑家庭消费，二要考虑子女教育开支，三要准备个人和家庭其他成员的养老基金等，他们渴求财产的保值与增值，厌恶高风险，因此既重视消费理财，又需要投资理财；46~60 岁年龄组，对储蓄、政府债券和保险特别是养老和医疗保险较为感兴趣。

(2) 收入。

收入也是重要的细分因素。高收入者的工作比较繁忙，偏爱由中介为其理财，对高风险的投资理财有较好的心理承受力；中等收入者的职业稳定，对消费理财和投资理财有兴趣，不喜欢有风险；低收入者的职业不稳定，对储蓄存款的搭配感兴趣，尤其对国债理财更感兴趣，一般不考虑投资理财。

(3) 家庭生活周期。

根据家庭生命周期理论，单身青年，由于收入有限，对资金需求量较大，但家庭积蓄较少，对消费理财感兴趣；已婚且有一定积蓄的家庭，其理财目的重在对子女的教育支付。他们不仅需要生活理财，更需要投资理财；中老年家庭一般与子女分居，在个人理财上关注消费、医疗和养老，重视对低风险金融产品的投资(如表 1-2 家庭生活周期所示)。

表 1-2　家庭生活周期

人生阶段	年　龄	生活方式	金融产品要求
学生	18 岁以下	主要靠父母资助，经济来源有限	简单方便的储蓄账户
年轻人	18～23 岁	离开学校或接受高等教育，或开始工作，收入水平低	现金传递业务 投资或信贷 简便的储蓄账户
年轻夫妇	23～28 岁	已经结婚，双方都有工资收入，生活安定，为家庭各项开支制订计划，准备积蓄	转账付费多功能账户 储蓄账户、消费贷款 保险、遗嘱、旅行服务
有子女的家庭	28～45 岁	工资收入不断增加，孩子已出生，或长大成人，购买耐用品、住房和高价品	转账付费多功能账户 抵押和住房贷款、保险 教育储蓄、遗嘱、消费贷款
中年人	45 岁至退休之前	工资收入高，有的继承巨额遗产，个人可支配收入增加	储蓄和投资、非经常性贷款、重置抵押、更换/改善住房贷款、财务咨询服务
退休老人	60 岁以上	拥有一笔可观的财产，可能为配偶的去世做准备	现金收入管理、信托服务 财务咨询

3. 心理细分标准

由于不同个人客户的消费目的、性别、年龄段、素质、性格、家庭、社会地位、职业等情况差异较大，在消费心理上的表现也有很大不同，而行为是心理的表现，通过对客户行为模式的分析，可把握客户性格，透析客户心理，并针对不同类型客户采取差异化的处理方法。

人群的心理特征与所属的社会阶层、生活方式和个性有关。

(1) 社会阶层。

社会阶层是指人类之间有相对的同质性或持久性关系，按一定等级序列排列的群体集合，每一个阶层成员具有类似的价值观、兴趣爱好和行为方式。因此，不同社会阶层对金融产品和服务的感受是不一样的。较低阶层群体比较喜欢储蓄，因为储蓄账户带来的是切实、具体感受到的价值；其次，不愿意承担风险，倾向能迅速变现的金融产品。社会阶层越高，以投资方式保存财产的可能性越大。因为他们愿意承担较高风险和较长期限，以寻求较高回报。

社会阶层的划分常常用于信用卡的销售和服务。我国银行为了使信用卡适应社会不同阶层，除普通的大众卡以外，还为显示高收入者身份，打造了白金卡、金卡。例如，招商银行推出的金葵花贵宾卡，专为在该行各项存款余额 50 万元以上、存款 30 万元以上、贷款 30 万元以上或贷款 70 万元以上的客户提供专门的高水平服务。

（2）生活方式。

客户的生活方式可以表现为追赶时髦或讲究经济实惠等。为了迎合人们生活方式的差异，中国建设银行推出了量身定做的"精彩人生"系列产品：青少年是"花样年华"品种，公司业务经理是"白领一族"品种；公务人员是"行政精英"品种；海外回国人员是"海外归鸿"品种，老年人是"悠闲晚年"品种。广东发展银行为频繁搭乘飞机往返的商务、公务人员提供"南行明珠信用卡"；为喜欢到香港旅游购物者提供"香港旅游购物卡"。

西方有些保险公司根据生活方式和行为来细分市场，如针对已婚妇女比男人开车小心谨慎，索赔的概率相对较低的特点，降低保费标准；同样对于不吸烟者、已婚司机和不动产所有人，由于他们重视自己的生命存在而行为谨慎，也收取较低的保费。

（3）个性。

个性是一个人特有的心理特征，是指使一个人对其所处环境作出一系列和连续不断的反应，常常用自信、被动、顺从、保守、爱冒风险和适应等来描绘。

保守型个性的客户在购买金融产品时总是选择相对安全可靠、风险较小的金融企业及其产品，他们关心的是自身投资的安全，收益则放在第二位。而爱冒险的客户则刚好相反，他们更注重投资收益或财产的增值，愿意冒一些风险来换取可观的回报。我国基金市场上有许多不同风格的基金产品，其目的在于对不同投资者偏好的细分和选取。

4. 利益细分标准

一个产品或服务能带来多重利益是因为不同的消费者看待各个利益的重要程度不同。

例如，对银行服务的看法：老年蓝领阶层或地位稍低的下层白领，将便利放在第一位；而上层白领人士则倾向于寻求高质量的、个性化的服务，服务中所体现的诚实正直和自我完善等因素更为重要。同样，对于金融产品具有的利率、期限、风险等要素，如果按利益重要性排序，不同阶层的表现是不同的。金融机构通过利益标准分析客户群，设计并推出适应不同利益追求者的差异性产品和服务。

二、企业客户的市场细分

企业客户也是金融机构的重要客户。企业客户与个人客户具有较多的不同之处：首先企业客户所涉及的金额是个人客户不能达到的；其次，企业客户向金融机构提供的业务种类和业务范围也比个人业务更丰富广泛。因此，对于企业客户，金融机构的重点并不能仅仅放在提高服务质量上，而是应该根据不同的客户开发推出满足其需求的业务和服务，把重点放在提高产品的质量上。企业客户业务不同于消费简单商品，它的营销手段也能通过大量的广告和诱人的促销推广来提高企业形象这么简单。比如，我们可以从电视、报纸广告上看到许多银行的信用卡广告，可是却几乎看不到针对企业客户的广告，这虽然只是在广告方面的差异，却已经显示出金融营销对于不同的客户类型应该有不一样的策略。

相对于企业客户，金融机构为个人所提供的金融产品则更像是一般意义上的普通商品。

【教学互动 1-2】

花旗银行个人业务部门的经理多是从一些生产消费产品的企业中(如联合利华)招聘而来。它们认为银行的个人金融产品除了在开发方面与普通的商品有所区别外，在营销方面的理念则与普通商品完全一致，从制定价格、设计销售渠道、做广告促销、营销人员与客户的接触都可以按照普通的营销活动来进行。

请找出金融产品和普通商品相同的例子来。

根据数据统计，20%的客户往往占有所有财富的80%。因此金融机构有效的营销活动就是找出这 20%的客户的共同特征，并有针对性地对他们采取促销活动，以吸引更好的这种类型的客户。

公司客户在企业规模、产品特征、业务特点、经营状况、风险大小等各方面存在着差异，所以，金融机构对公司客户，通常按照机构营业额、种类、行业属性、企业规模、信用等级、地理位置等进行细分。

1. 企业规模细分标准

企业规模的差异在很大程度上决定着企业对于金融产品需求的差异。主要分为以下三类。

(1) 小型企业。年产值或年营业额在 500 万以下的为小型企业，主要需求为存款及存款组合、担保贷款、抵押贷款、国内结算业务、保管箱业务、信托业务、单位信用卡业务、公司理财、代理业务、代理企业财务等。

(2) 中型企业。年产值或年营业额在 500 万到 1 亿之间的为中型企业，主要需求比小型企业增加了国际结算业务、租赁业务、代理外汇买卖业务。

(3) 大型企业。年产值或年营业额在 1 亿以上的为大型企业，主要需求比中型企业增加了代理股票上市、银行担保、银行表外业务等。

2. 机构种类和行业分类标准

机构种类用来区分工业、商业、社会团体、慈善机构法人和非法人等各类社会机构。金融机构主要面对的是从事制造、贸易、服务等商业活动的法人机构。

工商行业分类，还可以从产业分工的角度分为三种产业，即第一产业(农业)；第二产业(制造业)；第三产业(服务业)。其中，各个产业又可以进一步划分成更细更具体的行业。例如，制造业具体可细分为钢铁、电力、交通等基础制造行业；机械、化工、汽车制造行业；电器设备行业等。服务业可细分为贸易、房地产、通信、餐饮、娱乐、航空、物流、教育、金融和法律、财务咨询等行业。许多金融机构针对自己关注的细分市场在内部设立与之对应的业务部门，通过研究部门给予宏观和微观的分析研究报告，形成对业务发展的支持策略。

现在银行争夺激烈的行业细分市场主要有：高速增长并成为经济支柱的房地产业和汽车业的信贷业务；发展刚刚起步但潜力巨大的针对供应链上下游融资的物流金融；由于我国对外贸易规模巨大，国际贸易融资与结算也是一个巨大的细分市场。表1-3列出了商业银行提供的专门针对进出口贸易细分市场的客户——进出口商的授信服务产品。

表1-3　进出口商细分市场的授信产品

服务项目	国内业务	海外业务
存款服务	各种服务协议和洽谈	当地货币的活期储蓄账户
贷款服务	票据贴现，买卖双方的出口，生产贷款，租赁，福费廷，出口贷款	现金贷款，票据贴现
外国企业	货币兑换，提供旅游支票，托收票据，信用证，出口信贷保证，活期账款汇兑	货币兑换，提供旅行支票，进出口票据托收，信用证
转让服务	邮寄或电信转让，外币或本币汇票	邮寄或电信转让，外币汇款
信息及其他	授信建议，资信调查报告/证明，介绍函，保证、担保和保税单、保付单	有关信息，资信调查报告或证明，介绍函，保证、担保和保税单、保付单

3. 信用等级标准

信用等级标准是国际通用的传统划分方法。如将企业作为授信对象划分成 AAA 级、AA 级、A 级、BBB 级、BB 级、B 级等，银行通过掌握不同企业的授信方式和授信额度，提供相应服务，也可以作为营销的细分市场依据。

4. 企业生命周期阶段与风险承受标准

一个企业一般会经历建立阶段、成长阶段、成熟阶段、衰退阶段，这些阶段为细分企业市场又提供了一个依据。例如，风险资本投资高成长高风险的新技术企业，一般是在新技术企业建立阶段进行投资，其目的是为了追逐高收益。而商业银行借贷资本一般在企业的扩大和增长阶段介入，获取的收益相对较低，但因为风险较低使得收益有较高的稳定性。

5. 地理位置标准

企业的地理位置划分标准与个人客户市场类似。但要特别重视我国的区域经济发展规划，将其作为一个符合国情的重要地理位置标准。区域发展规划是国家战略规划，在实施过程中，既离不开金融业的支持，也给金融业带来巨大机会。

近两年，国家区域规划地推出呈加速和全面开花之势。2009 年，国务院批复了多个区域经济发展规划。批复的规划数量是过去三四年的总和，出台速度和力度前所未有。已经批复的区域经济发展规划包括：长三角、珠三角、北部湾、环渤海、黄三角、海峡西岸、东北三省、中部和西部。2010 年以来，又推出了海南国际旅游岛、皖江城市带、柴达木地区、沈阳经济区、重庆两江新区、新疆区域、西藏区域、成渝经济特区、京津冀都市圈区域、大小兴安岭林区等区域发展规划。我国新的区域经济版图逐渐成形，资本金融市场对此反应最敏感和快捷，区域经济板块首先成为股票市场追逐的热点之一。

三、其他重要的细分市场

1. 旅游者市场

随着社会的发展进步，人民收入也在不断增加，出门旅游的人越来越多。下列金融产品和服务项目是受旅游者欢迎的：各种形式的旅游保险、旅行支票、信用卡、度假前的储蓄计划、度假贷款、货币兑换等。

2. 出国人员市场

一国公民长期或短期到他国就业或接受教育，也可以形成一个客户群体。金融企业服务于这些特殊的出国人员有三大好处：①通过对他们提供财务咨询、投资比较、保险、建立离岸的资金账户等业务，从中获取利润和佣金；②人员跨境往来一定伴随着资金往来，增加货币汇兑、结转业务，带来相关收益；③他们最终回国时，大部分拥有大量财富，金融企业借助长期建立起来的友好关系，可以在国内仍与其保持合作关系。这是一个富有吸引力的潜在市场。

3. 妇女市场

妇女几乎占总人口的一半，过去金融机构大多忽视了这个重要的市场。现在妇女很少是家庭主妇，大多是有职业和收入。越来越多的妇女受过高等教育，并位居管理地位，具备了影响商业发展的能力。有独立地位的女性(如单身妇女、已婚或未婚母亲)，她们的生活方式和态度(比如对于生孩子问题)也在发生改变。这对于金融机构意味着新的细分市场，为金融顾问、贷款服务、投资、抵押等金融服务提供了新的机会。再有以年龄进一步细分出的老年妇女市场，她们拥有的财富在社会总财富中占相当大的比重。

【教学互动 1-3】

美国老年妇女市场控制美国家庭财产的 43%；美国 5100 万名股东中，妇女占 35%；美国成人女性购买人寿保险单的数量占总数的 40%，保险费为总数的 30%，等等。由于男女寿命上存在的差异，老年女性一方面控制着自己半生的劳动收入，另一方面又接管丈夫去世留下的财产，成为一个有巨大潜在利润的细分市场。许多年迈的妇女往往弄不清各种纳税规定，也没有能力选择最佳的投资机会。

分析老年女性为金融企业提供了什么样的盈利机会？

4. 学生市场

这个细分市场是金融机构未来的市场。金融机构对学生市场的营销，期待的是学生毕业以后，继续保持对银行的认同和忠诚。在英国，学生市场是界定清楚、发展迅速的细分市场之一。著名的巴克莱银行最先将其营销活动直接定位于学生，为学生的小额贷款和透支提供各种鼓励性优惠利率。因为今天的学生可能就是明天商界的成功人士。银行越早得到这些客户，以后留住这些客户的可能性越大。

同步案例

【案例1】

请大家分析案例"建设银行的市场细分"，谈一谈市场细分的重要性。

对顾客应当有所了解

有一天，业务顾问把原一平介绍给某公司的总经理。原一平带着顾问给他的介绍函，欣然前往。

可是，不论原一平什么时候前去总经理的住处拜访，总经理不是没回来，就是刚出去。每次开门的都是一个像是颐养天年的老人家。

老人家总是说："总经理不在家，请你改天再来吧！"

"你们总经理真是个大忙人，请问他每天早上什么时候出门上班呢？"

"忽早忽晚，我也搞不清楚。"

不管原一平用什么旁敲侧击的方法，都无法从那个老人口中打听出任何消息，他心想："真是一位守口如瓶的怪老头。"

就这样，在三年零八个月的时间里，原一平前前后后一共拜访了该总经理70次，每次都扑空了。

原一平很不甘心，只要能见那位总经理一面，纵使他当面大叫："我不需要保险"，也比像这样连一面都没有见到要好受些。

刚好有一天，一位业务顾问把原一平介绍给附近的红酒批发商M先生。

原一平在访问M先生时，顺便请教他："请问住在您对面那一幢房子的总经理，究竟长得什么模样呢？我在三年零八个月里，一共拜访他70次，却从未碰过一次面"

"哈哈！你实在太粗心大意了，喏！那边那位正在掏水沟的老人家，就是你要找的总经理。"

原一平大吃一惊，因为M先生所指的人，正是那个每次对他说"总经理不在家，请你改天再来"的老人家。

原一平有一种被戏弄的感觉，立刻赶了过去。老人家仍拿着竹棍掏个不停。

"糟老头子，竟敢耍我，哼！你就等着瞧吧！"

原一平双手环抱胸前，静静地等他掏完水沟，心想："气死我了，原来一直守口如瓶的怪老头，就是我要拜访的总经理，真是有眼无珠！"

原一平仔细地观察那位老人——瘦巴巴的身子配上一张顽固的脸，他一定是位相当固执的人。

一直到老人家直起了腰，打个哈欠，收起那根长竹竿，从后门走进去。原一平走上前去，轻轻敲他的前门。

"请问有人在吗？　"

"什么事啊？　"

应声开门的仍是那位老人家，脸上一副不屑的样子，意思就像说："你这小鬼又来干什么！　"

原一平倒是平静地说："您好！承蒙您一再地关照。我是明治保险的原一平，请问总经理在家吗？　"

"唔！总经理嘛？很不巧，他今天一大早去国民小学演讲去了。"

老人家神色自若地又说了一次谎。

原一平这种矮个儿，如今派上了用场。由于他身材矮小，所以双手正好在门口的窗沿上。他握紧了拳头，猛敲窗沿一下。

"哼！你自己就是总经理，为什么要欺骗我呢？我已经来了 71 次了，难道你不知道我来访问的目的吗？　"

"谁不知道你是来卖保险的！　"

"真是活见鬼了！要向你这种一只脚已进棺材的人卖保险的话，会有今天的原一平吗？再说，我们明治保险公司若是有你这么瘦弱的客户，岂能有今天的规模？　"

"好小子！你说我没资格投保，如果我能投保的话，你要怎么办？　"

情形愈演愈烈，原一平发觉自己已经不是在卖保险，而是在争吵了。既然已经骑在虎背上，他决定坚持到底。

"你一定没资格投保。"

"你立刻带我去体检，小鬼头啊！要是我有资格投保的话，我看你的保险饭也就别再吃啦！　"

"哼！单为你一人我不干。如果你全公司与全家人都投保的话，我就打赌去做。"

"行！全家就全家，你快去带医生来！　"

"既然说定了，我立刻去安排。"争论到此告一段落。

原一平判断总经理有病，会被公司拒绝投保，所以觉得这场打赌赢定了。

数日后，他安排了所有人员的体检。结果，除了总经理因肺病不能投保外，他家里的其他人都变成了他的投保户。这一次的成交金额，打破了原一平自己所保持的最高纪录，而且新纪录的金额高达旧记录金额的 5 倍之多。这件事使他深刻体会到，越是难缠的客户，其潜在购买力越强。

原一平虽然创了一个新纪录，可是他因为这件事，深刻地反省了自己。

只是由于不认识客户的相貌，竟然在三年零八个月里，白跑了70趟。可笑的是，已经与客户见过多次面了，却还在拼命地寻找客户。

原一平认为，这是不应有的错误，因此做了下列四点改进：

一、以后有人介绍客户时，必须先向介绍者询问客户的相貌、特征，例如脸形是细长还是圆形，眉毛是粗浓还是细淡，发型与黑痣的情况等。若没有介绍者，务必找人问出客户的体态与特征。

二、备妥隐形照相机，遇到可能是自己所要的对象时，立即偷偷拍摄下来，让认识此对象之人确认相片。

三、在客户卡上贴上照片，以便重复温习，加深印象。

四、任何有接触的客户，不管对方的反应如何，绝对不可半途而废，有始无终，一定要坚持到底，在事情落实之后，做个了结。

【案例2】

请大家分析两个案例对你的启示？

寻找能点石成金的石头

在很久很久以前，有一个非常勤劳的农夫，他每日都起早贪黑地勤奋劳作最终感动了上帝。

一天晚上，上帝托梦告诉他，在一个海边的石头堆里有一块可以点石成金的石头。这个石头比一般的石头要热，拿这块石头去撞击其他的石头，其他的石头就会变成金子。

第二天，农夫将现有的财产全部变卖，按照上帝的指示来到了那个海边。他在那里草草地盖起一座房子后，就开始寻找那块能点石成金的石头。面对海边成千上万的石头，他没有动摇。他捡起一块石头，摸一摸它的温度，它不比别的石头热，然后就把这块石头远远地扔进了海里。

接着，他又捡起一块，还不是，他又把这块石头远远地扔进了海里。就这样第三块，第四块……

一天又一天，他早出晚归，将一块一块石头捡起来，再远远地扔进了海里。他相信自己一定能够找到上帝托梦的能点石成金的石头。时间一年一年地过去了，尽管他的信心依旧，但扔石头的动作已经成了他的习惯。

一天，他真的捡起了那块能够点石成金的石头，但还是习惯性地将那块石头远远地扔进了海里。当石头在抛出他的手时，他才反应过来这块石头是热的。但那块石头已经落进了远远的海水里，激起了一朵浪花。就这样，农夫不仅前功尽弃，而且永远失去了上帝赐予他的机会。

拐弯处的发现

一位年轻人乘火车去某个地方。火车行驶到一片荒无人烟的山野之中时，人们都一个个百无聊赖地望着窗外。道路前面有一个拐弯，火车开始减速，这时一座简陋的平房缓缓进入年轻人的视野。同时几乎所有乘客都睁大眼睛"欣赏"起寂寞旅途中这道特别的风景，甚至有的乘客开始议论起这房子来。年轻人的心当时为之一动。在返回路途中，他提前在离平房最近的车站下了车，不辞辛苦地找到了那座房子。房子主人告诉他，每天火车都要从门前驶过，噪声实在让人受不了，便很想以低价卖掉房屋，但多年以来一直无人问津。

不久，年轻人用 3 万元买下了那座平房，他认为这座房子正好在拐弯处，火车经过这里都会减速，疲惫的乘客在看到这座房子时就会精神一振，此时用来做广告是再好不过的。

很快，年轻人开始和一些大公司联系，推荐房屋正面这道极好的"广告墙"。后来可口可乐公司看中了这道墙，在 3 年租期内支付给年轻人 18 万元租金。

(案例来源：耿印权. 营销实战精要. 中国经济出版社，2005)

同步阅读

客户的分类方法

一、工商企业类客户

(一)按规模划分的工商企业类客户

1. 小型企业

经营产品单一，市场份额有限，经营风险较大，但经营灵活，能在市场缝隙中求得生存与发展。这类企业融资渠道有限。营销人员可为其中有发展前景的企业拓展顾问服务，帮助企业选准市场定位，搞好发展战略。

2. 大中型企业

按经营范围又可分为多元化经营的大中型企业和专门领域经营的大中型企业两种模式。前种模式的优点是抵御经济波动的能力较强，缺点是每一经营领域往往缺乏足够的市场竞争力；后种模式的优缺点正好相反。两种模式的大中型企业对金融产品的需求量都很大。企业融资渠道较多，营销人员应采取有差异化的特色服务来吸引他们。

3. 企业集团

是指具有共同利益，并以产品或资产等为纽带连接在一起的企业群体，多是跨行业、跨地区，经营多种产品。这种企业对银行业务的需求是全方位、多侧面的。对银行来讲，这种企业是具有很大吸引力的目标客户。对有财务公司的企业集团来讲，银行营销人员应注重同这种"企业内部银行"来合作(见表1-4 大中小型企业划分标准)。

表 1-4 大中小型企业划分标准

行业名称	指标名称	计量单位	大 型	中 型	小 型
工业企业	从业人数	人	2000 及以上	300～2000 以下	300 以下
	销售额	万元	3000 及以上	3000～3000 以下	3000 以下
	资产总额	万元	4000 及以上	4000～40000 以下	4000 以下
建筑业企业	从业人数	人	2000 及以上	600～3000 以下	600 以下
	销售额	万元	3000 及以上	3000～3000 以下	3000 以下
	资产总额	万元	4000 及以上	4000～40000 以下	4000 以下
批发业企业	从业人数	人	200 及以上	100～200 以下	100 以下
	销售额	万元	3000 及以上	3000～3000 以下	3000 以下
零售业企业	从业人数	人	500 及以上	100～500 以下	100 以下
	销售额	万元	15000 及以上	1000～15000 以下	1000 以下
交通运输业企业	从业人数	人	3000 及以上	500～3000 以下	500 以下
	销售额	万元	30000 及以上	3000～30000 以下	3000 以下
邮政业企业	从业人数	人	1000 及以上	400～1000 以下	400 以下
	销售额	万元	30000 及以上	3000～30000 以下	3000 以下
住宿和餐饮业企业	从业人数	人	800 及以上	400～800 以下	400 以下
	销售额	万元	15000 及以上	3000～15000 以下	3000 以下

说明：表中的"工业企业"包括采矿业、制造业、电力、燃气及水的生产和供应企业三个行业的企业。

(二)按所有制划分的工商企业类客户

1. 国有独资或国有控股企业。国有企业是我国国民经济的重要力量，也是金融企业应该特别关注的客户群体。分为国有独资企业、国有控股企业和国有参股企业。目前大部分是国有控股企业。中央直管的国有企业效益都比较不错，在各自领域基本都是排头兵，它们是金融企业积极争取的对象。

2. 民营企业。我国民营企业有两类，一类是私有的民营企业，从成立之初就是民间投资；另一类是从原来的乡镇企业基础上改制而成的国有民营。这类企业的主要合作伙伴是城乡信用社。随着规模扩大，这类企业对银行业务的需求急剧增长。民营企业一般规模较小，经营灵活，但融资渠道十分有限，迫切需要银行提供金融服务。由于私有民营企业主要实行家族式管理，金融营销人员在与其建立业务关系之前应重点考察其管理水平及可能存在的风险。

3. 外商投资企业。外商投资企业在企业制度、经营管理、市场营销、生产管理等方面具有一定的优势，在金融行业中的信誉较高，是金融行业希望得到的业务伙伴，但外商投资企业对金融服务的要求也较高，需要具有较高水平的金融营销人员前往接洽。

4. 混合所有制企业。混合所有制企业因投资主体多元化，大部分是规范的现代股份制企业。这类客户一般规模较大，集团化发展趋势明显，经营业绩良好，也是金融企业积极争取的对象。

(三)按行业划分的工商企业类客户

1. 商贸服务企业。包括商场、配送中心、超市、仓储中心、饭店、旅游等其他服务类企业。商贸服务企业的特点是流动资金需求量大，资金周转速度快，但自有资金较少。那些进货渠道通畅、地理位置优越、在消费者心目中信誉高的商贸服务企业是金融行业积极争取的对象。在与商场、配送中心、超市和仓储中心发展业务时，应注意它们的地理位置、进货渠道、存货水平、应付账款及与供货商的关系；在与饭店发展业务时，应注意它们的地理位置、客房满率、服务水平及饭店的星级；在与旅行社发展业务时，应注意它们的业务覆盖范围、服务水平、业务规模等情况。

2. 制造业。这里所讲的制造业主要指传统的工业生产类企业，如机械、汽车、电子、电力设备制造、轻工、纺织、建材、医药、石油化工、有色、黄金、煤炭开采等。这类企业专业性强，金融营销人员需同各类专家对其生产、市场、管理、行业等方面进行会诊。

3. 公用事业类企业。包括城市道路、城市供水、机场、铁路等。这类企业一般盈利水平低，但资金沉淀量大，且背后往往有政府支持，也是金融营销人员积极争取的对象。

4. 外贸类企业、建筑安装类企业、房地产类企业和投资管理类企业。

5. 综合类企业。指的是主营业务跨行业较多的集团公司及业务类型难以归入上述几类的企业。金融营销人员在与此类企业打交道时，一定要关注其主业情况。

(四)按效益状况划分的工商企业类客户

1. 景气企业。指在市场占有率、技术创新水平等方面处于上升阶段的新兴企业，或各方面都处于进一步发展的企业。这类企业是金融营销人员积极争夺的对象，但应注意企业潜在的风险。

2. 一般企业。指经过一定时期的发展，企业及其所在行业已进入相对成熟阶段。这类企业对银行产品的需求量大，但由于其利润率水平已经下降，金融营销人员应重点关注其信用水平及未来发展前景。

3. 亏损企业，这类企业急需银行的支持，但由于效益状况恶化，会给银行带来巨大风险。由于亏损，这类企业中的部分企业往往会通过做手脚来骗取银行贷款，故银行营销人员应对其做深入调研。对这类企业中暂时出现困难但仍具有发展前景或具有重组价值的企业，营销人员仍可与其进行合作洽谈。

二、机关团体类客户

机关团体类客户虽主要不进行生产经营活动，但有相当的资金沉淀量，是银行开展代收代付、代发工资等中间业务及吸收存款的理想对象。对其中公益性质较强的机构，如效益好的学校、医院等发放贷款业务会更加安全。

机关团体类客户主要有以下 7 类

1. 协会、学会、研究所、设计院

此类客户有工业经济联合会、国际经济关系学会、机械工业协会、商业文化研究会、企业管理协会、银行业协会、粮食研究所、无线电研究所、建筑设计院、中科院、社科院、农科院、林科院等。

2. 医院

此类客户有社区医院、小班医院(对外营业的，如北京大学附属医院；只对学校师生开放的，如校内医院)、卫生部门直属医院、民办医院，以及养老院、保健院。在我国根据医疗质量综合考评标准，将医院从高到低划分三级九等，即三甲、三乙、三丙；二甲、二乙、二丙；一甲、一乙、一丙。三级甲为级别最高的医院。

3. 学校

此类客户有公立学校、民办学校、大学、职业教育学校、中小学、培训学校。就大学而言，有全国排名前列的清华大学、北京大学、浙江大学、南京大学，也有排名稍稍靠后但名气依然不小的其余"211 院校"，还有普通的地方高等院校。带有职业培训性质的学校最近几年也有一些，如国家会计学院，国家检察官学院等。

4. 事务所

此类客户有会计师事务所、律师事务所等。这类组织一般采取合伙人制，实行企业化经营。

5. 政府及附属部门

此类客户有国家发展改革委员会、国资委、财政部、铁道部、农业部、烟草专卖局、工商行政管理局、海关总署等政府部门；人大立法部门；司法、检察院；街道办事处；军队。中央政府的资金管理体系目前已基本完成改革，实行财政资金直接和授权支付。在这种情况下，中央预算单位必须在具有办理代理支付业务资格的银行进行开户。各银行可以利用这一契机，对各政府机构进行深入营销，扩大服务范围。此外，各地政府机构的资金管理体制也正在按中央改革精神进行改革，为银行提供了较大的业务拓展空间。

6. 新闻出版单位

此类客户有出版社、杂志社、编辑部、报业集团等。对这类客户服务除代发工资外，可开展代发稿费服务。当前除人民出版社外，其他出版社均已改制实行企业化经营。在市场竞争中，很多出版社脱颖而出，其销售额突破亿元，有的甚至达到几十亿元，是非常优质的银行客户。媒体的集团化发展非常迅速，报业集团发展就是明证。一个报业集团下面一般有晚报、早报、日报等。

7. 中介机构

此类客户有职业介绍所、婚姻介绍所、房屋中介等。

三、金融同业类客户

1. 银行

银行又称存款类金融机构。此类客户有中国银行、中国农业银行、中国工商银行、中国建设银行、交通银行、国家开发银行、华夏银行、中国光大银行、中信实业银行、中国民生银行、深圳发展银行、浦发银行、广东发展银行、兴业银行、浙商银行、渤海银行、邮政储蓄银行等全国性商业银行；北京市商业银行、上海银行、徽商银行等城市商业银行(区域性商业银行)；中国农业发展银行、中国进出口银行等政策性银行；北京市农村商业银行等农村商业银行，以及上述各银行的分支机构；汇丰银行、花旗银行、大通银行等外资银行在华分支机构。

2. 信托公司

信托公司的要义在于"托人之托，代人理财"，发行信托计划是其经营的重要内容。

3. 基金管理公司

目前已成立的基金管理公司有华安、华夏、达成、嘉实、富国、博时、长盛(以上注册地在北京)、国泰(注册地在上海)、南方、鹏华(以上两家注册地在深圳)等多家。其旗下管理着多只基金。

4. 证券公司

近几年证券公司经历了重新洗牌，很多证券公司被关闭，也有很多全国知名的证券公司被重组。

5. 保险公司及保险中介公司

保险公司目前主要有中国人寿保险、太平洋保险、平安保险、泰康保险、新华人寿保险、中国再保险公司等，国内保险公司的分支机构及外国保险公司在华分支机构。

保险中介公司目前也有很多家，如江泰保险经纪有限公司(注册地在北京)、北京合盟保险代理有限公司等。

6. 资产管理公司

目前的资产管理公司除早先成立的华融、信达、长城、东方等四家资产管理公司外(这些原以处理银行不良资产为主业的公司已开始转向金融控股集团方向发展)，还有很多以私募股权基金为主业的资产管理公司。

7. 其他非银行金融机构

城乡信用社、企业集团的财务公司、金融租赁公司、汽车金融公司、典当行等非银行金融机构也是商业银行可积极争取的客户。

(案例来源：宋炳方. 商业银行客户营销. 经济管理出版社，2011)

任务二 搜寻目标客户

任务提出

请学生以小组为单位找出符合以下标准的企业，并向大家展示所用搜寻目标客户的方法。

(1) 年销售规模达到 3000 万以上，核实收入(发票收入)2000 万以上;

(2) 现金流量净额>0;

(3) 经营利润>0;

(4) 资产负债率<70%;

(5) 无不良信用记录，法律诉讼等;

(6) 企业核心负责人工作 2 年以上。

知识准备

请大家读以下案例，思考小李是如何发现优质客户的?

客户从哪里来

小李是一名客户经理。六年前，小李从前台柜员转入客户经理队伍，既无经验，又无资源。六年后，小李成为全行"百佳客户经理"，能够取得今天的业绩，和所有客户经理一样，小李付出了很多。

客户从何而来，是做营销的首要问题。但客户在哪里，却并非每个人都心中有数。小李没有很硬的关系资源，也没有出众的营销天赋。刚干客户经理时，他维护的客户只有几家，且规模不大。现在，他的客户越来越多，人脉越来越广。

做个有心人，客户就在身边。客户需要用心寻找，用心服务。在长期营销过程中，小李养成一个习惯，一走进营业大厅，就喜欢观察在众多陌生的面孔中，是否有询问的眼神，遇到这样的眼神，小李总会主动上去寻问是否需要帮助，然后，为客户解决问题，记录客户信息及需求。

一次，小李发现一个小伙子拿着存款凭条，却长时间没有填写，而在观察银行储蓄柜员，小李主动上前，询问是否需要帮助。小李猜想小伙子应该是第一次到银行办理业务，就帮小伙子在叫号机上抽了号，并细致地告诉小伙子办理业务的程序。没想到小伙子问小李，你们行大额存现的速度快不快？从小伙子的衣着举止看，小李猜想小伙子可能要存几万元吧，小李对小伙子所有的提问，都耐心地一一解答，并给小伙子留了名片。小伙子对小李的解答非常满意，笑着说："就凭你的热情，我会再来的"。

下午 5 点多，小李突然接到一个陌生电话，原来是那小伙子打来的，小伙子说现在有800 多万现金，能不能今天存进来。小李立即与营业室经理协调，组织专门人力，以最快的速度上门服务，客户惊讶的表示，您行的服务真是细致高效啊！就这样，小李一次不经意的交流，为银行带来 800 多万储蓄存款。

(案例来源：银行故事及业务 1，百度文库)

客户是金融机构营销活动服务的对象，是企业一切活动的出发点和归宿，也是金融机构的目标市场，谁赢得了客户，谁就赢得了市场。因此，金融营销工作主要是营销客户并维持与客户的关系，但做好这些工作并不容易，在金融营销战略确定后，关键是要得到有效执行。战略本身制定得再好，如果不能得到有效执行，那也只是纸上谈兵。因此，战略的执行要落实在行动上，那就是营销人员要走出办公室，按照战略确定的重点和客户范围去寻找客户、营销客户。

金融机构的目标市场，是指在市场细分的基础上，被金融机构选定的、准备以相应的金融产品或金融服务去满足核心客户群或主客户群需要的一个或若干个细分市场。这些细分市场在金融机构的细分市场中居核心位置和主导地位，它们的开发和占领，能直接或间接地影响和带动其他细分市场。目标市场也是金融机构为其服务并能从为其提供的金融服务中获利的市场。在金融机构的所有客户中，有一部分客户是金融机构金融产品和金融服务的主要消费者，这些核心客户群与主客户群是给金融机构带来盈利的主要对象。金融机构主要以满足这部分客户的需求来开发新的金融产品和金融服务，并以此作为自己经营活动的目标市场。

一、搜集目标客户的信息

1. 普遍寻找法

这种方法也称逐户寻找法或者地毯式寻找法。其方法的要点是，在营销人员特定的市场区域范围内，针对特定的群体，用上门、邮件或者电话、电子邮件等方式对该范围内的组织、家庭或者个人无遗漏地进行寻找与确认的方法。比如，将某市某个居民新村的所有家庭作为普遍寻找对象。

优势：

地毯式的铺开不会遗漏任何有价值的客户；寻找过程中接触面广、信息量大、各种意见和需求、客户反应都可能收集到，是分析市场的一种方法；让更多的人了解到金融机构。

缺点：成本高、费时费力；容易导致客户的抵触情绪。

因此，如果活动可能会对客户的工作、生活造成不良的干扰，一定要谨慎进行。

普遍寻找法可以采用营销者亲自上门、邮件发送、电话，也可以与其他营销活动结合进行的方式展开。

2. 广告寻找法

这种方法的基本步骤是：向目标顾客群发送广告；吸引客户上门展开业务活动或者接受反馈。例如，通过先到社区发放金融产品宣传单，然后在目标区域展开活动。

优点：传播信息速度快、覆盖面广、重复性好；相对普遍寻找法更加省时省力。

缺点：需要支付广告费用、针对性和及时反馈性不强。

3. 介绍寻找法

这种方法是营销者通过他人的直接介绍或者提供的信息进行寻找顾客，可以通过熟人、朋友等社会关系，也可以通过企业的合作伙伴、客户等由他们进行介绍，主要方式有电话介绍、口头介绍、信函介绍、名片介绍、口碑效应等。

利用这个方法的关键是营销者必须注意培养和积累各种关系，为现有客户提供满意的服务和可能的帮助，并且要虚心地请求他人的帮助。口碑好、业务印象好、乐于助人、与客户关系好、被人信任的营销者一般都能取得有效的突破。

介绍寻找客户法由于有他人的介绍或者成功案例和依据，成功的可能性非常大，同时也可以降低营销费用，减小成交障碍，因此营销者要重视和珍惜。

4. 资料查阅寻找法

营销者要有较强的信息处理能力，通过资料查阅寻找客户既能保证一定的可靠性，也能减小工作量、提高工作效率，同时也可以最大限度减少业务工作的盲目性和客户的抵触情绪，更重要的是，可以展开先期的客户研究，了解客户的特点、状况，提出适当的客户活动针对性策略等。

需要注意的是资料的时效性和可靠性，此外，注意对资料(行业的或者客户的)日积月累往往更能有效地展开工作。

营销者经常利用的资料有：有关政府部门提供的资料、有关行业和协会的资料、国家和地区的统计资料、企业黄页、工商企业目录和产品目录、电视、报纸、杂志、互联网等大众媒体、客户发布的消息、产品介绍、企业内刊等等。

5. 委托助手寻找法

这种方法在国外用得比较多，一般是营销者在自己的业务地区或者客户群中，通过有偿的方式委托特定的人为自己收集信息，了解有关客户和市场、地区的情报资料等等，这有点像香港警察使用"线民"，在国内的企业，就是营销者在企业的中间商中间，委托相关人员定期或者不定期提供一些关于产品、销售的信息。

另一种方式是，老的营销者有时可以委托新营销者从事这方面的工作，对新营销者也是一个有效的锻炼。

6. 客户资料整理法

这种方法本质上属于"资料查阅寻找法"，但是，也有其特殊性，客户资料管理其重要性十分突出，现有的客户、与企业联系过的单位、企业举办活动(如公关、市场调查)的参与者等等，他们的信息资料都应该得到良好的处理和保存，这些资料积累到一定的程度，就是一笔财富，在市场营销精耕细作的今天，这些尤为重要。

7. 咨询寻找法

一些组织，特别是行业组织、技术服务组织、咨询单位等，他们手中往往集中了大量的客户资料和资源以及相关行业和市场信息，通过咨询的方式寻找客户不仅是一个有效的途径，有时还能够获得这些组织的服务、帮助和支持，比如在客户联系、介绍、市场进入方案建议等方面。

8. 企业各类活动寻找法

企业通过公共关系活动、市场调研活动、促销活动、技术支持和售后服务活动等，一般都会直接接触客户，这个过程中对客户的观察、了解、深入地沟通都非常有利，也是一个寻找客户的好方法。

有效地寻找客户方法远远不止这些，应该说，是一个随时随地的过程。一般信息处理过程是："所有目标对象—接触和信息处理—初选—精选—重点潜在客户—客户活动计划"。

二、客户需求特点分析

随着我国市场经济的发展和对外开放的扩大，金融客户在金融需求方面出现了金融需求呈多样化和个性化趋势。营销者不能瞎跑乱撞，必须根据自己金融企业所提供产品的内容及特点去寻找恰当的目标客户，这样才能发现那些可能成为金融企业目标客户的潜在客户。

【教学互动 1-4】

有一天，一个年轻人在大街上捡到一只老鼠。他把老鼠送给一家药铺，得到一枚钱。

他用这枚小钱买了一点糖浆，又用一只水罐盛满水，送给刚从树林里采花回来的花匠们。花匠们每人送给他一束鲜花。他卖掉这些鲜花，第二天又带着糖浆和水罐到花圃去。这天，花匠临走时，又送给他一些鲜花。

用这样的办法，他不久便积聚了一些钱财。

又有一天，御花园里满地都是狂风吹落的枯枝败叶，园丁不知道怎么清除它们。这个人得知后，便主动提出帮园丁免费清除，条件是将这些枯枝败叶送给他。园丁答应了。

于是，这个人走到一群正在玩耍的儿童中间，将买来的糖果分给他们。儿童们帮他把所有的枯枝败叶捡拾一空，堆在御花园门口。

这时，皇家陶工为了烧制皇家餐具，正在寻找柴火。他便买下了这堆柴火。

问题：这个年轻人是如何积聚钱财的？

1. 客户的具体金融需求分析

(1) 个人客户的具体金融需求。

符合金融企业开发的个人优质客户，主要分布在大中型公司、外资企业的高层精英、一些垄断性的国有企业如电力、电信的中高级管理人员、热门行业的经理、高等院校的高级职称的教学人员和中层以上教学管理人员，以及诸如演艺体育明星等。这些个人优质客户喜欢接触一些有创新意义的、含高科技的、综合性强的金融品种，如广州某知名高档住宅小区，由银行、商场、房地产开发商和网络公司开发的集有身份智能识别、储蓄、消费信用、购物交易、小区各种缴费等功能于一身的多功能卡受到小区绝大部分业主的追捧和响应。

(2) 公司客户的具体金融需求。

公司企业的金融需求呈现以下特点：

企业资金缺口面大，通过从金融企业贷款成为解决企业资金缺口的主要渠道；大部分企业认为目前获得银行贷款困难，手续烦琐；企业保险意识增强，购买保险品种齐全，且对保险公司提供的服务较为满意；企业对中介机构在融资、投资、收购兼并等活动中所提供的服务收费价格判定模糊，对其所提供的服务水平评价褒贬参半。

2. 金融客户心理和行为分析

由于不同的个人客户的消费目的、性别、年龄段、素质、性格、家庭、社会地位、职业等情况差异较大，在消费心理上的表现也有很大不同，而行为是心理的表现，通过对客户行为模式的分析，也可把握客户性格，透析客户心理，并针对不同类型客户采取差异化的对待方法。

三、选择目标客户应该考虑的问题

(1) 是全国性客户还是地方性客户？

(2) 是大客户还是中小客户？

(3) 是工业领域的客户还是其他领域的客户？

(4) 是国有性质的客户还是非国有性质的客户？

(5) 是城市中的客户还是乡村中的客户？

(6) 是国内客户还是国外客户？

(7) 是处于成长期客户，还是处于衰退期客户？

四、目标客户应该具备的基本条件

银行的公司类目标客户应该在具备以下全部或部分特征的企业中产生：

(1) 国家重点支持或鼓励发展。

(2) 与同类型企业相比，有一定的竞争优势。

(3) 有良好的市场信誉，信用等级较高。

(4) 已经发行股票并公开上市。

(5) 产品技术含量高、成长性好。

(6) 财务结构合理，成长性好。

(7) 机制灵活、管理科学、治理结构合理。

(8) 属高科技行业。

(9) 与银行的服务能力相匹配。

(10) 有未被满足的现实或潜在的金融需求(且该需求为银行有能力满足的需求)，且能为银行带来一定的经济效益。

(11) 目前的经营状况良好。

(12) 负责人年轻，有思路，能积极经营；或是优势的继承人；或是具备一定的社会背景。

(13) 地域条件具有发展性。

(14) 拥有有力的供应商和客户群。

(15) 重视员工教育，有一定的社会知名度。

(16) 有消费银行服务的需要和能力，且能提供一定的业务量。

同步案例

请大家分析以下案例：朝鲜战争中"中国将出兵朝鲜"，谈谈此案例对你的启示有哪些？

朝鲜战争中"中国将出兵朝鲜"

就在朝鲜战争爆发前八天，美国民间咨询公司兰德公司通过秘密渠道告知美国对华政策研究室，他们投入了大量人力和资金研究了一个课题："如果美国出兵韩国，中国的态度将会怎样？"而且第一个研究成果已经出来了，虽然结论只有一句话，却索价500万美元。当时美国对华政策研究室认为这家公司是疯了，他们一笑置之。

几年后，当美军在朝鲜战场上被中朝联军打得丢盔卸甲、狼狈不堪时，美国国会开始辩论"出兵韩国是否真有必要"的问题，在野党为了在国会上辩论言之有理，急忙用280万美元的价格买下了该咨询公司这份已经过了时的研究成果。研究的结论只有一句话："中国将出兵朝鲜"。但是，在这一句话结论后附有长达600页的分析报告，详尽地分析了中国的国情，以充分的证据表明中国不会坐视朝鲜的危机而不救，必将出兵并置美军于进退两难的境地。并且，这家咨询公司断定：一旦中国出兵，美国将以不光彩的姿态主动退出这场战争。

从朝鲜战场回来的美军总司令麦克阿瑟将军得知这个研究之后，感慨道："我们最大的失策是怀疑咨询公司的价值，舍不得为一条科学的结论付出不到一架战斗机的代价，结果是我们在朝鲜战场上付出了 830 亿美元和十多万名士兵的生命。"

(案例来源：中国将出兵朝鲜，百度文库)

同步阅读

发现未来的优质客户

世界并不缺乏美丽，缺乏的是发现美丽的眼光。同样的，身边并非缺乏优质客户，缺乏的是发现优质客户的敏锐目光。

有一个客户，是集烟草、机械、军品、物流生产和销售于一体的大型集团，集团有个子公司，主营施工业务，规模较小，主要为集团配套建设厂房。客户多次向其他银行申请融资 200 万元，都被拒绝。小张为其母公司服务多年，了解到母公司从异地迁到昆明后，将进行大规模厂房扩建，客户前景十分看好。于是，小张果断上报了客户授信，很快发放了 200 万元贷款。这本是笔小业务，但对客户来说，却是雪中送炭。在随后几年里，随着母公司大规模改扩建，公司规模急剧扩张，效益成倍增长。

发掘客户的"客户"。要做大客户群，还要善于从客户那里寻找客户。小张特别注意从贷后管理中发现营销线索，每次贷后检查，小张不仅要分析客户的风险，还非常重视了解客户的上下游客户，作为挖掘新客户的"矿藏"。

支行有个贷款客户，是个大型制药企业，小张在做贷后检查时，发现其资金主要流向某个原料供应商。小张想，如果将它也开发成银行的客户，资金就可以封闭运作，不仅能够增加存款，还容易控制客户风险。于是，找到这家客户老总，请他帮助引荐，小张告诉老总，如果银行能够与对方合作，就能通过对原料供应商的支持，更有效地保证对你们的原料供应，这是合作多赢的好事。老总很感兴趣，亲自带小张去了这家公司——一个专门制作鹿茸的企业，使小张又成功开发了一个优质客户，这家客户在银行办理了较大量的银行承兑汇票贴现额业务。小李正是通过"客户推荐客户"的办法，使他的客户体像滚雪球一样，越滚越大。

(案例来源：一次不经意的营销，微口网)

任务三 目标客户确定

任务提出

通过设计目标客户开发价值初步评价表、目标客户名单表，完成项目一：寻找客户。

知识准备

请大家分析以下案例中客户经理是如何针对客户经营特点提供相应服务的？

信海公司的服务

信海公司为医药行业药品销售流通企业，虽然该公司属于中小企业，但该公司具备以下三点优势：

第一，在历次地方政府组织的药品招标采购中，该公司药品中标量均属前列。良好的中标情况为公司的快速发展奠定了基础。主要供货商(上游客户)为全国知名的药品生产企业，其中全国独家代理品种14个，区域独家代理品种近50个。

第二，销售对象均为当地各级医疗单位(医院)。公司依托良好的品牌、信誉和优质的服务以及经营代理品种的优势，成为当地各大中型医疗机构最好的供应商。

第三，该公司具有完整的内部控制的组织架构和规章制度，尤其是作为药品销售企业，从库房管理到医院供药都财务结算，有了一整套严格的管理办法以及完整的ERP系统管理。

银行客户经理得知这一情况后，首先对信海公司的业务流程进行了了解，发现该公司业务流程如下：

(1) 生产厂家与配送公司签订委托经销合同。

(2) 销售代理企业针对各个药品品种进行投标竞价，招标机构公布中标结果，中标配送公司与招标公司签订采购合同。

(3) 医院在中标目录中向指定配送企业采购药品，一般为电话采购或网上采购，不再另外签订相关合同。

(4) 配送企业给医院送货，医院药库人员清点签收。

(5) 3～9个月后，医院付款。

根据该公司的上述经营特点和业务流程模式，针对销售过程中产生的赊销情况，银行客户经理决定先谨慎介入，虽然保险理赔业务在当地市场还不多见，企业使用也较少，但客户经理由于前期对这一业务进行了充分的了解和学习，遂推荐客户办理保险业务，希望通过该业务参与企业贸易链、给予客户信贷支持。然后，再根据企业自身实力增强和经营规模的扩大，逐步扩大银行授信规模，丰富授信品种。

经过长期的业务往来，客户经理对该公司的授信规模由最初的 3000 万元增大到 1.3 亿元，授信品种由最初单一的保理业务发展以保理业务为核心涵盖多种贸易金融产品的综合授信。公司也在此期间得到了较大规模的发展。

（案例来源：宋炳方. 商业银行客户营销. 北京：经济管理出版社，2011）

客户的需求呈现出多样化、综合化、立体化、个性化等特征，而营销者自身资源及精力有限，不可能满足整个市场的所有需求，因此营销者必须从所有的客户对象中选择目标客户作为主攻对象。一般是营销者先对所有潜在客户进行初步分类，再从中选择那些最有希望、最可能使用金融产品的客户作为目标客户。

在确定目标客户时，营销者不应只按规模大小来搞"门当户对"，即营销者不应只是选择那些规模同自己所在金融机构规模相当的对象作为目标客户。选择的依据不仅仅是规模和"成分"，而是通过对自己企业外部环境和自身条件的综合分析，根据营销者自己所掌握的资源的种类、性质、程度以及所服务客户的类型来综合进行选择。

香港有家保险公司，正是认识到赛马在香港的巨大市场并及时调整自身的业务重心，从一家普通的保险公司成为专门为赛马比赛提供全方位保险等金融服务的专业保险公司，取得了令人瞩目的市场份额和丰厚的利润。在泰国的曼谷，有一家银行被称为"水上银行"，由于曼谷河道纵横，被誉为"东方的威尼斯"，该银行便选择为水上的移动银行，每天定时起航为湄南河以及运河沿岸的居民提供金融服务，不仅因为其别出心裁，同时也因为其独特的选择，赢得了泰国人民的认可，获得了巨人的成功。

一、目标市场策略选择需考虑的因素

市场细分后，如何挑选目标细分市场，或者说挑选目标细分市场应该考虑哪些因素呢？

(1) 目标市场应该与金融机构的经营目标和公众形象保持一致，至少应该是相容的。如果一家本以批发商为服务对象的银行突然改为以零售业的分期付款贷款业务为目标市场是不能指望有太大的成功的。

(2) 目标市场的选择应与金融机构所具有的资源实力相一致。如果某一特定的细分市场只能通过大规模的广告活动才能打开，而一家负担不起这笔广告费用的金融机构却以其为目标市场，则其结果是可想而知的，至少是令人怀疑的。同样的，如果目标市场要求相当高的专业知识和服务技巧，而一家金融机构当无力提供该档次的服务质量水准时，如果试图去同大金融机构争夺大众市场，则其结果往往是需要付出非常高的代价并因此而前途难卜。

(3) 所挑选的目标市场不仅仅要有充足的客源，而且更应该是能实现盈利的客户量。因为营销的观念提倡的是为能实现一定的利润为基础的顾客提供需要和满足。

二、目标市场的选择

目标市场的选择因不同金融机构、不同环境而异，如有的金融机构把中高层收入者作为目标市场，有的金融机构把老年人作为目标市场，有的把房地产作为目标市场等。但能否选择合适的目标市场会对金融机构的经营活动产生很大的影响。

一般来说，金融机构作出目标市场决策时，要根据自己的资源、产品差异性、产品生命周期、市场特点、竞争策略等几方面的因素综合考虑决定。

【教学互动 1-5】

一头驴子外出觅食，发现两堆相距不远的草料。

东边是一堆干草料，西边是一堆新鲜的嫩草。驴子很高兴，跑到大堆的干草料处刚要吃，突然想，西边那堆草料那么新鲜，肯定好吃，此时不去可能会被别的驴子吃掉，于是它就跑到嫩草堆。

刚要吃，它又想，这堆草虽然很嫩，可别的驴子把那一大堆干草料吃光的话自己就要饿肚子了，还是回去吃干草吧！

如此往返，这头驴子最后饿死在草堆旁。

问题：分析故事的寓意是什么？

1. 自身资源

如果金融机构人力、财力、物力资源充足，实力强大，可以采用无差异营销策略。当资源有限时，最好采用差异性策略或集中性策略。

2. 产品特点

对于需求弹性比较小，或高度同质性的产品和服务，可以采取无差异策略。而对于产品差异较大的则采取另两种市场策略为宜。

3. 市场特点

如果大多数交易者的需求和嗜好比较接近，而且每个时期内购买金融产品的数量或交易额变化不大，对营销的刺激反应不明显，或者相反有比较趋同的反应，则应选择无差异营销策略。如果市场内顾客群体差异比较大，则应采取差异性或密集营销的策略。

4. 产品在其生命周期所处的阶段

当推出一项新产品或服务时，由于处于投入期，主要解决客户初次拥有产生的满足，而不是多样化、差异化的需求，推出一种产品就可以了。如果一下子推出多种产品，金融机构的连续开发能力有限，客户也不容易全部接受。但如果产品和服务趋于成熟，客户也熟悉了，需求有了进一步深化发展的必要，同时竞争也空前激烈，则应该采取差异性或集中性营销策略。

5. 竞争者的市场策略

一般而言，金融机构在市场竞争中可采取的竞争策略大致有两种：针锋相对或避实就虚。如果竞争者采用差异性或集中性的营销策略，企业仍然采取无差异营销策略，则无异于自杀。应该避其锋芒，采取与其类似的策略，寻找适合自己的细分市场，或抢先深度发展。当竞争者采用无差异性营销时，金融机构既可以采用无差异性营销策略去抢地盘、争份额，也可以采用差异性或集中性的营销策略，向市场深度发展，在更高层次上满足客户需求。

三、目标市场选择的三种模式

1. 无差异性目标市场选择

对于需求弹性比较小，或高度同质性的产品和服务，可以采取无差异策略。采取这种目标市场策略时，只需推出单一的产品和标准化服务，设计一种营销组合策略即可。

可口可乐公司在 20 世纪 60 年代以前曾以单一口味的品种、统一的价格和瓶装、同一广告主题将产品面向所有顾客，就是采取的这种策略 (如图 1-2 无差异性目标市场选择所示)。

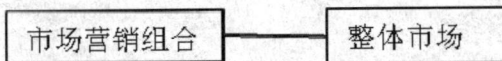

市场营销组合 ———→ 整体市场

图 1-2　无差异性目标市场选择

采取无差异营销策略时，银行推销功能单一的借记卡，只要设计密码系统、ATM 布置、发展广泛的特约商户，以单一产品、单一价格、单一促销方式和单一分销渠道就可满足需要。

【教学互动 1-6】

信用卡结算业务的差异程度小，干脆就由专业公司——中国银联代理清算业务；同样低差异程度的汇兑业务，通常由总行统一办理或让专门机构代理，如西联汇兑一类的公司办理；常规储蓄存取统一用 ATM 操作等。上述这些产品都是采取无差异市场策略。

请大家分析对于贷款、财务咨询，是否可以采取无差异市场策略，为什么？

优点：由于这种策略经营品种少、批量大、市场调研费用低，可降低管理成本和营销支出，有利于用低价格争取客户，具有规模优势。

缺点：这种市场策略的缺点是忽略了同一顾客群不同层次的需求差异，提供的产品与营销手段过于单一，不一定能适应复杂多变的市场需要。无差异策略只是适合了细分市场某一最大需要，市场上另一些较小的客户群体的需求未能得到满足。同时，这种策略缺乏弹性,难以适应市场的频繁变化。

通常,这种大细分市场竞争日益激烈之后,许多公司转而追求市场中其他较小的细分市场,不再采取无差异性的营销策略。例如银行从借记卡到信用卡、联名卡以及各种各样的个性化的卡,就是一个不断从无差异大众市场逐步细化为小众市场的过程。同样,保险市场也在发生类似变化。

2. 差异性目标市场选择

差异性市场营销策略是将整体市场划分为若干细分市场,针对每一细分市场制定一套独立的营销方案。比如,服装生产企业针对不同性别、不同收入水平的消费者推出不同品牌、不同价格的产品,并采用不同的广告主题来宣传这些产品,就是采用的差异性营销策略。可口可乐公司针对市场的变化,调整了目标市场策略,实施差异化营销。它不仅继续生产销售可口可乐,还针对不喜欢可乐型的消费者推出了芬达、雪碧等不同口味的饮料。产品包装不仅有塑料瓶装,还有玻璃装以及罐装,不仅有小包装,还有大瓶装,甚至还推出水壶式的包装,迎合儿童的需要(如图1-3 差异性目标市场选择所示)。

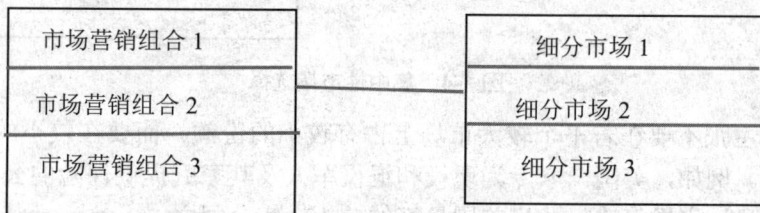

```
┌─────────────────┐              ┌─────────────────┐
│  市场营销组合 1  │              │    细分市场 1    │
├─────────────────┤              ├─────────────────┤
│  市场营销组合 2  │──────────────│    细分市场 2    │
├─────────────────┤              ├─────────────────┤
│  市场营销组合 3  │              │    细分市场 3    │
└─────────────────┘              └─────────────────┘
```

图 1-3　差异性目标市场选择

金融业采取差异性目标市场选择策略,针对客户投资理财的不同需求,设计了名目繁多的金融产品和服务。花旗银行会定期为这些高端客户提供酒会等聚会促进彼此之间的业务关系。同样,证券公司对客户实行差异性市场策略,按客户收入高低、风险偏好、交易总量和频率等,将客户分为VIP、中档、普通等不同级别,分别享受不同的交易渠道、不同的设备、不同的信息内容和咨询建议。如通过提供舒适、功能齐全的操作室来抓住大客户。少数高级客户甚至可以享受研究专家的特别服务。

优点:差异性营销具有明显的优点,因为面对多个细分市场,有多样的产品,能较好地满足客户的不同需求,增强金融机构对目标市场的渗透能力,赢得更多的顾客群,从而扩大市场份额。另外,由于企业是在多个细分市场上经营,一定程度上可以减少经营风险;一旦企业在几个细分市场上获得成功,有助于提高企业的形象及提高市场占有率,如果失败则只是某一细分市场的退出。

缺点:差异性营销策略的不足之处主要体现在两个方面:一是增加营销成本。由于企业必须针对不同的细分市场发展独立的营销计划,会增加企业在市场调研、促销和渠道管理等方面的营销成本。因此,实施此策略的金融企业应加强对收益成本比的分析研究,一旦发现得不偿失，应减少经营品种，集中资源于优势市场；二是可能使企业的资源配置不能有效集中，顾此失彼，甚至在企业内部出现彼此争夺资源的现象，使拳头产品难以形成优势。

3. 集中性市场选择

当金融机构的资源有限时，可考虑第三种策略——集中性市场战略。

集中性市场战略也称密集型市场战略，与以整体市场作为营销目标的差异性营销战略和无差异营销战略不同，它既不面向整个市场，也不把力量散布到若干个细分市场，而是集中力量进入一个或少数几个细分市场，提供高度专业化的产品和服务(如图 1-4 集中性市场选择所示)。

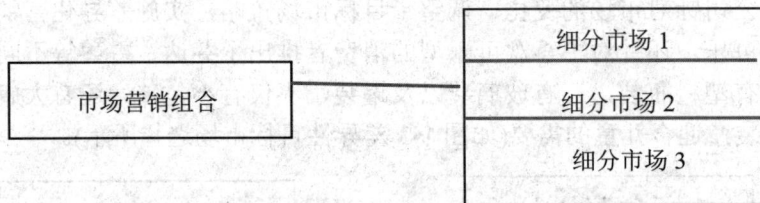

```
┌──────────────┐        ┌──────────────┐
│              │        │   细分市场 1   │
│  市场营销组合  │────────├──────────────┤
│              │        │   细分市场 2   │
└──────────────┘        ├──────────────┤
                        │   细分市场 3   │
                        └──────────────┘
```

图 1-4 集中性市场选择

这种策略主张不要在若干个较大市场上占有较小的份额，而要在较小的细分市场上占有较大的份额。例如，美国一家专为现役和退役军人及其家庭提供保险的公司——USAA，采取了这样的目标市场策略，成为美国最好的前 100 家公司之一。

这种战略特别适用于那些资源有限、实力不强的中小金融机构。将有限的人力、物力和财力资源集中，实行专业化服务经营，以节约成本和支出，在目标市场上占据优势地位。

例如，美国花旗银行确定的细分市场策略，是成为世界上最大的债券和商业票据交易商，另一些银行把信贷资金集中在使用短期贷款的商贸企业市场，还有些银行专门针对中长期大型基础设施项目的建设项目市场。美国通用金融公司，专门做以通用车型为主的汽车融资服务，以专业化的汽车金融闻名全球。一些专业性的金融机构往往都倾向集中市场的策略，如信用卡公司、汇兑公司、房地产金融公司、社区信用社等。保险机构财产保险、寿险的分工，也在一定程度上体现了集中性目标市场经营理念。这些以提供某一专门服务见长的金融机构，往往是其所在细分市场中的佼佼者。

优点：集中性市场策略有许多优点，通过对少数几个甚至是一个细分市场进行"精耕细作"，对目标细分市场有较深入的认识，更能建立特殊的声誉。由于设计、销售和推广的专业化，金融机构能享受许多经营上的规模经济性，往往能获得较高的投资回报率。

缺点：集中性营销的风险相对较大。一是市场区域相对较小，企业发展受到限制。二是因为选择的产品和市场较为集中，一旦该市场发生不利变化，或者突然进入一家新的竞争者(如果回报很高，可能会吸引其他企业进入该市场)，金融机构将会因缺少回旋余地遭受重创而难以复原。因此，这也是一些金融机构宁愿退而求其次，采取差异性营销策略的原因，在几个细分市场中作多样性的投入，可以分散风险。

四、对目标客户信息进行初步评价

金融企业要收集目标客户的基本信息，目的是为了加深对目标客户的了解，为制定开发计划准备基本的素材。

(一)需了解的基本信息

(1)　目标客户主要决策管理人员的情况，包括姓名、性别、年龄、文化程度、家庭情况、个人偏好、联系途径等。

(2)　目标客户生产经营情况、市场占有情况、资金运作情况、企业发展历史、目前遇到的问题。

(3)　目标客户及关联企业的基本情况。

(4)　目标客户与金融机构的业务开展情况。

(5)　与客户所在行业有关的知识及该行业的历史现状。

(6)　与其他金融机构的合作情况及下一步有可能的业务需求。

(二)对目标客户进行价值判断

营销者根据获得的目标客户的基本信息，对客户进行初步的价值判断，以决定该客户是否具有开发价值。价值判断包括主要风险与收益匡算(如表 1-5 所示)。

表 1-5　目标客户开发价值初步评价表

评价内容	正(+)		负(−)	
资产规模	大	□	小	□
客户原料供应/产品销售区域	全省或全国范围	□	本地	□
市场占有量/市场影响	大/是知名品牌	□	小/为一般产品	□
年销售量	大	□	小	□
现金流量净额	大	□	小	□
利润	大	□	小	□
资产负债率	小	□	大	□
信用记录	好	□	坏	□
法律诉讼	无	□	有	□
是否为上市公司	是	□	否	□

续表

评价内容	正(+)		负(-)	
其他金融企业的争夺态势	激烈	☐	不感兴趣	☐
行业情况	发展中或成熟的行业	☐	萌芽或衰退行业	☐
目前对金融产品的需求	金融意识强，急欲获得银行支持；或自身发展快，没意识到对银行产品的需求	☐	遇到困难时需要银行支持	☐
企业核心负责人工作两年以上	是	☐	否	☐
评价说明：按上述评价内容，如有两项以上得正分，则表明该客户具有开发价值				

(三)分析客户资料

(1) 及时给出关于客户或行业的综合评价报告以及风险分析报告，供金融企业有关业务决策及风险控制部门参考。

(2) 对金融企业决策部门、相关产品或服务部门以及综合管理部门提出的问题或要求提供的其他信息，及时做出回答或提交。

(3) 根据客户情况做出客户初步评价、相关产品方案设计、业务建议等。

(4) 研究客户的现实情况和未来发展，发掘客户对金融产品的潜在需求，并根据客户需求与客户探讨合作方案。

(四)对潜在优质客户的鉴定

由于金融客户主体不同，对金融客户进行的分类及其各自的评价标准也不同。

1. 优质公司客户的主要标准

(1) 优质公司客户具体的鉴别标准主要有：

① 有工商执照、从业资格证和相关许可证、授权书等齐全，从事符合国家产业政策鼓励和扶持的行业和产品的经营活动；

② 行业或产品技术科技含量高，产品或服务处于成长或成熟前期，有广阔的市场需求，在行业中具有领先地位或在行业中的位置比较靠前；

③ 具有特有的核心的竞争力，连续多年经营业绩良好、机制灵活、管理科学、治理结构合理；

④ 在短期内有比较好的现金流；

⑤ 纳税大户；

⑥ 客户众多，经营状况良好，在其他金融企业无不良信用记录，各项财务比例指标合理，尤其是债务比例低或无负债；

⑦ 社会形象好、地位高，市场地位牢固，已经发行股票并公开上市；

⑧ 主要经营管理和决策人员素质高、经验丰富，有良好人际关系和雄厚的社会背景，且成功的经营管理业绩；

⑨ 重合同守信誉，有良好的企业文化和凝聚力，主要骨干人员相对稳定，重视员工福利和教育；

⑩ 本金融企业能够为其提供具有优势的金融产品和服务，且金融产品和服务需求量大。

(2) 优质个人客户的主要标准

经营和赢利能力、信用水平和有金融产品和业务的需求是其中的主要指标。

① 有良好的个人素质，较为完善的教育经历，法律意识强，注重社会公德和个人品质修养，社会关系良好，个人信用等级高；

② 有较好的经营、创业能力；

③ 个人从事较高收入的职业，地位、级别、职称高，主要负责管理和高技术工作；

④ 连续多年交纳个人所得税税额高；

⑤ 有高的人生追求和个人抱负；

⑥ 热爱生命，生活观念积极，身体状况良好，宗教信仰正常，无赌博、吸毒、道德败坏等恶习；

⑦ 在其他金融企业无不良信用记录；

⑧ 无犯罪记录；

⑨ 有金融意识，主观上有经常性的金融产品和服务需求；客观上有金融产品的购买能力和行为。

五、整理目标客户名单，制订客户开发计划

以银行为例：按与银行合作关系的程度划分。

1. 重点客户

重点客户是具有资源性垄断特征，能够为银行带来较大经济效益，与银行有稳定的业务关系，成长性好、资信等级高、经济实力强的各类经济实体。客户经理应逐步把银行培育成这类客户的主办银行，使本银行提供的产品占该客户使用银行产品总数的绝大部分。重点客户的确定原则是以市场为导向，兼顾客户的经营状况、财务状况、发展趋势与信用状况，突出重点、好中选优、动态管理。一般需具有如下条件：

(1) 企业所处的行业、产业符合国家产业政策鼓励、扶植或优先发展的范围(如企业、新药品开发及生产企业等)；有良好经济效益的基础设施行业(如交通运输、仓储设施、城市电力、煤气及水的生产与供应、石油和天然气开采等)；传播与文化产业；具有较强综合开发经营能力的建筑及房地产业等。

(2) 生产开发的产品符合国家技术进步或产品更新换代的序列；从事的生产经营活动符合国家法律法规并属于经济金融政策支持的内容。

(3) 主导产品在国内或本地区内与同类产品相比具有市场前景好、竞争力强、产销率高以及在国际市场上创汇能力强等特点。

(4) 具备科学严密的经营决策、生产组织、技术开发、财务核算、市场营销的组织管理体系和规章制度；工艺合理、设备先进、能耗及污染指标符合环保要求；具备完备的法人治理结构，已建立起现代企业制度。

(5) 规模适当且具有良好的发展基础，资产负债率低、抗风险能力强、经营业绩和经济效益良好、销售收入和利润连续三年保持正增长、主要产品的产销率在 90%以上、信用等级在 AA 或以上。

(6) 企业领导层具备良好的经营管理素质，主要领导人具备丰富的企业管理和市场营销经验。

(7) 在本银行已开立基本结算账户或一般结算账户并办理了本外币存贷款、结算及其他业务，业务合作已有比较长的时间且保持了相当的业务量。

(8) 管理规范、实力雄厚、市场前景良好的绩优上市公司；实力雄厚、效益良好的大型国有企业和三资企业；已形成规模、技术成熟且前景良好的高新技术企业。

2. 一般客户

一般客户指不具备重点客户条件但与本银行仍有一定业务往来的企业。客户经理应有意识地把其中发展势头猛、竞争能力强的企业培育成重点客户。对一般客户，客户经理在服务商业不应有所懈怠，这类客户在银行整个客户群体中的占比一般在 90%左右，是银行收益的重要来源。

3. 目标客户

目标客户指尚未成为本银行现实客户的潜在客户，仅为拟开发的对象。客户经理的工作就是把目标客户培育成现实客户，并逐步培育成现实的重点客户。

目标客户确定后，营销者应将确定的目标客户及其背景资料记录下来，最好列成表格的形式，这样便于查找。客户信息要做到及时、连续、准确、详细，尤其是不可记录错误信息。运用错误的信息与客户联系还不如不联系，比如称呼姓李的先生为"王小姐"，则有些不伦不类。

对目标客户的相关信息进行分析，然后全面制定客户培育计划、培育方案及拜访的具体步骤。营销者应按照客户培育计划进行客户培育活动。在客户培育过程中，营销者可根据实际情况对培育计划进行适当调整(如表1-6、表1-7所示)。

表 1-6　目标客户名单表

目标客户名称	主要业务范围	通信地址	联系方式	或为现实客户的可能性	拟投入的开发资源

注：上表中的"资源"包括时间、人员、财力等各种有形和无形的东西。

表 1-7　客户开发计划表

时间/月份	工作安排		工作进度	
	工作目标	具体策略	计划进度	实际进度
1				
2				
3				
4				
5				
6				
7				
8				
9				
10				
11				
12				

同步案例

【案例 1】

请大家分析以下案例"花旗攻镇　'只贷不存'"中，花旗贷款有限责任公司与其他外资银行的不同之处是什么？为什么选择中国的农村地区？

花旗攻镇 "只贷不存"

2009 年，大连瓦房店花旗贷款有限责任公司正式成立，这是继湖北公安和赤壁之后，花旗在内地设立的第三家贷款公司。与此前的两家模式相似，目标客户群体主要是城乡居民、个体工商户及微型企业。

区别于其他外资银行，花旗银行选择了用贷款公司(以下简称"花旗贷款公司")的形式接触中国广大的农村市场。

选择"只贷不存"来自于花旗现实的权衡。花旗的初衷是满足农村地区信贷供给不足和多元化金融服务体系的需求，在大量的市场调研和实地考察中，花旗发现农村地区吸收存款的渠道相对健全，而当地贷款的需求却远远得不到满足。

对于花旗贷款公司的目标客户，花旗贷款公司针对的对象是乡镇个人创业者、个体工商户和农村地区的种植、养殖农户等微型企业。即使没有抵押物的微型企业，也可凭借信用、订单等凭证向花旗贷款公司申请到贷款。根据需求不同，发放贷款金额从 3 万元到几十万元，而资料齐备者，最快 3 个工作日就可获得放款。

贷款抵押仍是村镇银行业务的一大难点，农村地区的地域差距大，信用环境参差不齐，加之操作不规范(如缺失土地证，营业执照等)，这些都是外资行"下乡"面临的挑战。将先进的运营及风险管理技术和农村经济实际情况紧密结合非常重要，不仅需要考虑抵押物本身的状况，还要优先考虑客户的还款来源、收入负债比率以及信用记录等等。

客户李先生，在当地从事竹编生意多年，有稳定的客户来源，并且带动了周边农民的竹编产业。2009 年，李先生由于生产经营规模扩大，急需周转资金。由于缺乏抵押物，李先生未能在当地银行申请到贷款。花旗贷款公司了解到客户经营状况良好、有稳定收入来源等实际情况，在认真测算其财务状况和还款能力后，为客户提供了 8 万元的无抵押贷款。

花旗贷款公司"只贷不存"的特点，将建立一种具有"普惠性、稳定性、创新性和可持续性发展"的新型农村金融机构业务模式。

农村市场虽然亟待开发，然而也并非没有竞争对手。网点众多的当地农村信用社、农村合作银行、邮政储蓄银行以及小额贷款公司等都是外资行"下乡"的潜在竞争对手。

对于银行来说，"下乡"关键是要创造适合当地的运营模式。

未来网点布局上，花旗会优先考虑信贷需求较大、金融服务缺乏的农村地区。

(案例来源：银行频道，和讯网)

【案例 2】

试分析市场细分和目标市场选择的关系如何？澳大利亚如何在市场细分的基础上来选择目标市场？

澳大利亚的目标市场选择

划分目标市场的标准很多。对于个人客户，目前澳大利亚各主要银行的通行做法是将个人市场划分为大众阶层、中产阶层和富人阶层。对于只要求基本银行服务的大众客户，银行尽量提供电子化服务以降低成本；对于教育程度较高的中产阶层，除基本服务项目外，还为其提供各类私人借贷、楼宇贷款、保险、信用卡等服务，并将理财服务也推广到该阶层；对于富人阶层，各银行在近几年均先后成立了"私人银行部"，对这些"高价值"(Hish Networth)客户，依据其不同的资产状况和金融需求，为其度身设计一揽子金融服务(Tailored Financial Service Package)，提供高档服务。

多层面的市场分类是澳洲联邦银行的基本策略。其市场分类的特点是"细而又细"，在将客户分为个人、企业两个基本类别的基础上，对每一类客户又进一步细化。如对个人客户，他们根据年龄分为不同组别，有针对性地提供适合各年龄段需要的金融产品和服务。

不仅如此，对同一产品也根据各年龄段的特点设计不同的形式。以储蓄为例，有针对小朋友推出的儿童零用钱账户，也有针对青年人设立的移动电话银行、网上银行账户，还有为老年人保留的最原始的储蓄存折的服务。其宗旨是从客户需要出发，为客户提供全面、终身服务。尽管像儿童零用钱这样的账户服务不会给银行带来多少收益，但这能使客户从小就认识了解联邦银行，再加上联邦银行随着小客户的成长不断为其及时提供适当的产品和服务，使得联邦银行锁定客户的能力大大增强。目前联邦银行拥有近1000万户客户，占澳大利亚人口总数的一半，其中很多客户以联邦银行的服务相伴终身。因此，这种自然培养客户的长期策略不仅稳定了客户群，并为银行提供了生生不息的业务源泉，而且还相应减轻了银行拓展新客户的压力，节省了相关的成本和费用。

(案例来源：韩宗英金融服务营销. 北京：化学工业出版社，2012)

项目二

拜 访 客 户

本项目要达到的目标：

职业知识

(1) 能够撰写拜访计划

(2) 能够在实地拜访中正确处理客户异议

(3) 能够完成寻找具有开发价值的一个目标客户

职业能力

(1) 掌握拜访前的准备工作内容

(2) 掌握正式洽谈前的准备工作内容、拜访的基本程序，撰写拜访总结

(3) 能够分析客户提出异议的可能原因、能够区分客户异议的基本类型

(4) 掌握处理客户异议的基本步骤及基本策略

职业道德

(1) 具备良好的自控能力、沟通能力、敏锐的观察能力和市场反馈能力

(2) 具备良好的心态、诚信守约和敬业爱岗的职业道德

(3) 具有善于学习和总结的好习惯

(4) 掌握营销基本礼仪规范、具备良好的气质、具有良好的文化素质和业务素质

(5) 具有高度的热情和服务意识

(6) 具有良好的社交能力、语言表达能力和应变能力

项目提出

请学生通过写拜访计划、通过实地拜访后并正确处理客户异议，完成找到一个具有开发价值的目标客户的拜访工作：沈阳市平罗农机服务公司(或当地某客户)。

任务一　拜访前准备

任务提出

请学生撰写拜访计划和拜访函。

知识准备

请分析王经理是如何帮助小李进步的？

小李是 L 金融相关业务公司半年前从学校招聘的业务员，经过产品知识学习和销售技

能培训后正式上岗。半年来，他虽然工作认真努力，但是工作业绩却很低。销售部的王经理通过跟踪观察发现，导致小李工作业绩低的主要原因是没有把对客户拜访前的准备工作落到实处。为此，王经理对小李进行了针对性的指导培训。

明确每次拜访的目的

经过王经理的指导培训，针对不同谈判阶段，小李有了一个清晰的每次拜访实现的目标。他把实现销售的最终目的分解为：①给客户留下一个良好的印象；②与客户建立联系；③了解客户预算；④解决客户的技术疑问；⑤消除客户价格疑虑；⑥达成协议等几个小目标。这样每次拜访结束后他都有成就感，并和客户的密切程度也稳步提升。随着每个小目标的逐步实现，签单也就成为水到渠成的事。

了解有价值的客户信息

说到客户信息，小李马上想到的就是客户的公司名称、所属行业、发展规模、市场行情等。但是王经理告诉他，这些客户的基本信息，竞争对手同样知道。对他最有帮助的信息不是这些内容，而是被一般人忽视的，或者不容易收集到的内容，比如，客户引以为豪的事件；获得过的荣誉；购买产品的动机；深层次的顾虑等。小李通过点化后在后来的工作中利用收集到的这些信息不仅更容易获得客户的好感，而且引起了客户对自己的重视，为业务的进一步拓展做了很好的铺垫。

准备好资料和辅助工具

小李是个马大哈，虽然在客户那里经常丢三落四，但是从来没有引起他的重视，因为他觉得这是个人性格问题，并不会影响工作。直到王经理和他推心置腹地谈话后，他才意识到问题的严重性：他们最低的机器价格每台也要 10 万元，客户最担心的就是产品质量和售后服务，客户使用产品之前，自己的言行举止就是客户评判产品质量、售后服务的重要依据。

随时准备应对客户的所有问题

对一些比较敏感的问题，如公司情况、产品优势、技术含量、价格浮动、付款方式、售后服务、产品分析等营销人员必须对答如流，只有这样才能彰显营销人员的专业水准，最终赢得客户的充分信任；对一些专业性问题(如具体的技术参数等)，营销人员一定要请技术人员协同回答；对一些带有主观中伤色彩的问题(如客户提及竞争品的售后服务恶劣等)，营销人员要尽可能地回避。经过这些充分的准备，在后来的拜访工作中，无论客户提到什么样的问题，小李总能从容应对，给客户留下良好的印象。

根据拜访计划安排拜访时间

以前小李在拜访客户时往往会出现这样的情况：洽谈中还没有涉及主要问题客户已失

去耐心；客户谈兴正浓时却到了下班时间。经过王经理的分析后，小李发现是自己在拜访前的准备工作不到位而导致出现这些问题。在以后的客户拜访准备工作中，小李都会根据拜访目的、拜访计划、客户可能留给自己的时间合理安排拜访进程。先说什么、后说什么，每个内容用几分钟时间在小李心里一清二楚，在每次拜访的时间利用上小李都把握得恰到好处，避免了拜访中不必要的麻烦。

进行拜访客户演练

为了让小李在拜访客户时把上面的各种准备工作落到实处，王经理特意请朋友张先生对小李进行实战演练。张先生扮演客户，根据王经理安排的"业务进展"对"来访"的小李进行各式各样的"发难"，经过几个回合的演练，小李不仅拿下了张先生的"业务订单"，而且和张先生成了朋友。

(案例来源：拜访客户技巧资料，豆丁网)

兵法云：谋定而后动，知己知彼，百战不殆。"不做准备就等于准备着失败"，这句话充分说明了做任何事情之前，进行充分准备的重要性和必要性。拜访客户前做好充分的准备不但可以节约时间，而且还有助于提高拜访的有效性。营销人员如果去拜访客户前没有做好充分的准备，常常会导致在拜访客户时，谈话的内容空洞无物，显出自己对所销售的产品知之甚少；谈话的顺序语无伦次，显示出自己对产品的内容条理不清晰；谈话的重点词不达意，无法将准确产品信息告知客户；谈话过程夸大其词等行为使得自己无法赢得客户的好感和信任，从而导致拜访失败。

金融营销人员拜访客户的目的是向目标客户介绍金融机构的情况，了解客户的需求，以便能达成双方合作的意向。因此，拜访前要做好一些必要的准备工作，以便对目标客户的拜访更有针对性，确保拜访后能达到预期效果。

一、营销前的准备工作

金融营销人员经过对潜在优质客户的信息资料进行数据分析并确认有开发价值，应当将有开发价值的若干客户列入开发计划表格，以便随时了解这些客户的信息资料并采取相应的策略。

1. 拜访客户之前，必须充分了解客户的需求及公司财务状况

目前最快捷的方法便是通过网络查阅受访公司的相关资讯。将公司的资料下载，了解公司的组织、经营者的姓名、公司产品及销售网，甚至包括公司的最新发展等等。

其中最重要的是：了解客户的经营模式，了解客户的上游原料供应及下游的经销体系，甚至主要客户是谁等等，对于此类信息应做到了如指掌，以便将来在面对客户时，才能完整、清楚地为客户进行有针对性的说明，阐释金融产品对其公司的重要性。

【教学互动2-1】

请大家通过以下故事"小王的尴尬",分析小王为什么会拜访失败?

小王的尴尬

小王是某保险公司的营销人员,一天小王偶然发现了一个潜在客户,就直接去拜访客户。见到客户后小王先亮明身份,就开始向客户介绍自己的产品。刚开始的时候,小王还信心满满地介绍自己的产品,并不时地劝说客户购买,但这个客户也是一个身经百战的人,自然不会因为小王随便的几句话就购买他的产品。当客户在听完小王介绍后,反问小王所在公司的资金规模和能力,公司在同行中的地位,公司的文化,公司的理赔经验等问题时,小王的回答总是支支吾吾和模棱两可。谈到保险产品说明的细则时,由于小王对产品不了解,导致小王无法回答此问题,这样使得小王的信心逐渐消退。紧接着,客户又开始就小王谈话中的漏洞进行反问,这使得小王更加手足无措……最终导致拜访失败。

2. 在拜访客户前,一定要先弄清楚客户的姓名

例如,想拜访某公司的执行副总裁,但不知道他的姓名,可以主动打电话到该公司,向总机人员或公关人员请教副总裁的姓名。

二、制订主目标客户访问计划

营销前的准备工作包括在营销前了解目标客户状况;迅速掌握营销重点;准备好适当的营销言语技巧;能充分运用宝贵的时间,计划出可行、有效的营销计划。

首先,先把一天当中所要拜访的客户选定在某一区域之内,这样可以减少来回奔波的时间。根据经验,利用45分钟的时间先做拜访前的电话联系,即可在某一区域内选定足够的客户供一天拜访之用。其次,在不拜访客户的日子,可以从事联系客户、约定拜访时间等工作,同时也可利用这个时间整理客户的资料。

切记要把拜访的对象选定在某一个区域内,以减少往返奔波的次数,达到有效利用时间的目的。

马丁·谢飞洛说"一个人一天的时间就是那么多,谁越会利用时间,谁的成就会越大"。

根据经验总结显示,能力相同、业务相似的两位营销人员,如果其中一位拜访客户的次数是另一位的两倍,那么这位营销人员的成绩也一定是另一位的两倍以上。所以,要成为优秀的营销人员,一定要学会利用时间,通常在拜访前要先制订拜访计划表(如表2-1所示)。

表 2-1　拜访计划表

客户名称	拜访时间	拜访地点	成行方式	拜访级别
		□客户会谈室 □其他场所	□飞机□火车 □客车□自备交通工具	□高层访问 □中层访问 □一般访问
客户的基本情况				
客户的优点与缺点	优点			
	缺点			
竞争对手的有关情况	竞争对手一的情况			
	竞争对手二的情况			
此次拜访准备达到的目标	□建立联系□增进感情□达成初步合作意向 □合作取得明显进展□收集信息 □了解客户需求□商讨合作			
会谈主题				
客户可能需要的服务				
金融企业准备提供的产品				
拟向目标客户介绍哪些情况及提供哪些宣传资料				
需进一步了解的问题				
拜访开始的策略				
客户可能会提出哪些问题及如何解答	可能提出的问题		回答	
可能出现的异议及处理办法	可能出现的异议		处理办法	
客户合作态度不明确时的策略				
客户拒绝时的策略				

如果是联合拜访，应该再关注以下问题：			
带队营销人员姓名			
小组成员及职务			
集体讨论时可能遇到的问题及解决办法			

三、做好拜访预约

与直闯式拜访相比，事先约见的拜访更有利于节约时间，并可避免出现吃闭门羹的尴尬局面，因而有助于提高拜访效率。作为面谈的前奏，约见的内容取决于面谈的需要及客户的具体情况。一般的洽谈至少需要提前三天预约，切忌明天准备拜访客户今天才开始预约。如果要拜访的人或事情特别重要，应提前一个月左右时间预约。

(一)预约的主要内容

1. 确定客户进行洽谈的人员

(1) 注意约见有决策地位的人，最起码也应该是对决策人有影响力的人，避免在无决策人或无关人身上花费过多的时间和精力。解决问题就是要抓住主要矛盾或矛盾的主要方面。

(2) 尊重客户方相关人员，包括秘书、助理、前台接待人员、接待部门经理、负责联络的人员及客户的主要关系人等。为了能顺利地约见到主要人物，尊重相关人员是必要的，他们有时甚至是能否约见到决策者的关键。对于这点有经验的营销人员都深有体会，如前台服务员的一句"我们老板要开一天会"或"我们老板不在"就能使得营销人员这一趟白跑了。

(3) 确认客户方想参加的人员名单。这一点不必过分强求客户告知，如果客户告知了，就要进一步问清对方几人参加、每人的职务与所在的部门是什么。这一方面有助于营销人员确定自己公司这方面的人员配置，另一方面有利于营销人员确定需要携带礼品和宣传品的数量与等级。

2. 阐明拜访的事由和目的

(1) 每次拜访都应根据具体情况确定不同的重点。如果与客户很熟悉就可以直接探讨实质性问题，比如，可以说"我们银行最近针对重点客户推出一种理财产品，希望您能抽出点时间倾听我们的介绍"；如果与客户不是很熟悉就只能先联络感情，比如，可以说"听说您企业今年市场拓展速度非常快，我们银行领导非常希望能向您学习，以便于我们能有为你们服务的机会"。

(2) 每次拜访的事由不宜过多，以免冲淡洽谈主题。事由如果很多，会让客户把握不住重点，还会给客户留下一种"营销人员把握事情的水平很低"的感觉。如果与客户已有一定的联系，则可多确定几个洽谈的题目，当然此时需要认真筛选确定我方需要参加的人员，避免在洽谈时出现人员专业水准不高的情况。

3. 确定拜访时间

(1) 尽量为客户着想，最好由客户来确定安排拜访时间，但尽量不要说"您看我什么时候来拜访"这样的话，因为如果客户说"我最近很忙"就等于把营销人员的后路堵死了。应该说"您看我能否本周五下午 2 点拜访"这样的话。如客户说周五没时间，则应该再说出比周五更近而不是更远的日期。

(2) 根据客户的特点确定拜访时间，避免在客户最忙的时候前去拜访。对习惯于加班加点工作的客户来讲，在加班的时间去拜访会使客户感觉到营销人员的敬业精神，在心中产生"该营销人员与我是同一类人"的感觉，从而拉近双方的心理距离，便于双方进一步的洽谈；约见同业客户来讲，一般不宜在月末、季末和年末这段时间去拜访，因为这些时间正是同业最需要完成业务量的时候，对方会很忙，这种情况可直接在电话中谈业务即可；还应该注意客户的上下班时间、日常活动规律及近期业务的繁忙程度。

(3) 根据不同的拜访目的决定洽谈时间，如正式洽谈合作事宜，则在上班时间为宜；目的在于联络感情，则选择临近中午吃饭时间或者下班之后会更好一些。周一一般不要约上午会谈，因为有的单位会在周一上午开会布置本周工作，还有周五一般不要约下午会谈，因为周五下午一般单位要对本周工作进行总结，即使不进行总结，好多人员也着急准备外出度周末，此时去洽谈公务会给对方留下"不知趣"的印象。确定洽谈时间的另一层含义是"洽谈时间的长短"，应根据洽谈内容的复杂程度、客户的时间宽松程度来确定洽谈时间的长短，并将要洽谈的时间长短事前告知客户，便于客户在这段时间内不要再安排其他活动。

(4) 见面的时间应充分考虑交通、地点、天气等因素。如果遇到刮风、下雨等恶劣天气或交通非常拥堵，营销人员应充分考虑在途时间。按时到达则可表现营销人员诚信守约、敬业爱岗的职业道德，有利于接近客户、感动客户。

(5) 当客户确定的时间与营销人员的时间安排有矛盾时，应尽量尊重客户的意图，并且应将"我本来有非常重要的事，因为约见您而把其他重要事情给推掉了"这层意思委婉地告知客户。如营销人员与另一客户有约在先，应选择一个合适的理由诚恳地向客户说清楚，至于营销人员去拜访哪个客户，应根据客户的重要程度和营销成功的可能性大小综合考虑进行决定。此时尚需注意不能因为一个客户而得罪另一个客户，要学会在两个目标客户身上"踩钢丝"。

(6) 在真正拜访前一天对时间再次确认。如果出现客户有别的事情而无法约见的情况，营销人员应坦率地告诉客户你感到很遗憾，但你充分理解客户的难处，并希望客户尽快安排下次见面的时间。

下面是几种最适合营销人员登门拜访的时间：当客户有新的业务需求，或客户刚开张营业的时候；或新生产线开始生产产品的时候；当客户遇到喜事吉庆的时候，如受到表彰、大楼奠基、工程竣工、新产品投放市场的时候及公司纪念日；当客户遇到暂时的困难、急需帮助的时候；当客户对其他金融企业的现有服务不满意、准备换另一家的时候；当客户发生重大体制变革的时候，如客户机构的合并或分离、资产或负债的重组、管理体制变革、领导班子变换等都有可能意味着合作机会；当客户经营管理方式发生重大变换的时候，如集团公司对子公司的销售资金实行集中管理，就为营销人员提供了拓展业务机会；当客户主动相约的时候等等。

4. 确定洽谈地点

应根据客户的要求或者习惯，本着方便客户的基本原则确定洽谈地点。最经常使用也是最主要的洽谈地点是客户办公地点。其他地点如餐厅、饭店、展览会、酒吧、咖啡店、网球场或高尔夫球场等公共场所也可作为洽谈地点。因为有些事情在办公室里往往谈不出最佳效果，只有在客户"尽兴"或者双方出现非常融洽的气氛时，洽谈效果往往是最好的。

(二)预约的方法

1. 面约

面约是指营销人员与客户当面约定下次见面的地点、时间、方式等。在面约时，营销人员无论语气还是用词，都必须坦率诚挚及中肯动听，避免与客户大声争辩，必要时要配以生动的表情与手势。如果准备面约客户方的高层领导，而客户只派一个中层干部负责接洽，营销人员这时就应该着重强调与其上司面谈的必要性，同时强调"我们领导本来是要亲自来的，因被更高的领导临时叫住而抽不开身，他很快就会打个电话来表示歉意"。

2. 托约

托约是指营销人员委托他人代为约见客户，如留函代转、信件转递、他人代约等。这种方法一般在代约人与客户之间很熟悉的情况下或者营销人员很难直接约见到客户时采用。运用连锁法寻找客户时就经常使用托约，因为营销人员如果与某个客户很熟悉，就可以委托他约见其他客户。

3. 广约

广约是指营销人员利用大众传播媒介或标准化的邀请函把约见的目的、内容、时间、地点等广而告之，届时营销人员在预定时间地点同客户见面。这种约见方式一般适用于差别不大的金融产品的营销，如某种新的银行存款品种或证券投资产品。营销人员组织召开新产品推介会一般会采取这种方式。

4. 函约

函约是指营销人员利用信函约见客户。信函通常有个人书信、会议通知、请柬、广告等，其中采用个人函件的形式约见客户的效果最好。在进行信函约见时，营销人员应注意信函的格式、长短、语气等。具体来讲，要注意以下几个问题。

(1) 文辞恳切。要以希望和等待的语句邀请对方而不能用生硬的上级对下级下达命令的方式，并对打扰对方工作、占用其时间表示歉意。

(2) 简单明了。只要将预约时间、地点和理由向对方说清楚即可，切记长篇大论和夸大其词。

(3) 投其所好，供其所需。这样以增加客户的利益为主线劝说客户接受约见要求。

(4) 留下联系方式，便于客户来电联系。常有粗心的营销人员忽略这一点，以致客户拿到信函后不知找谁联系。

(5) 在信函的最后一定亲笔署上邀请者的姓名，如果邀请者是领导。也可以用签名章，但切忌用电脑打印姓名。

(6) 选择合适的寄信时间，如果在客户工资发放日、生日等喜庆的日子里让客户收到约见函，则效果一定会很好。

下面是常见的一种约见客户的信件。

关于拜访 XX 银行票据业务部的函

××(客户名称):

为促进我行与××(客户名称)的业务交流与沟通，并学习贵行在票据业务风险管理、产品创新与市场拓展等方面的成功经验与做法,我行希望能于本周三(5月10日)下午3点到贵部拜访，请予接洽。现将有关情况说明如下：

(一)我行拜访人员名单

    甲   部门   职务   性别

    乙   部门   职务   性别

    丙   部门   职务   性别

        ……

(二)希望了解的内容

希望贵行就自己的运作管理做全面介绍，包括组织架构、规章制度建设、风险管理措施、人力资源配置、市场拓展手段、内部设置处置室与职能定位、产品创新机制、与贵行相关部门的关系等。

(三)我行联系人名单及联系方式

    姓名   职务   联系电话

    致谢!

                      ×××× 银行

                      (签名)

                   年   月   日

5. 电约

电约是指营销人员利用各种现代化通信工具约见客户，如电传、电报、电话、E-mail 等。

在电约诸方法中，最常用的是电话约见。目前，很多企业都采用这种方式，并要求营销人员每天打若干电话给目标客户以征询有无购买本企业产品的意向。电话约见客户前，旁边应放置好纸和笔，以便能随时做好记录。

(1) 电话预约洽谈。在打电话前，检查一下自己是否处于最佳状态，用一个干净利落的开头给客户留下良好的印象。在进行电话预约时，营销人员应注意不要在电话中推销产品。电话预约只能限制在以下内容内。

① 寒暄问候。一般是说"早上/中午/晚上好，我找某某先生"。这样就比只说"您好"更容易引起对方的注意。

② 介绍自己和自己所服务的金融公司。要让客户清楚地记下自己是哪个金融公司，姓名。同时简单明了地介绍一下自己的业务。

③ 感谢客户。认识到客户的时间宝贵并对客户将听你谈话表示感谢，这会让客户知道你把他当成重要人物来看待，有利于约见的成功。可以这样说"很感谢您抽出几分钟时间听我讲电话，我一定尽量简明"。

④ 告诉对方打电话的目的及双方利益的共同点。要让客户知道你为什么打电话，并说明洽谈可能给客户带来的利益，使客户对约见产生兴趣。

⑤ 要求见面，告诉客户你将花费多少时间去拜访，比如说"我希望本周三下午能耽搁您半小时左右的时间，让我给你介绍一下我们公司最新推出的产品，您看我周三下午两点整到你那儿是否合适"。拜访时间应尽量缩短，这样客户也乐于接受拜访。如果时间太长可能会使客户产生畏惧心理。

⑥ 商讨见面的日期、时间、地点。最好不要说"我们准备周二上午 10 点去拜访您"这样的话，应说"我们准备在周二上午 10 点 20 分去拜访您，您看怎么样"，时间精确到分钟，可以使营销人员同其他竞争对手区别开来。

⑦ 最终确认日期、地点。如果客户地址比较偏僻，就一定要问仔细，以免到时候找不到地址。如果客户很重要，营销人员就应该事前开车踩一下点，熟悉一下路线，以免到时候因交通阻塞或不熟悉路线而迟到。

⑧ 在电话预约即将结束时，再次感谢。比如说"非常感谢您抽这么长的时间接听我的电话，希望很快能和您进行当面交流"。

⑨ 如果客户拒绝接见，营销人员应再次说明见面可能给对方带来的利益，以谋求客户对洽谈的兴趣。同时，向对方征求下一次打电话约见的时间，至少"交易不成友情在"。

⑩ 如果目前离约定见面还有一段时间，营销人员应发一封书面信函表示感谢，信函中可包括感谢信及一些金融企业的宣传资料。

（2）提高电话约见成功率的做法。

① 打电话前的准备工作，将要陈述要点写下来，反复进行交流练习，避免在沟通过程中偏离主题。交流对象可假设为以下几项。

a. 假设是在与亲朋好友讲话。

b. 假设通过第三方推荐的方式进行。

c. 假设借助金融企业与客户联系起来的东西开始谈话。

② 打电话前先写一封信，告知客户不久将会打电话咨询些问题，并写出打电话的日期和具体时间，打电话时就以此信为引子开始交谈，并注意以下内容。

a. 要注意礼貌，尤其是对刚刚接触的客户；如果可能的话，可先与对方决策层中的成员接触。请客户允许自己提供更多信息并保持联系。

b. 要注意音量、语速、语调，讲话要清晰、缓慢。保持良好的、积极的工作激情，让客户被你所感染。

c. 要注意心态，不必抱着必须成功的心态去打电话，因为成功和失败各占 50%，避免自己产生希望越高，失望越大的心理。

③ 在打电话过程中，不能做喝茶、吃零食等闲趣，要专注于同目标客户交谈，时刻抱有"客户在看着我"的想法。

④ 在打电话后遭到客户拒绝，既不能恼羞成怒，也不能一而再、再而三地请求对方。应该有礼貌地先说造成打扰对方表示歉意，然后表示希望早日能够见面再次洽谈。

a. 如果客户婉辞拒绝"最近我很忙，以后再说吧"。营销人员也不应立即放弃，可尝试着说"您担任着重要职务，忙是肯定的，我完全理解，但我不会占用您太多的时间，最多半小时，还是请您定个时间接见一下吧"。

b. 如果客户一口回绝"我们不需要这种产品，你不必来"。营销人员也不应气馁，可以继续争取一下"我请求见您，不仅仅是介绍我们金融企业的产品，还有一些问题要向您请教，再说多了解一些金融产品最新的发展趋势、交流一些有用的信息也不错呀"。

⑤ 在客户挂断电话之后你再挂断电话，切忌先于客户挂断电话。挂断电话之前需要将电话要点复述一遍，并且放电话声音要轻。电话联络的时间不宜过长，要记住"时间对客户很重要"。

（3）事前必须明确自己的目标。

在开始每一次的客户接触前，营销人员都必须明确此次接触客户的目标，通过此次接触要达到的目标。在客户开发中，接触客户的最终目标是要将潜在客户转化成为正式客户，这期间可能包含了几个目标值。

① 主要目标：最希望这次洽谈达成的事情。

② 次要目标：如果当你没有办法在这次通话中达成主要目标时，你最希望达成的次要目标。

许多营销人员在拜访客户时，常常没有设定次要目标，因此在没有办法完成主要目标时，就草草结束洽谈，既浪费了时间，也在心理上造成负面的影响，觉得自己老是吃闭门羹。

③ 过渡性目标：主题是想和未曾碰过面的潜在客户约时间见面；主题是想约客户参观公司新的服务模式演示，或是向客户详细解释新的投资组合等。

(4) 把握接触客户的时机。

作为工作拓展业务的开始，如何开始与客户接触，对于一个新的营销人员来说是最难的。从效果上来看，给客户留下良好的第一印象，对于是否能成功开发这个客户，又起着至关重要的作用。接近客户的三十秒，决定了销售的成败。

同步案例

请分析麦克是如何应对秘书的？

总机："国家制造公司。"

1. 麦克："请问比尔·西佛董事长在吗？"

总机听了麦克的问话以后，把麦克的电话转到董事长办公室，由董事长的秘书小姐接听。

秘书："董事长办公室。"

2. 麦克："您好。我是麦克·贝柯。请问比尔·西佛董事长在吗？"

秘书："西佛先生认识你吗？"

3. 麦克："请告诉他，我是温彻斯特公司的麦克·贝柯。请问他在吗？"秘书："他在。请问你找他有什么事？"

4. 麦克："我是温彻斯特公司的麦克·贝柯。请教你的大名。"

秘书："我是玛莉·威尔逊。"

麦克："威尔逊小姐，我能和董事长通话吗？"

秘书："贝柯先生，请问你找董事长有什么事？"

5. 麦克："威尔逊小姐，我很了解您做秘书的处境，也知道西佛先生很忙，不能随便接电话，不过请你放心，我绝不占用董事长太多的时间，相信董事长会觉得这是一次有价值的谈话，请您代转好吗？"

秘书："请等一下。"

比尔："喂！"

6. 麦克："比尔董事长，我是温彻斯特公司的麦克·贝柯。温彻斯特公司是专门为企业经理人定制西装的公司。请问您知道温彻斯特公司吗？"

比尔："不知道。贵公司卖的是什么产品？"

7. 麦克："我们是专门为企业经理人定做西服的公司。有许多企业对我们颇为赞赏。这些企业包括城市国民银行、西方动态公司、国际食品公司、环球实业机器公司等等。我希望下个星期能拜访您，当面向您作详尽的介绍。我想在下星期二上午8点15分或星期三下午 2 点 45 分拜访您，你觉得方便吗？"

比尔："嗯，让我想想……就安排到下星期二上午 7 点钟好了。"

(案例来源：礼仪与营销礼仪(六)，新浪博客)

同步阅读

电话营销成功案例

营销经理李天乐刚进入营业部时，客户资源有限，但时间很紧迫，在使用了许多营销渠道但效果不佳的情况下，使用了电话营销渠道，虽然电话营销有一些难度，但最后还是取得了很好的效果，在电话营销的过程中也积攒了不少的经验和技巧。

1. 开场白：拨通电话后……

李天乐：你好，是××先生吗？

客户：我是。

李天乐：不好意思，打扰您一会儿，我是中天证券沈阳长江营业部的李天乐，是这样，我公司为了回馈沈阳股票投资者，特推出……优惠活动，活动内容是……，不知道您在哪家证券公司做股票？

小结：开场白有几个细节，一定要注意，拨通电话后一定要用简洁、清晰、柔和、亲切的语言向客户介绍，让客户听起来舒服，愿意听下去。其次，在确认是本人后，要一口气把自己想表达的、最吸引客户的说完，不能一开始就向客户提一些譬如"您对我们活动感兴趣吗，您做股票吗"等问题，只要客户回答不需要或不做的话，谈话就进入了尴尬局面，结果可想而知。

2. 解决客户疑难以及了解客户情况：接上。

客户：你怎么知道我电话的？

李天乐：是我们领导告诉的，具体我也不知道，不过您别误会，给您打电话没别的意思，相反，是好事，您如果做股票的话，就可以享受我们公司的优惠政策。

客户：中天证券没听过，沈阳有几家营业部？

李天乐：中天证券是经辽宁省政府批准，由原辽宁东方证券、辽宁国际信托、辽宁华盛信托资产重组设立的综合类证券公司，公司总部设在沈阳，公司有子公司与分公司各一家，我们的资信您可以放心。

客户：你们的佣金是多少？

李天乐：前段时间我们有个业务员被投诉，是因为他告诉了客户具体佣金，结果那人是别家券商的，来打探我们的佣金水平。当然我没有别的意思，只是不想给自己惹麻烦，希望您能原谅和理解，但是，我保证给您做到最优惠，具体多少，您要有空的话，来我们公司面谈，顺便您来参观一下我们公司。

客户：我考虑一下，转户的话给你打电话。

李天乐：好的，我一会给您发条短信，这样您就有我的手机号了，不知道您现在在哪家证券公司做股票？

客户：我在××证券开的户，你们还有别的服务吗，比如说推荐股票？

李天乐：有，我们每天有短信提示，会把当前的市场状况、新股发行和一些重要的新闻及时发给客户，还有我们会把总部研究所的季度研究报告及时发给客户，同时我们还专门为客户提供了速度较快的 vip 行情交易系统，逢年过节我们还会为交易量较大的客户提供礼品，您看我们的服务还满意吗？您有什么好的建议也可以给我们提出。

客户：还可以，我有空过去看看。

李天乐：您看明天下午有空吗？

客户：明天下午有事。

李天乐：那后天下午怎么样？

客户：嗯，好，后天下午三点吧。

李天乐：好的，那我们明天联系，打扰您了，再见，××先生。

小结：向客户介绍完活动后，在不知道客户是什么态度的情况下，可以提一个为后续谈话能进行下去的问题，而且这个问题是客户没理由拒绝的，比如"您现在在哪家证券做股票"，这时，只要客户稍对活动感兴趣的话，他就会回答这个问题，营销人员先问一些"心里比较怀疑、疑惑的问题"，把这些"困惑"解除，可以把刚才的问题再问一遍，这时客户就不会提防了，然后关系就可以更近一步，这样就可以用一些更亲近的语言和客户聊天，在这个过程中就会了解到客户的具体情况，从而为面谈做好准备。

麦克的一天

麦克·贝柯具有丰富的产品知识，对客户的需要很了解。在拜访客户以前，麦克总是提前掌握客户的一些基本资料。并以打电话的方式先和客户约定拜访的时间。

麦克今年 35 岁，身高 6 英尺，今天是星期四，下午 4 点刚过，他精神抖擞地走进办公室。深蓝色的西装上看不到一丝的皱褶，浑身上下充满朝气。

从上午 7 点开始，麦克便开始了一天的工作。麦克除了吃饭的时间，始终没有闲过。麦克 5:30 有一个约会。为了利用 4 点至 5:30 这段时间，麦克便打电话，向客户约定拜访的时间，以便为下星期的推销拜访而预先做安排。

打完电话，麦克拿出数十张卡片，卡片上记载着客户的姓名、职业、地址、电话号码资料以及资料的来源。卡片上的客户都是居住在市内东北方的商业区内。

麦克选择客户的标准包括客户的年收入、职业、年龄、生活方式和嗜好。

麦克的客户来源有 3 种：现有的客户提供的新客户的资料；麦克从报刊上的人物报道中收集的资料；从职业分类上寻找客户。

在拜访客户以前，麦克一定要先弄清楚客户的姓名。例如，想拜访某公司的执行副总裁，但不知道他的姓名，麦克会打电话到该公司，向总机人员或公关人员请教副总裁的姓名。知道了姓名以后，麦克才进行下一步的推销活动。

麦克拜访客户是有计划的。他把一天当中所要拜访的客户都选定在某一区域之内，这样可以减少来回奔波的时间。根据麦克的经验，利用45分钟的时间做拜访前的电话联系，即可在某一区域内选定足够的客户供一天拜访之用。

麦克下一个要拜访的客户是国家制造公司董事长比尔·西佛。麦克正准备打电话给比尔先生，所以麦克精神抖擞地走进办公室准备打电话约定拜访的时间。

(案例来源：推销准备工作，百度文库)

任务二　实地拜访

任务提出

将上课班级划分成若干小组(每小组 5~6 人)，每个小组派出两名学生进行演练准备，每个场景各请一个组上台，上台展示时，请大家安静，注意观察，记录优缺点。

场景 1：寒暄与介绍

场景 2：交换名片

场景 3：介绍

场景 4：道谢、约访

知识准备

请大家通过以下案例，分析郑先生在穿着上存在什么问题？

郑先生的穿着

郑先生是一位经常东奔西走的业务人员，遵照公司的规定，他必须天天穿着蓝色西装，同时配上白衬衫及深蓝色领带来上班。郑先生自认为这身服装让他显得英姿焕发，但是他的上司却经常用手指着他的领结处，说"不及格呀"。

经过同事的点醒，郑先生才晓得原来上司是怪他没扣上衬衫的第一颗组扣，但他很不以为然，心想"反正我已打着领带，有它箍着，衬衫的领子固定得很好。何必扣扣子，令自己不舒服呢？上司真是会找茬！"

上门拜访客户，是了解客户的大好机会。通过浏览客户公司里的宣传栏、内部的报纸杂志：观察客户办公室的布置、陈列等，都可以对客户初步了解；同时通过有意识地接触目标客户公司里不同岗位的人，并进行广泛交流，就能获得更为丰富的信息；面对客户时，想办法多提问，让客户多说话，客户说得越多，信息暴露得就越多。可以说，上门拜访是了解客户的最有效的途径。

与电话拜访一样，上门拜访时营销人员也不要试图在不速之约时推销金融产品和服务，而是要充分利用与客户见面的时间，去发现问题、收集人名及年报等资料、确定可能的需求、暗示可能带来的利益、约定商谈时间、确定联络人等。如果这次不能进行深谈，营销人员应当留下自己的名片、送出一封追踪信、打一个追踪电话或者发一封电子邮件给客户，还可以利用这次未实现的拜访作为下次交谈的话题。

实地拜访的流程通常是明确拜访的目的、做好拜访前准备工作、拜访中、拜访后工作。拜访前要做好的心理准备工作：能与客户确定合作框架是营销人员的福气，即使访问没有达到目的也很正常，应有失败及做持久战的准备。

拜访时应树立这样的工作原则：投其所好，攻其要害，动其心弦。

拜访前、拜访中乃至拜访后都应注意的是：营销客户的第一步实际上是营销你自己，包括你的人品(热情、勤奋、自信、毅力、同情心、谦虚、诚信、乐于助人、诚实等)和形象；营销的重点是金融产品和服务能给客户带来什么利益，而不是过多地介绍金融企业及其产品的具体技术特征。一切从客户需求出发，而不能脱离客户而盲目谈论金融产品及服务。

一、正式洽谈前的工作

拜访客户是一项很严肃的工作，营销人员事先应通盘考虑，不漏过任何一个可能影响拜访效果的细节。做好整个拜访计划、把握整个拜访节奏，使拜访能从一开始就向着有利于自己的方向发展。

(一)出发前需做的工作

1. 建立良好的第一印象

英国女王给儿子威尔斯王子的一封信中曾经写过："穿着显示一个人的外表，人们在确定一个人的心态，以及对这个人的观感时，一般都通过凭他的外表，而加以判定，因为外表是看得见的，而其他因素则看不见，基于这一观点，穿着特别重要。"女王并未言过其实，在现实生活中，无论基于理性或非理性的观点，我们对某个陌生人的第一印象，都是以他的衣着和仪容作为评价的标准，得体的着装与清爽的形象会增强客户对你的信任感和亲切感，所以营销人员要想给客户留下良好的第一印象就必须注意自己的外表。

(1) 营销人员在拜访客户时切忌穿奇装异服、流行、很短或劣质的衣服，头发要干净不可有异味，不要染发，不要留胡须，不可留指甲，如果是女性营销人员不要打扮得花枝招展，不可浓妆艳抹，最好是淡妆或不化妆。

(2) 在拜访客户时穿着一定要结合地区差异、行业习惯、工作环境以及客户的接受度等进行选择，必须穿西装时一定要穿西装，需要穿商务休闲装时一定要穿休闲装，最好是和要拜访的客户的衣着保持一致。

(3) 准备一个镜子和梳子以及湿巾，在出发前和快到客户处时一定要提前照下镜子，看一下发型是否凌乱，脸部是否清洁、表情是否自然、衣服和鞋子是否整洁等，深吸一口气放松自己紧张的心情，不要认为这样做没必要，其实对你的拜访大有好处。

(4) 拜访客户前，切记不可吃洋葱、大蒜、韭菜等有强烈刺激味的食物；经常刷牙，以除去可能引起口臭的微生物或烟味；拜访客户前可以咀嚼一些不含糖的薄荷口香糖或喷一些口腔清新剂，保持口腔清爽；同时拜访客户前不可喝酒，避免带着酒味去拜访客户。

2. 拜访前准备的资料

(1) 所需的办公用品。

① 携带好名片、笔记本、笔、包等。这样就可给客户一个"营销人员已为这次拜访做了精心准备"的感觉，而不是"随意来拜访"的感觉。

② 如果该客户是第三方推荐的，则需带好介绍函及第三方让转交的物品。

③ 携带好宣传材料、产品说明、已展开合作的客户名单及简况、专门针对被拜访客户所设计的金融服务方案及其他必备材料。

④ 告诉客户可能到达的时间。如果随同领导一起去拜访客户，这点尤为重要。因为客户可能要安排迎接等事宜。

⑤ 如果此行主要是介绍产品或介绍服务方案，应事前制作好 PPT，并询问客户能否准备好投影仪，如果客户没有投影仪，则营销人员可同时带上。

⑥ 根据客户一方参加洽谈人数的多少准备相应的礼品，礼品不必贵重，但必须实用、有纪念意义、与自己所在金融机构有关联，尤其是要保证品质。

(2) 客户的资料。

① 客户主营、规模、行业竞争情况、行业发展情况。

② 客户电话、地址、联系人情况。

③ 客户业务侧重点、业务资料。

(二)到达后的注意事项

(1) 提前几分钟到达，千万不能迟到。守时是种美德，我们无权浪费客户的时间，由于特殊情况而迟到，要提前打电话告知客户(到达后还要表示歉意，并再次解释迟到的原因)。到达后，应先整理一下服装仪容，并保持微笑、开朗、向上的表情，力求自然，以助日后客户会议时，留下好印象。

(2) 拜访从到达客户服务台时就已开始，要给服务台人员留下良好的印象。面带微笑，但不要过分。离去时也需向服务台人员表示感谢。

(3) 树立坚定的信念，确认访问一定成功，相信自己的到来能给客户带来有益的东西，因而会很受欢迎，切忌以失败者的形象出现。

(4) 在客户引领人员的引领下到达会议室(洽谈室)后，向引领人员表示感谢。

进入会议室后，尽量坐在靠近门口的位置上，以便客户进来时能够马上起身进行寒暄。

(5) 在会议室中注意不要交头接耳，更不能大声喧哗，应耐心地等待，即使等候时间较长也不能露出不耐烦的神情，不要老是询问"怎么还没来呀"。最好不要在会议室抽烟，客户到来后如果不抽烟，营销人员最好也不要问"我能不能抽烟"之类的话，因为客户即使不愿意也不好意思拒绝，即使答应了心里也会产生对营销人员不满意的感觉。

(6) 营销人员平时应注重观察能力的培养。对会议室的摆设进行观察，尽量从会议室的布置中归纳总结出这个客户的特点。要学会观察，微小的细节都可能给我们带来帮助。在等待时，还可利用这段时间拟定腹稿、筹谋对策。

通过观察客户的办公环境，我们可以了解客户的爱好，了解客户的性格，我们就能在其中找到话题，引起客户的兴趣，建立初步沟通。

(7) 有时客户会把他们的宣传材料放置在会议桌子上，营销人员应利用等待时间尽快阅读。

(8) 将随身携带的礼品放在自己座位旁边，拿出笔记本和笔放在桌子上。

二、拜访的基本程序

拜访客户的基本目的在于说服客户接受金融企业的产品和服务，以下技巧可以帮助营销人员成功地说服客户：在客户面前通过丰富的专业知识和良好的人际关系建立自己的可信度；确定与客户的共同范围或共同利益所在；利用生动的语言和引人注目的论据来实现自己的主张；与客户建立感情上的联系。

而以下方式则会导致说服的失败：试图用强求的方式来阐述自己的主张；将妥协看做是投降而永不进行适当的妥协；以为说服的诀窍在于提出伟大的论点；把说服看成一种一次性的努力，一旦一次失败就轻易放弃。

(一)拜访的启动阶段

1. 寒暄

应在确认对方的身份后再寒暄，通过寒暄与介绍，营造有利于业务开展的气氛。双方寒暄与介绍的正式程度和时间长短应根据双方关系的远近程度而定。寒暄时不能含糊其辞，应力求幽默。力求在见面的头几分钟内就给客户留下良好的第一印象。调查显示，具有较好声音、散发着自信气息的营销人员最容易被客户所接受。常用的寒暄语言有以下几种。

"近来工作忙吗，身体怎样？"

"吃过饭了吗？"

"您好啊！"

"您气色不错！"

"您这件衣服真漂亮！"

"我听过您的演讲，棒极了，今天终于见面了！"

"我好像在哪儿见过您！"

寒暄本身并不表达特定的意思，这种交谈只不过是一种礼节上或感情上的互相沟通而已，但这种沟通又是任何拜访场所必不可少的。在拜访过程中，寒暄能使单调的气氛活跃起来，尤其是初次拜访时，能使与你不相识的人尽快接受你。为了建立起良好的第一印象，营销人员应该做到以下几点。

(1) 开心诚恳的微笑。

营销工作是成天与人打交道的工作。开发客户的主要办法是洽谈，通过微笑让客户喜欢你，使客户感到快乐，也是让自己享受快乐。

(2) 注视对方的眼睛，但不必过分紧盯着对方。

(3) 亲切地说出"您好"或其他问候语。

(4) 充满自信地与客户握手，短暂而有力，但不能握得太紧。

双腿立正，上身略为前倾，伸出右手(对方主动伸出手时，应两手接握)，四指并拢，拇指张开与对方相握，上下稍微晃动三四次，随后松开手来，恢复原状。为避免和那些不愿握手的人出现尴尬局面，营销人员可保持右臂曲放在体侧姿势，这样可做到伸缩自如。

(5) 寒暄虽然没有特定的内容，但必须与环境及对象的特点相称，应该"到什么山上唱什么歌"。

(6) 互道姓名。营销人员应正式地介绍自己和同事，同时要记住对方的名字。

2. 交换名片

名片制作要新颖别致，一般用金融企业统一印制的名片即可。切忌印很多头衔在上面；名片事前要准备妥当，以便随时从名片夹中取出，切忌直接从衣袋中掏出来递给对方；不能将弄脏、卷角的名片掏出给客户。

(1) 取出名片时先郑重地握在手中，然后态度虔诚、恭敬、从容、自然、亲切的双手送到对方手上以示尊重；且名片的文字要正向对方，以便对方观看，并说出"请多关照"等话语。

(2) 接名片要恭敬，应用双手接受，并说声"谢谢"；接到手后应马上细看，不可只瞟一眼；看完后应立即说"您就是××啊"，以示过去就非常崇拜他，遇到名字中不认识的字时要请教对方，对方会认为你很尊重他。

(3) 与多人交换名片时，要依由尊而卑，或由近而远进行；初次见面接到多张名片时，可按对方座位的顺序依次摆好名片，以免记混。

(4) 把名片放在桌子上，不可压在笔记本下或放进口袋(会谈结束时，要谨慎地把名片收起、装好)。

(5) 如你想要对方的名片而对方没有给你，可积极索要，并主动把自己的名片递过去。

(6) 接受别人的名片就要递送自己的名片，否则就是无理拒绝、修养不高的表现。

(7) 如果不想给对方名片，不宜直接拒绝，可以说"对不起，我忘带名片了"或"抱歉，我的名片用完了"。

3. 坐下的位置

营销人员走进客户办公室，要选择接近对方的位置坐下。切忌，不可坐在对方的正前方，必须是坐在左侧或左斜方。对于可明显分出上下座位时，应坐在下座。座位是根据心理空间管理的理论而定。

所谓的心理空间管理，包括：①理性空间——面对面坐在客户正前方时，会在本能上摆出对立的架势。②情感空间——坐在斜侧方或侧面时，由于双方无法相互正视，因此容易协调。③恐惧空间——超越自己视野范围内的背后空间。④神秘空间——头顶上方的空间。

营销人员在被请入会客室或被带到主管办公桌附近的沙发椅旁边时，基于礼貌，在对方还没有说"请坐"以前，绝不可坐下。坐下后，也不可跷起二郎腿或两手靠着椅背。

4. 公文包的放置

不可将公文包放置在地板上，应放到自己的腿上。如果对方背与自己洽谈，必须先得到对方的允许后，再将公文包放在旁边的桌子或椅子上。勿使用过于寒酸的公文包。

5. 介绍的内容与形式取决于对当时情况的判断

(1) 初次见面要注意称呼：对新客户，如对方只讲姓氏而未提供名字，则应采取正式的称呼，如某先生、某小姐、某女士；如对方提供名字，则意味着对方有意向与您接近，但此时称呼对方时仍要称呼其职务。

(2) 在社交场合，一般称呼对方的职务(王总)、职称(刘工)、学衔(张博士)、职业(陈律师)等。如果对方是副总经理，可把"副"字省略；如果对方是总经理，则不可把"总"字省略，而只称呼"经理"。

(3) 与客户关系混得很熟且地位与对方相当时，可直呼其名以示亲切。但无论关系多熟悉，在正式场合都要称呼职务；称呼对方时不能一带而过，在称呼对方后要暂停一下，以引起对方的注意。

(4) 如客户对金融企业或营销人员不太熟悉，应简单介绍一下金融企业的情况、营销人员的职位及金融企业的业务。

(5) 称呼客户避免吐出"哎""喂"等字眼。

6. 拉近同客户的距离

(1) 通过谈论一些与此次拜访无关的话题来与客户套近乎。话题必须是客户感兴趣的内容：对方从事的专业、工作等方面，切忌谈论客户不感兴趣的话题，如对爱好体育的客户谈艺术。营销人员平时应多锻炼自己在这方面的判断能力，也可事前了解一下该客户的爱好、习惯，以关心客户的方式入题，话题一般有社会问题、家庭问题、孩子教育问题等。当然在谈论上述问题时，营销人员不要探询客户的隐私，除非客户在先说出，也不必随意发表评论或建议。

【教学互动 2-2】

谈论对方感兴趣的话题

有一次，爱德华·查利弗为了赞助一名童军去参加在欧洲举办的世界童军大会，急需筹措一笔经费，于是就前往当时美国一家数一数二的大公司拜会其董事长，希望他能解囊相助。

在爱德华·查利弗拜会他之前，打听到他曾开过一张面额 100 万美金的支票，后来那张支票因故作废，他还特地将之装裱起来，挂在墙上作纪念。

所以当爱德华·查利弗一踏进他办公室之后，立即针对此事，要求参观一下他这张装裱起来的支票。爱德华·查利弗告诉他，自己从未见过任何人开具过如此巨额的支票，很想见识一下，好回去说给小童军们听。

董事长毫不犹豫地就答应了，并将当时开那张支票的过程，详细地讲给查利弗听。

说完他那张支票的故事，未等查利弗提及，那位董事长就主动问他今天来是为了什么事？于是查利弗才一五一十地说明来意。出乎查利弗意料之外，董事长非但答应查利弗的要求，而且还答应赞助 5 个童军去参加童军大会，并要求查利弗亲自带队参加，负责查利弗和童军的全部开销，另外还亲笔写了封推荐函，要求他在欧洲分公司的主管提供给查利弗和童军们所需的一切服务。

(案例来源：影响世界的营销寓言)

(2) 套近乎的内容要简练，时间不宜过长。否则会给客户一种虚伪的感觉，套近乎可通过赞美对方、求教对方、谈论对方熟知的人、谈论办公室的摆设等方式进行，营销人员与客户套近乎时，一定要显出虔诚、很认真的样子，语言要幽默。

(3) 开门见山把能给客户带来的利益说清楚，或者以提供新的金融产品引起客户的好奇心。

(4) 间接接近"我是谁谁介绍来的，我想他一定打电话给您了吧"或者"上次某某客户买了我们的理财产品，现在收益已到 3000 万元"。

(5) 实际问题接近"听说最近您这儿要进口一批设备，可能缺些资金"。

(6) 故意说错话，待对方批评指正时再借题发挥。

(7) 通过地域感与亲近感来拉近距离。

7. 掌握倾听的技巧

(1) 营销人员在倾听时要学会控制情绪、不打扰、不多插话；在谈话时注视对方双眼，每次2~3秒(过长会使对方不自在)；表情随对方谈话内容有相应的变化，恰如其分地点头、皱眉、微笑、静静等待、轻声赞许、附和；记录(这既能表示对客户意见的重视及尊重客户，也有利于提高精神集中度和抓住客户谈话要点，若记录记得好，在访谈结束后整理一份备忘录给客户，可引起客户的特别注意)。

(2) 正确对待客户回应，消除客户顾虑，不与客户争执。客户回应分为正面回应与负面回应。正面回应表现为引起客户注意与兴趣、唤起客户的欲望、给客户留下记忆、产生购买行动等，客户的正面回应对我们是有利的，是我们拜访客户所要实现的目标。有时客户会产生负面的回应，如客户对你所说的不感兴趣、对我们的产品不满意、客户的态度有点不耐烦、明确表示不赞同或不合作、客户想尽快结束拜访等，这时营销人员一定要沉住气，切不可和客户发生争执，而是把客户的负面回应当作一种积极的信号(也许客户的某个需求没有得到满足，或客户的某个需求我们还没有了解等)，认真倾听客户的回应，并表示理解，然后帮助客户分析并找出解决的办法。

8. 询问的技巧

(1) 要多听多问少说，掌握沟通的主动权。营销人员一定要让客户多说而不可自己滔滔不绝，在客户多说的过程中来挖掘客户的顾虑、需求以及收集客户的信息，让客户更多地暴露在我们面前，从而了解客户的真实需求。因此营销人员在沟通过程中要掌握一些询问技巧。

① 合理使用开放式问句。开放式问句主要表现形式为：什么、哪儿、谁、什么时间、如何等，例如：请问对于我们的产品贵公司准备如何看待呢？主要是让客户阐述想法与意见等，用来发掘客户需求、验证自己的猜测是否正确等。

② 合理使用选择式问句。选择式问句主要表现形式为：是……还是……，主要是给客户两个正面的选择，让客户在其中选择一个，在选择答案和自己决定这两种情况下，人们一般都倾向于前者，研究表明这些是人类惰性的一种自然表露。

③ 合理使用闭锁式问句。闭锁式问句主要表现形式为：是否、是不是、行不行等，如这个促销方案您是否同意？主要是快速从客户处得到信息，验证信息正确与否。

(2) 掌握询问的方法。营销人员一般通过熟练掌握状况询问法、问题询问法等询问方法引导客户的谈话，找出目标客户的潜在需求。向对方提问要适当，并紧跟客户思路，不要重复提问同一个问题，也不要同时向客户提多个问题。对敏感问题的提问应加以发问理由。

① 对敏感问题的提问应附以发问理由，根据问题的具体类型选择恰当的询问形式。

② 不能同时向客户提出多个问题，一次最好提一个问题，因为提很多问题很可能会漏

掉其中的某一个。

③ 提出的问题应该是经过充分准备的，且提问时应当有充分的信心，不能犹豫不决。

④ 提问题的时间不能太长，提问应当简洁，不能变成长篇陈述。

⑤ 不能自己回答自己提出的问题，不能把自己搞得像在进行演讲。

⑥ 不能向客户提无法回答、回答不了或不必回答的问题，因为营销人员不仅要让客户感到自己很重要，而且要让客户感到自己很聪明。

⑦ 如果对方不想回答或不能回答营销人员的问题，而这个问题的答案对营销人员又很重要。那么营销人员必须重复提问，不要接受对方的推辞。

⑧ 向客户提问最好不要太直截了当，可利用适当的悬念来勾起客户的好奇心。

⑨ 不要使用刺耳的语句，恰当使用转折语句和语气。

⑩ 善于引导客户按照营销人员的方法看问题，并且善于把一个复杂的问题分解成几个小问题，然后以提问的方式提出。

9．简要说明拜访的原因

介绍拜访的原因目的在于引入拜访的最重要部分——对客户介绍金融产品。拜访的原因可以是：第三者的介绍、报纸上宣传客户的文章、拜访前的约定、金融企业最近推出新产品特来专门告知等。

10．陈述拜访的目的

(1) 目的可以是直接而具体的，如就贷款事宜进行具体商谈；也可以是一般的，如泛泛介绍金融企业的服务，从中发现可以进一步合作的空间。

(2) 陈述的出发点是给客户可能带来的利益。只有客户意识到能给他们带来利益时，才有可能进行下一步的洽谈。在谈到可能给客户带来的利益时，应注意锁定客户的利益期望水平，做到既能唤起客户的兴趣，又不能引发客户产生过高的期望值。利益最好能够量化，可将新产品与传统产品进行比较，算一笔账，看看新产品相对于传统产品来讲，可以给客户节约多少成本或增加多少收益。

(3) 注意客户对所陈述目的的反应，如对方认可，则进入通过提问来了解客户需求阶段。通过客户可能感兴趣的话题来衬托对拜访目的的阐述。客户可能感兴趣的话题主要有：能改善客户生产经营状况及市场形象；有利于客户采用的新技术；能帮助客户解决现存的问题；提供给客户避免风险和损失的机会；对客户有益的信息。

(4) 如果客户显然想回避某个话题，即使营销人员认为这个话题是客户的专长，营销人员也最好不要刨根问底，勉为其难。客户不感兴趣的话题，营销人员即使很感兴趣也不能自顾自地畅谈不休。当客户对某个话题失去进一步畅谈的兴趣时，营销人员要适时地转移话题；当自己对客户的谈话失去兴趣时，客户可通过提出一个富有启发性的问题，或抓住客户的某一句话自然地转移到另一个双方都感兴趣的话题上，这样双方的自尊和兴致都能不受损害。

(二)进入拜访主题阶段

1.认清客户需求，了解客户动机

在此阶段，应注意把握客户显露出来的需求、兴趣，目的在于帮助客户确定或解决问题，以便为讨论金融产品打下基础。营销人员通过主动提出问题，鼓励客户谈论他的业务、存在的问题、所关心的东西、经营状况、目前的业务关系、内部的管理问题、今后的打算等，从中梳理出客户的需求。当客户对目前的产品或服务不满意时，意味着营销人员的机会来了。营销人员应告诉客户自己能提供更具价值的产品或服务。

此阶段需要提问、观察、倾听和综合技能，同时也需要耐心和自制力，这意味着提出问题后要拿出 5～15 分钟或更多时间来倾听客户回答，并从中挑选出关键问题加以分析。要了解到以下问题：客户已有什么，还需要什么；在已得到的服务中客户最喜欢什么；客户想对目前得到的服务做何改进等。

2.阶段性确认

营销人员可通过检测客户认可、理解的情况，来深入研究客户的反应，评估将金融产品与客户需求联系起来的成功程度，并确定下一步的行动：是否继续重复某一问题的讨论；是否继续进行问题调查；对拜访作出总结还是开始启动产品销售等。如果客户在某些领域存在不满意、不理解、缺少兴趣或尚未明白可能带来的利益，营销人员应当场作进一步的解释与引导，以消除客户的疑虑。

此阶段的目的如下。

(1) 确定客户对所传递信息的认可及接受程度。

(2) 提高营销人员与客户在业务洽谈过程中思考的同步性。

(3) 增强营销人员调整销售方法、产品重点、内容、节奏的灵活性。

(4) 使营销人员处于主动地位，以便推动产品启动。

(5) 发掘问题，找出双方产生分歧的原因，并提供解决问题的机会。

(6) 维持对话的进行。

(7) 在提出产品启动时减少客户反对的可能性。

3.正式启动产品销售

有时产品销售的正式启动需要通过多次拜访才能开始。当每次拜访达不到产品启动的目标时，营销人员应对拜访作出总结，以便尽快进入产品启动阶段。不同产品的启动程序是不同的，营销人员应明确理解每一项金融产品的启动步骤，并向客户做介绍。

如果客户反对产品启动，营销人员可有礼貌地询问客户反对接受金融产品的原因，或通过其他方式努力找出客户反对产品启动的原因。

产品销售启动后，营销人员应该进一步收集目标客户的资料及其他相关资料，建立目标客户的信息档案。

以下情况意味着营销人员应该适时结束拜访：客户通过明示或暗示等途径表示已无意继续洽谈；事前约定的洽谈时间已到而客户又安排好其他的事情(客户同意继续洽谈的情况除外)；达到了洽谈目的，已决定进入下一步工作阶段。

拜访结束时通常有三种结果：最好的结果是达成了一致意见，双方都满意；其次的结果是部分有成效，剩下的问题下次再谈；最差的结果是没能达成任何共识。无论是何种情况，营销人员都要以积极和专业的态度面对拜访结束，都应为下次会谈留下余地。切忌草草收场，不了了之，或者拖泥带水，含糊其辞。对不同类型的客户，创造再访机会的方法也有所不同。

(1) 对优柔寡断型客户可明示再访日期和时间，如"我下周三 12 点左右再来进行更详细的会谈"，客户没直接反对就表示默认了；如果客户说"不行，下星期我没时间"，营销人员就应该说"那么，我下下星期再来"。对此类客户不能这样问"您看我下次什么时候来比较方便"。

(2) 对果断自主型客户要由客户决定，可试探性地相约，以免客户的自主权被侵害，如"我下星期再来做一次说明，您看是否可以"？

(3) 如果客户明确表示不需要再进行约谈了，营销人员也不要信以为真，应留下有机会再来拜访的暗示。

4．向客户索要有关资料

尽管客户资料的收集一般在洽谈结束后通过调研工作专门进行，营销人员还是应该在此时尽可能多地获得一些资料，如果当时时间紧迫，也应让客户高层决策者明确一下谁负责提供资料这件事，以便拜访结束后找到此联络人进行资料收集工作。

5．向客户告辞

即使本次洽谈没能取得成效，营销人员也应表示感谢。告辞前营销人员应将带来的礼品交给客户，如果营销人员是陪领导来的，则营销人员应将礼品先交给领导，由领导交给客户。告辞时要和来时同样有礼貌，在准备离开时，应倒退着到门口并再一次表示感谢的态度。尤其要注意关门的动作应温文尔雅，不可粗暴地"砰"的一声关上，争取给客户留下好印象。

三、拜访总结

拜访结束后，不论是否达成签约，一定要对拜访过程进行总结，以积累客户开发经验，为下次拜访作好铺垫。本次拜访结束后，应填制拜访总结表(如表 2-2 所示)，详细记录这次拜访的内容特别是客户的关注点，认真分析客户的关注点与需求，在下次的拜访中提出有针对性的解决方案。同时记录下自己在本次拜访中的不足之处，提高以后的拜访质量。

表 2-2　拜访总结表　　　　　　　　　　　编号

被拜访客户名称		我方参加人员	
本次拜访是第几次拜访		对方接见人员	
实际达到的目标			
如未达到拜访目标，请分析主要原因			
拜访启动阶段主要收获与经验			
进入拜访主题阶段主要收获与经验			
拜访结束阶段主要收获与经验			
最后总结			
收集到的资料清单			
给客户哪些资料，有何效果			
操作、批评与修正			
下一步工作打算			

拜访总结人员及参与人员签字：

年　月　日

注：

① 导致拜访失败的主要原因有：金融企业的资源难以满足客户需求；金融企业在规模、体制、经营理念和兴奋点等方面与客户不对等；双方合作存在法律政策障碍；客户有兴趣，但碍于目前与其他金融机构的关系，难以与本金融企业建立合作关系等。

② "最后总结"栏含对客户的初步整体评价、开发此客户的难点与机会、本金融企业已宣传推介的服务产品、拜访达成的主要结果等内容。

同步案例

【案例1】

1. 请分析案例"麦克的实地拜访"，对你有哪些启示？

麦克的实地拜访

情景1：

麦克："比尔董事长，您早。我是温彻斯特公司的麦克·贝柯。真高兴见到您。"

情景 2：

比尔："麦克，我也很高兴认识你。"

麦克："您的办公室真气派。比尔董事长，我这有些资料想给您看看并和您谈论谈论，我们坐下来，好好谈一谈。"

（麦克说完，径自走向比尔办公室里的客人接待区，准备坐下……）

情景 3：

麦克："比尔董事长，在您看过我寄来的公司简介以后，相信您已经初步了解温彻斯特公司是一家专门定做服饰的公司。我公司服务的对象都是企业界的高级主管，他们都很忙，不随便浪费一分一秒。我公司有 24 年的历史，一直在业界有着很好的口碑，我公司成功的主要原因是独特的市场定位。在国内专门为企业界高级主管定做服饰的公司，只有我公司一家。公司在美国和加拿大有 41 个分支机构，去年的营业额是 1.1 亿美元，今年可望有 1.55 亿元销售。

情景 4：

比尔："你给我的简介，我大概看了一下。"比尔突然从椅子上站了起来，他示意麦克离开。

麦克："比尔董事长，我来的是否不是时候？ 如果真是这样，我们可以另外约定时间。在您不忙的时候，我再来拜访您？"

比尔："麦克，我不是很忙，只是对你的推销不感兴趣。我对于自己现在的服饰感到相当满意。"

情景 5：

麦克："比尔董事长，我只耽搁您几分钟的时间。有一些构思想向您说明，相信对您一定有所帮助。"

情景 6：

比尔："麦克，我说过我没兴趣。"

麦克："我了解，我了解。不过在离开之前我能问一个问题吗？"麦克诚恳地问道。

随后，麦克站了起来，拎起了公文包，准备问完问题以后立即离开。这个动作，看在比尔眼里，使比尔觉得麦克开始听话并准备离开了。另一方面，比尔对麦克的戒心也逐渐降低。

比尔："什么问题？"

麦克："向您请教一个问题。您认为美国专利局对社会的贡献大不大？" 比尔："当然大，那又如何？"

麦克："在亚当斯总统执政时，国会曾建议撤销专利局。因为当时的国会议员认为，以后不可能再有新产品出现，专利局所授予的专利保护在未来没有多大的意义，所以最好把它裁掉，以节省纳税人的钱。偏偏就从那个时候起，许多新产品不断地出现，如收音机、汽车、电视机等。比尔董事长，请问您的专利局已经被裁减了吗？您对新事物已不感兴趣了吗？"

比尔："我对新事物一直很有兴趣。"

麦克："那很好。让我们先坐下来。我有几样东西给您看，您一定很有兴趣。"

不等比尔回答，他的推销机会又来了。

比尔："需要时间长吗？"

比尔踌躇地坐下来。

麦克："先给您做个观念上的说明。如果您认同这些观念，我们再继续谈下去，要不然，我马上离开。"

情景7：

比尔："好吧！让我听听你会说些什么。不过，我先声明，今天我不买你的东西。"

情景8：

麦克："比尔董事长，首先要向您说明的是，我公司的主要客户是企业的高级主管，您就是我公司的客户之一。企业的高级主管有一个共同的特点，就是他们都很重视时间。在我公司的客户中，或许有一些是您认识的。像国家保险公司的总裁鲍伯·威尔森，第一银行董事长赫伯特·伯奈特……都是我公司的客户。"

情景9：

比尔："我跟赫伯特·伯奈特很熟，其他几位也都认识。你说的这些人都是企业界的名人。"

麦克："是啊，我公司跟一些企业界的重要人物都有生意往来。根据经验，我的许多客户都讨厌上街采购东西，您可能也有这样的体会。其中的原因一是没有时间；二是即使有时间，也宁愿去做除上街采购以外的事情。比尔董事长，您同意我的看法吗？"

麦克以疑问句做结尾，让比尔好接口回答。

比尔："是啊，我不喜欢上街买衣服。不过，话说回来，上街买衣服是一件不可避免的事。"

(案例来源：百度文库)

【案例2】

请分析案例对你的启示有哪些？

爱心是沟通与顾客感情的桥梁

有一位营销人员经常去拜访一位老太太，打算以养老为理由说服老太太购买股票或者债券，为此，他常常与老太太聊天，陪老太太散步。经过一段时间，老太太就离不开他了，常常请他喝茶，或者和他谈些投资的事项。然而不幸的是，老太太突然死了，这位先生生意泡汤了，但仍然前往参加了老太太的丧礼。当他抵达会场时，发现竞争对手另一家证券公司也送来两只花圈，他很纳闷："究竟是怎么一回事呢？"

一个月后，那位老太太的女儿到这位先生服务的公司拜访他。据她表示，她就是另一家证券某分支单位(机构)的经理夫人。她告诉这位先生："我在整理母亲遗物时，发现好几张您的名片，上面还写一些十分关怀的话，我母亲很小心地保存着。而且，我以前也曾听母亲谈起过您，仿佛与您聊天是生活的快乐事，因此今天特地前来向您致谢，感谢您曾如此鼓励我的母亲。"

夫人深深鞠躬，眼角还噙着泪水，又说："为了答谢您的好意，我瞒着丈夫向您购买贵公司的债券……"然后拿出 40 万元现金，请求签约。对于这种突如其来的举动，这位先生大为惊讶，一时之间，无言以对。

【案例3】

做一个会说话的人

白先生是一位十分出色的营销人员，他销售的产品是保险。保险是一种看不见摸不着的产品，不比其他实物，可以摆在桌面上让顾客看到、听到、感觉到。所以，保险销售是一件艰难的工作。

一天，他决定去向韩先生销售保险。开始，韩先生一口拒绝白先生，说："你不用多费口舌了，我是不会买你的保险的。"白先生并不气馁，他利用了赞美自我说服营销法。

白先生说："韩先生。我相信，不，应该非常确定，不久之后，你会成为一名律师行业的后起之秀。"

韩先生立刻反问："你为什么那么肯定地说我会成为律师行业的后起之秀？"

白先生说："还记得两个星期之前，我特意花了 3 个小时听你的现场演讲，那次演讲精彩极了，可以说，这是我听到过最棒的演讲之一。"

"一开始，我还只是觉得我个人有这种感想，没想到坐在我身旁的所有人都说你讲得非常棒。"

"我知道公众演说的能力非常重要，你能传授我一些经验吗？也好让我的业务不至于太狼狈。"

"其实也没什么，我只是凭着热情和专业知识演讲而已。"

"像你这样有潜力、有号召力的人，是不是更应该注意身体，注重保障呢？"

"那当然，那当然。"韩先生动情地说。

"那么，我这份计划书确实能向你提供保障，我想，你一定会再看一看的。"

最后，白先生终于向韩先生销售出去了一张 10 000 元的保单。

【案例4】

请分析此案例对你的启发有哪些？

第一件事：

林方生是台湾保险业的一位营销人员。刚开始推销保险时，他刚向客户说明来意，客户就说："我没有兴趣！不过只要时间不太长，你可以说说看。"

"只要三分钟时间就够了。我的建议是，疾病死亡是赔二十万元，意外死亡是四十万，医药费用二万元，将来期满可领二十万元！"林方生满头大汗地解释道。

"这些我都不需要！"客户说完这句话后，就低头忙自己的事。林方生待在那里，不知该说些什么。突然他冒出一句话："如果发生什么事情，你的家人有没有什么保障？"客户停下手中的活，询问了一些保险方面的问题，林方生都未准确回答，因此，这笔交易林方生没有做成。

保险是无形的商品，要让客户一眼就觉察出其价值，绝不是一件容易的事。但这正是富有挑战性的一面。

第二件事：

林方生还有一位客户，是一位社会工作者，一心投入社会工作，对于保险和理赔，客户一点兴趣也没有，客户对赚钱或储蓄的欲望更不高。

在一次偶然的交谈中，客户谈到了最近的苦恼"最近向国外申请的一笔基金一直下不来，这对我们残疾人教育推广的计划实在影响极大！"林方生听后突然灵机一动：

"周先生，社会工作面临的最大困难是财务方面，对不对？其实，保险就是一项社会福利，只是把社会工作企业化经营而已，如果残疾人每个人都有一大笔钱能解决他们的生活问题，那么他们自然能够再学习、再教育了，不是吗？"这番话引起了此客户的注意，林方生第一次为他展示了家庭保险建议书，周先生同意考虑这个计划。

第二天，林方生再去拜访他，周先生说这个计划很不错，但因为再过三个星期他就要到韩国、日本考察，所以想等回国后再办。林方生一颗盼望的心被浇了一盆冷水，但是他又希望客户能早一点投保。

"周先生，是这样，如果您早一天办，就能早一天得到保障，对你的家庭不是更好吗？"

"可是，我现在需要准备一些钱出国，两个月的保险费也要十几万呀！"他面有难色，也说出了自己的困难。

"周先生，我知道你的困难，但是您有没有想到，出国考察的这两个月是您一生中危险性比较大的时候？如果您现在办，可以提前两个月得到保障，也使您能安心出国。这样吧，您先缴这一季度的保费，等回国后再把余额缴完，如何？"

"喔，可以先缴一部分？"周先生非常兴奋。林方生向周先生算了一下保费，也填好了安保书，客户要林方生第二天上午十点去收钱。

第二天早上，林方生排完了拜访计划，在九点十分时，他突然接到周先生的电话："昨天我回家同妻子商量，她还是认为回国后再办，为了这件事，我们吵了架，我实在很抱歉，等我回国后再说吧！"

林方生心中一愣，但还是抑制住了慌乱的情绪。

"这样吧，我现在就去您那，我们当面谈谈！"林方生没等客户回答，就把电话挂了。一进入办公室，周先生就给了林方生一个苦笑。

"不好意思了，答应你的事又……"

"不要这么说，我也觉得不好意思，害得你们夫妻吵嘴，我知道您是很尊重妻子的，不过，您知不知道，这份保险除了为您妻子买以外，更是为您三个孩子买的。"

"我知道，可是我没办法呀！"

"周先生，其实有件事你忽略了，您只考虑到您妻子的看法，但没有考虑到您三个孩子的看法，也忽略了自己的愿望，您不是说过要全力栽培自己的小孩吗？这一点钱也不会影响您出国呀！"

周先生犹豫了一下，然后露出了坚定、充满自信的微笑："好吧，现在就办！"这时，林方生反而担心了："那你妻子那边……"周先生摆出一家之主的架势："没关系，先斩后奏。"于是，他从抽屉里抽出一叠钞票，缴了第一季度的保费。

这件事情对林方生有很大的启发，他对周先生有了深入的了解，所以能急中生智说出针对性的话题。通过这件事使林方生悟出一个推销要领——对不同的客户，要强调不同的商品利益。

现在，林方生对所有的拜访对象，都会提出同样一个问题："为什么他特别需要这份计划(保险计划)？"除了一般的家庭生活费、子女教育费、医药费及晚年退休金外，还有什么？

第三件事：

三位年轻人合伙开一家公司，他们各有所长，在公司里都起着举足轻重的作用，林方生为他们设计了一份股东互保计划，并使他们的保费编入公司的固定费用支出。

第四件事：

一家船务代理公司的经理，他们夫妻都上班，有两个小孩，经济富裕，林方生为他们设计了一份夫妻互保计划，当任何一个人发生事故时，另一个人就有能力独撑大局。

第五件事：

一位新创业的年轻人，林方生为他设计了一份创业保险，作为他保险生活的起步，也是他经济完全独立的开始。

第六件事：

一位新婚的年轻人，林方生为他设计了一份新婚保险，作为他负起婚姻、家庭责任的开始。

就这样，林方生针对不同的客户，提出不同的计划，总能打动不同的客户。

(案例来源：百度文库)

同步阅读

各种形体信号及可能的含义。

以下表格只列出了一些常见的身体信号及可能的含义。在实际洽谈中，某一身体信号也可能不在表中右边所列出的含义。许多动作和手势的含义可能因环境和人而有所差异。

营销人员需经常检查、核对自己是否真正理解了对方身体信号的含义，只有这样才能发现某种形体信号的真实含义，避免接受错误的信息，如表2-3所示。

表2-3　各种形体信号及可能含义

身体信号	可能的含义
脑后交叉双手，双肘上翻	精神松弛，不想继续洽谈
戴上眼镜、抬起头部	对拟谈的内容感兴趣
瞳孔突然放大或目光接触频繁	对拟谈的内容很感兴趣
摘下眼镜	对所谈话语持否定意见
搓鼻子	消极反应
弹指头	不耐烦，不安
漫不经心地在纸上乱涂	不感兴趣，话题与其需求不太相关
眼睛迅速向下扫视一下	开始对话题感兴趣，或发现了要发言的人
合上笔、记事本或移动资料	对洽谈已经不耐烦，想早点结束洽谈
双掌合并成塔尖状	高傲、专横，但有时也意味着在注意倾听
两腿交叉，伸向对方	积极接近
两腿收回来交叉	有点不对劲，或许想改变想法
把座椅向后拉	消极退避
把座椅向前靠	感兴趣，投入，态度积极
身体前倾	身心投入，对话题感兴趣
身体后靠或目光旁移	若无其事和轻慢；退避，出现了头疼的事情
盯着对方眼睛	注意力集中
胸前紧抱胳膊	警觉、消极、恐惧、反对
不时用手抚摸领口、衣服	可能别有他事，希望尽早离开
双臂下垂	心绪不好，疲倦，失望，冷漠
双臂平直，颈部和背部保持直线状态	自尊心很强，或对生活充满信心
肌肉紧张，双手握拳	异常兴奋，情绪高昂
紧闭嘴唇，并避免接触别人目光	心中藏有秘密
开放式姿势	意味着接受
用笔轻敲桌子或嗓门突然变大	表示强调
紧闭嘴唇，嘴角向下倾斜	轻视，鄙夷，瞧不起
双眉上扬，双目大张	惊奇，惊讶
客户自己找位子坐	坦诚、合作，但有时也意味着随意、搪塞、不积极

任务三　处理客户异议

以下是模拟客户异议的场景，请学生完成以下工作任务。

1. 价格异议："贷款利率太高了。"

错误处理办法："我们也必须实现利润啊!""您说得不错，但我们银行就是这个价格。""我无能为力呀! 成本使我们无可选择。""我们可以降一降。""我无权改变这个价格啊! ""其他银行也是这个价格啊! "

正确处理办法：

2. 创伤异议："两年前，我们找到你们……，我们不会再同你们打交道了。"

错误处理办法："我们可以重新开始合作啊!"或知难而退。

正确处理办法：

3. "万一怎样"异议：　客户提出此异议的目的在于获得更多信心。

错误处理办法："不可能发生那种情况。"

正确处理办法：

4. 不愿改变现状：对现状比较满意而反对营销人员的提议。

错误处理办法：贸然说可以给客户带来更多利益，或比竞争对手做得更好。

正确处理办法：

5. 烟幕弹异议：　"让我们考虑一下吧!"这是一个最古老的烟幕弹。

错误处理办法：等着让客户考虑。

正确处理办法：

6. 含混不清的异议：异议过于一般或宽泛。

错误处理办法：草率处理办法地给予回答。

正确处理办法：

7. 银行形象异议："你们银行规模太小、位置太偏、效益太差。"

错误处理办法：同意客户的异议。

正确处理办法：

8. 压力异议："我们要清户""我们有多家合作银行""我们有别的机会"。

错误处理办法：唐突地顶撞或退却。

正确处理办法：

9. 不能立即回答的异议：营销人员不知如何回答，或者回答可能过早。

错误处理办法：硬充知识渊博，贸然回答。

正确处理办法：

10. 无法克服的异议：银行目前的确无法提供客户需要的服务。

错误处理办法：继续就此异议进行洽谈。

正确处理办法：

(案例来源：耿印权. 北京：中国经济出版社. 2005)

知识准备

分析以下故事中，齐德勒先生是如何巧妙地化解客户异议的？

一套烹调器

齐德勒先生是一位烹调器的推销员。一次他在向一位家庭主妇作产品介绍后，约好第二天再去拜访她。到了第二天，这位家庭主妇虽然在家等着他的拜访，但听了他对产品进一步的说明后便说："还要再想一下，这件事还要同丈夫商量后再决定。"

这时，齐德勒先生虽然知道这次成交的机会不大，但他走前想要确定这位主妇是有意拖延，还是因有其他理由不买；是真的要同丈夫商量一下，还是打发他走。于是齐德勒说：这很好，我到晚上再来，可以吗？主妇拖延着不置可否。于是，齐德勒先生提出：能让我问您一个问题，什么时候您丈夫带食品回家？她反问：你这是什么意思？他根本不带食品回来。"那谁买呢？""我买""您经常买吗""当然""食品很贵吧？一星期的食品将花费您20元或25元，是吗？""什么20元或25元！应当是120元或125元，您大概从来没买过食品吧""是的，让我作保守一点的估计，您每星期花费在食品上至少50元，可以吗？""可以"。接着，齐德勒拿出一个笔记本，对客户说：夫人，您每星期花费50元买食品，一年如以50个星期算，那将花费2500元(齐德勒边说边在本上写下50×50)。您刚才告诉我，您已结婚20年了，这20年来，每年2500元，共花费了50000元(写下)，这是您丈夫信任您让你买的。你总不会每次把食品都给他看吧？她听后笑了。齐德勒说：夫人，您丈夫既然信任让你用50000元钱买食品，他肯定会让您再花400元买烹调器，以便更好、更省地烹调下一个50000元食品吧。就这样，齐德勒卖出了一套烹调器。

客户异议是指在营销过程中的任何一个举动，客户的不赞同、提出质疑或拒绝。

例如，你要去拜访客户，客户说没时间；你询问客户需求时，客户隐藏了真正的动机；你向他解说产品时，他带着不以为然的表情……等，这些都称为异议。

在拜访期间，客户提出异议是再正常不过的事。突破异议是营销人员成功营销的关键。营销人员应该分析客户出现异议的原因，尽可能当场解决客户的异议。必须避免与客户发生争论，更不能冒犯客户。异议中往往包含着机会的信息，营销人员应善于发现隐含在异议中的机会。有时可以忽视客户的异议；有时客户的异议其实是一种购买条件。

一、客户提出异议的可能原因

(一)客户的原因

(1) 为试探营销人员的诚意、能力或所在金融机构的竞争力，故意提出一些相反的意见或刁难的问题。

(2) 害怕做出错误的决定，为逃避决策的责任而提出异议。

(3) 缺少相关的技术知识而又不愿承认这种现实，善于自我表现的客户易提出此种异议。

(4) 客户既有相关经验或成见，如营销人员的讲话与他的想法不符，客户就会据此提出异议。

(5) 少数客户为谋求私利而故意设置障碍。

(6) 由于客户不了解相关专业知识才提出异议。

(7) 不同意金融产品在价格、程序等方面的做法而提出自己的异议。

(8) 其他因素。如客户一时情绪变坏、客户方面人际关系复杂、客户因偏见而与营销人员发生对立情绪、客户缺少金融产品专业知识、客户喜欢炫耀等。

(二)营销人员的原因

(1) 营销人员的举止态度无法赢得客户的好感或让客户产生反感。

(2) 营销人员为了说服客户，做了夸大不实的陈述，或以不实的说辞哄骗客户，结果带来更多的异议。

(3) 营销人员说明产品时，使用过多的专门术语，若使用过于高深的专业知识，会让客户觉得自己无法使用，而提出异议。

(4) 营销人员引用不正确的调查资料，引起客户的异议。

(5) 营销人员说得太多或听得太少都无法确实把握住客户的问题点，而产生许多的异议。

(6) 营销人员展示失败会立刻遭到客户的质疑。

(7) 营销人员处处说赢客户，让客户感觉词穷，而提出许多主观的异议。

了解异议产生的各种可能原因时，才能更冷静地判断出异议的原因，针对原因处理才能化解异议。

二、客户异议的基本类型

(1) 可转化异议与不可转化异议。如"你们银行的产品与其他银行的产品差别不大"属于前者；"我们刚从其他银行处获得贷款"就属于后者。只要还没有确定客户提出的异议是不可转化的异议，营销人员就应该将洽谈进行下去。

(2) 真实异议与虚假异议。真实异议表达了客户是否愿意成交及关心的问题，而虚假异议则多为拒绝的借口。真实异议和虚假异议都可以转化成"一致意见"，但比较难以判断。

(3) 需求异议、产品异议、时间异议、价格异议等。

【教学互动2-3】

请大家思考，在以下的对话中，客户的拒绝属于哪种？

客户：我们已经有合作伙伴了。

营销人员：是吗？张先生，我觉得这太正常不过了。像您这样的大户，自然是每家证券公司极力争取的对象，所以您有合作伙伴是天经地义的。对了，张先生，我可以请教您一个问题吗？

客户：什么问题？

营销人员：我想问问提供什么样的服务，您才会认为这家证券公司是值得合作的？

客户：具有分析师的水准。

营销人员：嗯，对了，张先生，您说的分析师的水准具体定义是什么？

客户：很简单，就是……

营销人员：那太好了，我们公司分析师的水准正好符合您的要求，不如……

三、异议处理原则

1. 不打无准备的仗

营销人员在走出公司大门之前就要将客户可能会提出的各种拒绝列出来，然后考虑一个完善的答复。面对客户的拒绝事前有准备就可以胸中有数，从容应付；事前无准备，就可能惊慌失措，不知所措；或是不能给客户一个圆满的答复来说服客户。加拿大的一些企业专门组织专家收集客户异议并制定出标准应答语，要求营销人员记住并熟练运用。

【教学互动2-4】

请问编制标准应答语的要点是什么？

提前编制标准应答语是一种比较好的方法。具体程序如下。

步骤1：把大家每天遇到的客户异议写下来；

步骤2：进行分类统计，依照每一异议出现的次数多少排列出顺序，出现频率最高的异议排在前面；

步骤3：以集体讨论方式编制适当的应答语，并编写整理成文章；

步骤4：大家都要记熟；

步骤5：由老营销人员扮演客户，大家轮流练习标准应答语；

步骤6：对练习过程中发现的不足，通过讨论进行修改和提高；

步骤 7: 对修改过的应答语进行再练习，并最后定稿备用。最好是印成小册子发给大家，以供随时翻阅，达到运用自如、脱口而出的程度。

2. 选择恰当的时机

营销人员对客户异议答复的时机选择有以下四种情况。

(1) 在客户异议尚未提出时解答。

防患于未然，是消除客户异议的最好方法。营销人员觉察到客户会提出某种异议，最好在客户提出之前，就主动提出来并给予解释，这样可使营销人员争取主动，先发制人，从而避免因纠正客户看法，或反驳客户的意见而引起的不快。

营销人员完全有可能预先揣摩到客户异议并抢先处理，因为客户异议的发生有一定的规律性，如营销人员谈论产品的优点时，客户很可能会从最差的方面去琢磨问题。有时客户没有提出异议，但他们的表情、动作以及谈话的用词和声调却可能有所流露，营销人员觉察到这些变化，就可以抢先解答。

(2) 异议提出后立即回答。

绝大多数异议需要立即回答，这样既可以促使客户购买，又是对客户的尊重。

(3) 过一段时间再回答。

以下异议需要营销人员暂时保持沉默。

异议显得模棱两可、含糊其辞、让人费解；异议显然站不住脚，不攻自破；异议不是三言两语可以辩解清楚的；异议超过了营销人员的议论和能力水平；异议涉及较深的专业知识，解释不易为客户马上理解，等等。急于回答客户此类异议是不明智的。经验表明：与其仓促错答十题，不如从容地答对一题。

(4) 不回答。

许多异议不需要回答，如无法回答的奇谈怪论；容易引起争论的话题；废话；可一笑置之的戏言；异议具有不可辩驳的正确性；明知故问的发难等等。营销人员不回答时可采取以下技巧：沉默；装作没听见，按自己的思路说下去；答非所问，悄悄转移对方的话题；插科打诨幽默一番，最后不了了之。

3. 争辩是销售的第一大忌

营销人员要给客户留"面子"，要尊重客户的意见。客户的意见无论是对是错、是深刻还是幼稚，营销人员都不能表现出轻视的样子，如不耐烦、轻蔑、走神、东张西望、绷着脸、耷拉着头等。营销人员要双眼正视客户，面部略带微笑，表现出全神贯注的样子。此外，营销人员不能语气生硬地对客户说"您错了""连这您都不懂"；也不能显得比客户知道得更多如"让我给您解释一下……""您没搞懂我说的意思，我是说……"。这些说法明显地抬高了自己，贬低了客户，会挫伤客户的自尊心。

四、处理客户异议的方法

客户的异议是多种多样的，处理的方法也千差万别，必须因时、因地、因人、因事而采取不同的方法。在营销过程中，常见的处理客户异议的方法有以下几种。

1. 反驳处理法

反驳处理法，是指营销人员根据事实直接否定客户异议的处理方法。这种方法应该尽量避免。直接反驳对方容易使气氛僵化而显得不友好，使客户产生敌对心理，不利于客户接纳营销人员的意见。但如果客户的反对意见是产生于对产品的误解，而营销人员手头上的资料可以帮助你说明问题时，不妨直言不讳，给客户一个简单明了、不容置疑的解答，以增强说服的力量，提高客户使用金融产品的信心，并节省解答异议的时间。但要注意，营销人员的态度一定要友好而温和，最好是引经据典，这样才有说服力，同时又可以让客户感到营销人员的信心，从而增强客户对产品的信心。反驳法也有不足之处，这种方法容易增加客户的心理压力，弄不好会伤害客户的自尊心和自信心，极易引起营销人员与客户的正面冲突，从而导致洽谈失败。

此策略只适用于处理由于客户的无知、误解及成见而引起的异议，不适用于自我表现欲望强烈或较敏感的客户的异议。营销人员进行反驳时，要有理有据，要摆事实，讲道理；要注意措辞，用词要委婉，语气要诚恳，要始终保持友好的态度，不能破坏良好的洽谈氛围；要随时注意客户对反驳的态度，不能激怒客户。在反驳客户异议的过程中，营销人员应给客户传递新的有用信息，以帮助客户更新信息。

2. 转折处理法

转折处理法，是营销工作的常用方法，即营销人员根据有关事实和理由来间接否定客户的意见。应用这种方法是首先承认客户的看法有一定道理，也就是向客户作出一定让步，然后再讲出自己的看法。这种策略增加了营销人员思考分析的时间，使客户感到被理解、被尊重，但会削弱营销人员的说服力量，还有可能使客户产生并提出更多的异议。

此策略不适用于敏感、死板、自我个性强、疑问类型的客户，只适用于比较武断及易接受暗示类型的客户。运用此策略时，营销人员首先应对客户提出的异议表示同情和理解，使客户产生心理上的平衡，然后再通过转折词把话锋一转，开始反驳并处理客户的异议；不能直接否定客户的异议，更不能直接反驳客户的异议；转折词应避免生硬，尽量少用"但是"，可多用"不过""然而"等。

3. 利用处理法

这种策略是将计就计，利用客户异议中正确的、积极的因素去克服客户异议中错误的、消极的因素，变障碍为机会。这种策略在肯定客户异议的基础上转换话意，并不回避异议，故易取得客户的合作，但易使敏感型的客户产生被愚弄的感觉。此策略的核心是以子之矛攻子之盾。客户的异议是利用的基础，应热情、真诚、尽力地肯定与赞美客户异议中正确和积极的因素。当然，不能不加分析地肯定和赞美；也不能不负责任地向客户传递错误的信息，所传信息应该是经过分析的、合理的。例如，如果客户可能认为贷款利率较高，营销人员这时就应该说今后利率还可能上调，现在贷款才是最合算的。这里所说的利率上调，应该是经过对经济发展、金融调控政策等方面进行综合分析后得出的结果。

4．询问处理法

这种策略通过对客户的异议提出问题来处理异议。通过提问可以了解更多的客户信息，给营销人员赢得思考下一步工作思路的时间，且提问带有请教的意思，易获得客户的好感。但有的客户不喜欢别人追问，极可能引发新的异议。

营销人员应该及时询问，了解客户产生异议的真实原因；但只对那些与洽谈及合作有关的异议进行询问，以提高洽谈效率。营销人员不要在非关键异议上纠缠不休；注意观察客户的心理活动，追问适可而止，并要注意尊重客户；要注意追问的姿态、手势、语气，避免客户反感；不要用严厉的口气追问客户。

5．补偿处理法

任何产品都不是十全十美的，营销人员也没有必要刻意掩盖自己金融产品和服务的不足，可利用客户异议之外的因素来补偿客户可能的损失。这种策略适用于金融机构多种产品的组合营销。通过客观地摆明金融产品的长处与不足，给客户以诚实的感觉，反而易增加合作成功的可能。不足之处在于这种策略对客户的异议并没有及时解决。只有客户提出的异议是真实的且金融机构目前无法解决时，才适用此策略。对于补偿的方式、内容应在客户提出异议后及时给予答复。应注意淡化客户的异议，减轻客户对异议的重视程度，并着重对异议的主要动机进行补偿，以增加客户产生获得更多利益的感觉。

6．沉默处理法

营销人员可对客户的无关、无效、虚假、不太重要的异议不予理睬，这就避免了与客户在一些无关紧要的问题上发生争执和冲突，有利于营销人员集中精力去处理有关、有效、重点的异议。这种策略的缺点是，客户可能会因为自己提出的异议不被理睬而感到受了冷落，并产生不满。不管是否已经打定主意对客户的异议采取不予理睬的态度，营销人员都应认真听完客户的异议。

营销人员只对确实无关紧要的、不必理睬的客户异议才采取此策略。在采用此策略时，关键在于不进行无谓的争论。常引起争论的原因主要是：各不相让；以强凌弱；挑字眼儿；兴师问罪；从不买账；借题发泄；忍无可忍；争长论短；反驳回敬；斗嘴解闷，等等。

在进行沉默处理时，营销人员应微笑着保持沉默，试着改善双方洽谈的气氛，给对方沏一杯茶；递一支烟；点头认错；转身做另外一件事，以消除紧张气氛。

7．预防处理法

为防止客户提出异议，营销人员抢先就客户可能提出的异议主动进行处理。事先做好准备，可节约洽谈时间，提高洽谈效率；主动提出还可使营销人员处于主动地位。这种策略不足之处在于可能准备得不够恰当。这种策略不适用于狂妄自大、自以为是、爱唱对台戏的客户，也不适用于处理无关或无效异议。

营销人员必须在拜访前对客户可能提出的异议进行研究，做好充分的准备。在自己提出异议时，营销人员绝不能强化此异议，而只能淡化处理。营销人员应注意用词及语气，不能说 "您可能会提出"之类的话语。

8．更换处理法

这种策略是指换派其他营销人员来处理客户异议。不到万不得已的时候，不用此策略。

在气质、兴趣、爱好等方面与客户不投机，或因营销人员礼仪不当等引起客户异议，而营销人员自身又不能解决时，可采取此策略，这给了客户一个下台阶的机会。

这种策略的不足之处是，对营销人员及金融企业的形象十分不利。需注意新的营销人员在气质等方面应与前任营销人员有巨大差异；新的营销人员应该尽量为前任营销人员补台，注意重塑金融企业形象。

9．定制处理法

营销人员根据客户异议内容重新为客户提供其他的金融产品与服务。这可以更好地满足客户的需求，体现营销人员的服务精神，促进金融企业新业务的拓展，但需营销人员全面更改已有的作业计划。

10．推迟处理法

推迟处理策略是指暂不处理客户异议，过段时间后再进行处理的一种策略，这种策略使客户有了自我消化的时间，也避免了营销人员的匆忙决策；但易给竞争对手造成可乘之机，使前段时间的努力付诸东流。

营销人员应给客户留下充足的资料，使客户有依据作出恰当的决策，对其他的异议应及时给予明确的解释。如此次洽谈不能解决该异议，营销人员应与其商定下次见面的时间。

五、处理客户异议的基本步骤

(1) 仔细聆听，尊重客户异议。营销人员要摆正对客户异议的态度，对客户提出异议首先要表现出欢迎和尊重的姿态，不要急于回应客户说的每句话，应给客户时间，不打断客户，鼓励客户说出全部异议及异议产生的背景。

(2) 认真、准确地分析客户异议。营销人员应借助于自己的知识与经验，对客户提出的异议进行认真分析和深入考察，找出隐藏在异议背后的真正根源。如果营销人员对客户的异议不能完全把握，应通过重复其异议来获取更多的信息，直至确定客户真正所关心的问题。

(3) 选择最佳时机处理客户异议，要在做好处理准备的基础上答复客户的异议。一般来说，着手处理异议的最佳时机是在客户提出异议之后，但在某些特殊场合和特殊情况下，在客户尚未提出异议之前，或者在客户提出异议之后一段时间再作答复，也不失为最佳时机。无论什么时候答复，营销人员都应充满自信。答复结束后，营销人员应重复强调一次"问题解决了，是不是？"

六、如何处理客户的拒绝

在约见客户的过程中，被客户拒绝的情况时有发生。金融营销人员应该掌握一些妥善处理客户拒绝的技巧。

在被客户拒绝时，要保持正常的语气和态度，切不可急于说服或简单放弃。通常的处理程序是：细心聆听，分享感受，澄清异议，提出方案，要求行动，等等。

(一)营销成功从被拒绝开始

每一位出色的营销人员都经历过无数次地被拒绝。曾经的"中国保险营销第一人"蹇宏就有过被拒绝千次的经历。他在上班第一天上午敲了 86 家的门，但没有一家给他发言的机会；之后他又接连敲了 1000 多家的门，但是仍然没有签成一单。正当他郁闷不已，准备打退堂鼓的时候，他的经理告诉他，拐点就在前面，客户就在前面。于是，他又接着干了下去，最终出现了转机。

因此，营销人员应该针对不同的客户、不同的情况，运用不同的营销策略，从容应对客户的拒绝。

(二)顺应拒绝者的观点创造机会

营销人员在约见客户的过程中，必须要先向客户学习，学习客户的观点、语言、习惯、爱好等，以创造与客户沟通的机会，并逐步获得客户的信任，然后沿着共同认可的方向超步，促使客户作出购买决定。

1. 倾听对方说话

为了说服对方，以至于说得太多、听得太少，选择很难达到好的效果。根据统计，对方拒绝的理由中有 62% 都不是心里的真正想法。如果对方没有说明为什么要等以后再说，那么对方很可能是在拒绝了。正确的做法是，问清楚对方为什么要等以后再去沟通，更进一步地追问"除了以上原因，您还有其他原因吗？"只有找到真正解决问题的突破口，营销人员才有可能完成签约。

2. 耐心地等对方说完

当对方陈述意见的时候，营销人员要点头表示认同，使对方了解自己重视他的见解，这样有助于拉近距离，消除戒心。注意，即使对方有明显的错误也不要立刻驳斥他，要耐心地等他说完，再委婉地向他讲明事情的真相。

3. 业务熟练

营销人员应注意提高自身素质和形象，这关系到公司的形象和信誉；营销人员对自己产品的熟悉程度应达到客户有问必答、答必答好的程度。应当具备优秀营销人员应有的知识，具备营销人员应有的个人技能及追求成功的积极态度；应时时告诫自己，言谈举止将影响整个公司的形象。营销人员对客户的需要应超越自己的底线去尽力满足；但是，对个别客户的无理要求应以婉转的方式给予拒绝。世界上没有绝对的事，即使对方表示绝对不能，也一样可以扭转局面。没有人会拒绝真诚，即使困难再多，一旦克服了，超越了，就有可能获得更强的成就感。

(三)积累资源，从容应对拒绝

营销是一门与人打交道的学问，要学会如何面对各种不同的客户。营销人员被客户拒绝，说明其营销方式不能打动客户，没有找到客户真正的需求，还不能把握这类型的客户，这给营销人员提供了积累经验的好渠道。被拒绝后，营销人员要总结反省，想想这类型客户的应对政策。此外，还可以向客户请教，弥补自己的不足，听取意见，学习经验，人都有好为人师的虚荣心，说不定虚荣心满足后还能帮你把单做了。这是很好的成长机会、积累经验。针对这种情况，营销人员不妨抛开业务，去了解客户的需求和特点，并学会怎么与这类型的客户交流，这样甚至可能从中开发出隐藏客户。营销以学习积累为主，不可有太大的功利心，以为客户服务并积累经验为目的，就不会有失落的感觉。

(四)忘记技巧，因人而异应对拒绝

营销技巧因人而异，不是今天学了明天就能用的，当营销人员逐渐忘记营销技巧的时候，技巧才真正越来越纯熟。

拒绝处理的技术要从分析客户的个性开始着手，客户个性中的优点和缺点都是成交的机会点。大部分客户的记性都很好，因此，对客户的承诺一定要兑现，否则成交机会渺茫。客户普遍都很爱美，因此，营销人员给其第一印象很重要。另外，多数客户都喜欢拉交情，因此，营销人员也要和客户牵交情，"哎呀，小王啊，是你同学啊。""他是我邻居啊。"这样可以立刻拉近关系。当然，在这个过程中也需要注意察言观色，相互尊重。虽然许多客户并不容易相信别人，但对于已经相信的人却深信不疑，因此，营销人员最重要的是获得客户的信任。

同步案例

【案例1】

请分析为什么经理生气？这位营销人员的工作失误在哪里？

一位营销人员在向经理汇报工作时说了下面一席话："对客户的每一点看法，我都进行了反驳回复，并且把事实和数据告诉了他。我还义正词严地告诉客户，他的这些反对意见是毫无根据的。我们总共谈了3个小时左右，可以说所有的论点都涉及了。并花费了整整1个小时时间来讨论保险红利的问题，而这个问题又偏偏是个次要问题。直到最后阶段，客户还是认为他自己是正确的。然后我就告辞了，因为再拖延下去也是白白浪费时间。"经理听完了他的申诉，生气地说：你早就该告辞了，在业务洽谈进行到15分钟的时候，你就应该离开那里。营销人员对经理的话感到迷惑不解：我不能认输呀！

如何应对销售过程中客户的拒绝

由于金融产品与服务的特殊性，客户接受产品与服务是从接受理财经理及理财经理所在的金融机构开始的。而通常情况下，客户很难在电话或与理财经理的初次会面时就完全接受理财经理及其所介绍的产品与服务，所以在与客户打交道时遭到"拒绝"并不奇怪，也不可怕，理财经理对此要有正确的心态。

一、应对电话邀约的拒绝

客户在与理财经理建立基本的信任之前，对理财经理的介绍大都持批评的态度，以各种借口避免理财经理的进一步行动，理财经理对此应有充分的心理准备。理财经理在给客户打电话邀约客户面谈时经常会碰到以下的"借口"：

1. 客户：请寄书面资料给我。

参考话术：

××先生，我非常理解您的想法，资料我稍后会寄给您。今天我和您打电话的目的其实不仅仅是为您介绍一款新产品，更重要的是非常希望能邀请您抽空来我行见个面，我们进行一次深入面谈。关于家庭理财规划与投资决策，我们仅靠打几次电话是不能很好沟通的，我更希望作为专业理财顾问全面了解一下您目前的理财目标以及在这段时间理财当中所面临的难题，我可以给您一些金融理财方面的建议。毕竟作为您的理财顾问，我的职责就帮助您实现理财目标，解决财务方面的难题。所以，您看这周四或周五哪天您可以抽出时间，我在网点等您？

2. 客户：我们已经有了长期合作的银行了。

参考话术：

太好了！这也正是我打电话给您的原因。我们非常清楚目前同业的情况，并已经和许多像您这样的优质客户建立了业务关系，我们能对其他银行提供的产品和服务做出有力的补充。这周三，我正好要到您公司附近办点事，我希望登门拜访您，并想详细解释一下为什么我们能做到这一点。您下午2点还是3点有空呢？

　　3. 客户：我暂时没有这个需求，等有时间再联系你们。

参考话术：

　　××女士，我们已经和很多与您情况类似的客户建立了良好的关系。事实上，在花时间与我们接触之前，他们也和您现在的感觉一样不需要。我们每个人的金融需求其实是非常多而且复杂的，不同的人在不同年龄阶段，不同家庭情况，不同收支情况，都会影响我们的财务规划和投资选择。我也非常愿意更多了解一下您的想法，提供更多资讯和专业建议给您。下周一我正好要到你们公司附近办事，我想来拜访您一下。下午2点您有空吗？

　　二、应对面谈中的拒绝

　　如果理财经理成功的突破电话拜访中客户的各种拒绝借口，最终获得了与客户见面的机会，并取得客户对你的基本认同之后，通常营销人员都会尽快抓住时机，与客户初步建立起良好的沟通氛围，向客户提供完整的金融解决方案，进入下一步骤。但是在此时面对面的交流中再次遭到拒绝该怎样化解呢？

　　1. 客户：我再考虑一下吧。

参考话术：

　　我非常认同您的想法，您有这样的想法是很自然的。我可以问一下是哪一方面您还需要再考虑呢？是关于我们刚才讨论的产品细节还是其他？我是不是还可以再提供一点资料，或者您可以具体列出来还有哪些问题点，我可以再为您一一解答？

　　2. 客户：我和家人商量后才决定

参考话术：

　　我完全理解您的观点。理财是您与家人的将来与幸福息息相关的事，这么重要的事，应该和家人讨论的。你要讨论哪一方面呢？我可以给您提供更多资料，或者我可以给您家人也做个讲解。(您有这样的想法非常必要。投资理财是一个家庭非常重要的决定，您需要慎重考虑是非常必要的。您可不可以让我了解一下，您需要考虑哪些方面呢？我可以用10分钟时间帮您整理一下，看看有没有遗漏的方面，正好可以补充说明一下。)

　　3. 客户：我没兴趣

参考话术：

　　我很理解您现在有这样的想法，对一个不完全了解的理财产品当然不可能立刻产生兴趣，有疑虑有问题是十分合理自然的。理财投资不简简单单是买理财产品，更多的是让我从专业角度帮您分析和解决您的财务上的问题。您是否可以把心中的疑问和我具体说说，我可以帮您解答，当您深入了解了，知道我可以帮您做些什么，说不定自然而然就有兴趣了。

4. 客户：我没时间，现在没空考虑这些，再说吧。

参考话术：

我非常理解您，您是成功人士，每天的 24 小时时间巴不得当作 48 小时。我想和您说的是，财务规划投资理财是您及家人在各阶段都必须十分重视的议题。我希望能够和您约个半小时时间，详细谈谈这方面的内容，也可以在理财规划方面给您一些我的专业建议，帮您检视一下理财方面问题。您看是本周三还是周五下午有时间呢？

【案例2】

请分析此案例对你的启发有哪些？

史考特的大单子

一天，史考特遇到一次难得的大买卖。一位朋友告诉他，纽约的一位制造商博斯正想买人寿保险，金额高达 21 万美元。

"博斯先生，您好！"

"你好，史考特先生，请坐。不过我想你是在浪费时间。"

"这怎么说？"

博斯指了指桌上放的一堆文件说："我已将有关人寿保险的计划送给了纽约所有的大保险公司。这些公司中有三个是我朋友开的。有一位与我有莫逆之交，我几乎每周都和他一起打高尔夫球，他经营着一家人寿保险公司，业绩相当不错，你知道我的意思了？"

"是的，我知道，但我想跟您说，大概世界上没有一家公司能比得上我们的公司。"

"行了！史考特先生。事实就是这样，如果你非要向我推销人寿保险，你可以以我 50 岁的年龄、21 万金额做一个详细的方案，然后寄给我。到时候，我会将你的方案与已有的几个方案进行比较。倘若你的方案确实又好又便宜，我就和你签这份保单。不过，我认为你在浪费自己的时间，同时也在浪费我的时间。"

"博斯先生，不管您是我的朋友或顾客，我都必然坦诚相告。"

"你说。"

"我干保险已有多年，按照我的经验，我真心地奉劝您赶紧把那些所谓方案的破玩意儿放到火里烧了。"

"此话怎讲？"

"首先，您要想自己搞懂那些方案，您就得让自己成为一名精算师，而这要花费您 7 年的时间，这样值得吗？而且，世事无常。今天您选择的是一家价格低廉的保险公司，但 4 年之后它可能成为价格最高的一家公司。当然，我相信，您的选择的确是有水准的，是正确的。同时，我也愿意相信放在您桌子上的这些方案，您闭着眼睛随便拿一份，价格都很低廉。这与您花上几周的时间精挑细选的结果几乎完全相同。您为什么浪费自己的时间呢？我相信您有更重要的事情要去做。我愿意帮助您尽快做出选择。为此，请您允许我向您提一些问题好吗？"

"可以！你问吧。"

"可以这么说，在您有生之年，那些保险公司信任您，但您百年之后，他们会像信任您一样信任您的公司吗？"

"不错，正是这样。"

"您买保险是为了什么呢？最重要、事实上唯一重要的是把您的风险转移给保险公司。倘若您半夜醒来时忽然想到某份财产保险昨天就已到期，您还能睡得着吗？您只盼着早点天亮。次日早晨您做的第一件事就是打电话给您的保险经纪人，让他保护您的财产。是这样吧？"

"当然了！"

"其实，人比财产更重要。您难道不认为为自己买一份人寿保险更加合算吗？您不认为应当将风险降到最低程度吗？您难道不想把风险转移给保险公司吗？"

"这倒没想过。不过，你说的也有道理。"

"如果您还没有买这样的人寿险，万一发生不测，您不但没了收益，还得搭上大笔钱财。您想这样值得吗？"

"假如您在我这里购买人寿保险，可以有以下好处：

1. 我可以为您提供最好的体检医生。我今天早上已为您约好纽约最有名的雷勒医生，他做出的体检结果是每个保险公司都承认的。可以说，只有他做的体检结果才适用于您的身份。

2. 我可以为您节省时间，帮您迅速办完手续。时间在一天天地流走，您的金钱也一天天地流走。您怎么愿意拖延一周，哪怕只有一天呢？

3. 我可以为您提供最佳的保险方案和最好的后续服务。"

"噢，我还需要好好考虑考虑。"博斯说。

"您要考虑一下是应该的。但是假设您明天早晨突然感冒，嗓子发痛，咳嗽不止，为此躺了一周。当您病好后再去做体检，保险公司会说：'博斯先生，您现在没事，可考虑到您的最近病史，我们得附加个小条件，就是再观察您两三个月，以便确认您的病是否彻底好了。'这成什么啦？博斯先生，您得一直耗下去，没完没了地拖下去。您看，我说的这些可能会发生吧？坦白说，我都有点焦急。"

"当然可能了。"

"博斯先生，现在是 11：00，我们若能现在动身，赶去赴雷勒约会还来得及。您看上去气色很好，如果体检一帆风顺的话，您所买的保险 48 小时后就会生效。您难道不想早一日拥有一份保障吗？"

"啊，我现在的感觉棒极了！"

博斯先生抬起头来，点了一支烟，从办公桌旁站起，走到衣帽架前拿了帽子，说道："咱们走吧！"

接着便去雷勒医生的诊所。体检很顺利。做完了之后，博斯先生成了史考特的朋友。

项目三

客户调研

本项目要达到的目标：

职业知识

(1) 能够确定策划方案的调研范围

(2) 会设计客户调查表

(3) 掌握实地调研的方法

(4) 掌握财务分析方法

(5) 能够撰写调查报告

职业能力

(1) 了解市场调研方案的概念

(2) 掌握调研内容

(3) 掌握撰写调研报告的要求

(4) 掌握撰写调研报告的注意事项

职业道德

(1) 具有吃苦精神和严谨的工作态度、具有团队合作意识、协作能力、勇于实践和创新的精神

(2) 具备非凡的亲和力、良好的心态和饱满的热情

(3) 具备优秀的策划能力、组织能力、沟通能力和书面表达能力

(4) 具备良好的自控能力、敏锐的洞察能力和市场反馈能力

(5) 具备基本的应酬能力和调查征信能力

(6) 具备明确制定目标和较强的计划性能力

项目提出

根据所给资料，请对其企业进行财务数据分析、撰写调研报告。

资料：

1. 沈阳市道义农机服务公司办公地址：沈阳市于洪区道义镇；注册资本：30 万人民币；联系电话：13888233699；成立时间：1992 年 6 月 4 日；注册地址：沈阳市道义镇；营业执照号：210114000062562；贷款卡号：2101140000296918；基本开户行：沈阳农村商业银行股份有限公司道义支行；法定代表人，总经理：张红；性别：女；年龄：46；任职时间：2003 年；授权经办人：李艳丽；职务：业务经理；联系电话：02486789133；身份证号：210103196810200940。

2. 经营范围 主营：农机服务、农机修理；兼营：销售农机配件、柴油、汽油、机油、齿轮油。

3. 申请贷款业务品种：流动资金贷款；申请金额：500 万；申请期限：12 个月；申请

贷款原因及用途：扩大生产规模购买农机配件及成品油；担保方式：连带责任保证担保；第一还款来源：销售收入；贷款利率：9%/年；股东构成情况：道义机管站持股比例100%；自有资金30万元。

4. 沈阳市道义农机服务公司成立于1992年，是由沈阳道义镇农机管理站投资成立，现聘请张红担任企业法人代表，现有员工13人，企业主要是服务农村生产型企业，主营业务为农机服务、修理，兼营销售农机配件、柴油、汽油、机油、齿轮油。目前该企业要扩大经营范围，为沈阳兴玖玖商品混凝土有限公司运输车供应燃油及车辆维修、生产设备维修等业务。已于沈阳兴玖玖商品混凝土有限公司签订了相关合同。

该企业法人代表张红，女，46岁，家庭住址：沈阳市于洪区陵园街15-3栋411号，1986—1999年在沈阳衬衣厂工作，1999—2003年在沈阳石油经销处工作，2003—2004年在沈阳市道义农机服务公司担任法人代表同时兼任沈阳大兴商品混凝土有限公司董事长。法人代表张红女士信用报告良好，无不良记录。

(1) 银行借款情况：2010年12月30日有笔280万元借款，已于2011年11月20日还清。

(2) 对外担保情况：无。

(3) 诉讼记录：无。

该企业信用报告良好。

本笔业务第一还款来源由企业的销售收入还款，企业在2012年营业收入1838万元，净利润140万。

任务一　调研方案制定

任务提出

根据所给资料，请制作沈阳市道义农机服务公司对客户的调研计划表、调研清单和资料收集情况比照表。

知识准备

请大家根据以下寓言分析规划的重要性。

4只毛毛虫的故事

第一只毛毛虫跋山涉水，终于来到一棵苹果树下。它根本就不知道这是一棵苹果树，也不知树上长满了可口的苹果。当它看到其他的毛毛虫往上爬时，稀里糊涂地就跟着往上爬。没有目的，不知终点，更不知自己到底想要哪一种苹果，也没想过怎么样去摘取苹果。它的最后结局呢？也许找到了一个大苹果，幸福地生活着；也可能在树叶中迷了路，过着悲惨的生活。

第二只毛毛虫也爬到了苹果树下。它知道这是一棵苹果树，也确定它的"虫"生目标就是找到一个大苹果。问题是它并不知道大苹果会长在什么地方？但它猜想：大苹果应该长在大枝叶上吧！于是它就慢慢地往上爬，遇到分枝的时候，就选择较粗的树枝继续爬。于是它就按这个标准一直往上爬，最后终于找到了一个大苹果，这只毛毛虫刚想高兴地扑上去大吃一顿，但是放眼一看，它发现这个大苹果是全树上最小的一个，上面还有许多更大的苹果。令它更泄气的是，要是它上一次选择另外一个分枝，它就能得到一个大得多的苹果。

第三只毛毛虫也来到了一棵苹果树下。这只毛毛虫知道自己想要的就是大苹果，并且研制了一副望远镜。还没有开始爬时就先利用望远镜搜寻了一番，找到了一个很大的苹果。同时，它发现当从下往上找路时，会遇到很多分枝，有各种不同的爬法；但若从上往下找路时，却只有一种爬法。它很细心地从苹果的位置，由上往下反推至目前所处的位置，记下这条确定的路径。于是，它开始往上爬了，当遇到分枝时，它一点也不慌张，因为它知道该往哪条路走，而不必跟着一大堆虫去挤破头。但是，因为毛毛虫的爬行相当缓慢，当它抵达时，苹果不是被别的虫捷足先登，就是苹果已熟透而烂掉了。

第四只毛毛虫可不是一只普通的虫，做事有自己的规划。它知道自己要什么苹果，也知道苹果将怎么长大。因此当它带着望远镜观察苹果时，它的目标并不是一个大苹果，而是一朵含苞待放的苹果花。它计算着自己的行程，估计当它到达的时候，这朵花正好长成一个成熟的大苹果，它就能得到自己满意的苹果。结果它如愿以偿，得到了一个又大又甜的苹果，从此过着幸福快乐的日子。

现代社会，规划决定命运。有什么样的规划就有什么样的人生。年轻人要给自己的职业生涯制定规划目标，小公司想要发展为大企业，也要制定规划目标。古代孙武曾说"用兵之道，以计为首"。其实，无论是公司还是个人，办什么事情，事先都应计划和安排。有了计划，工作就有了明确的目标和具体的步骤，就会增强工作的主动性而减少盲目性，使工作能有条不紊地进行。同时，计划本身又是工作进度和质量的考核标准，对大家有较强的约束和督促作用。

一、市场调研方案的概念

古语云："纸上得来终觉浅"。没有调查就没有发言权。在浩渺无垠的商海中，无数竞争者旗下产品遍布在每一条航道的各个角落。而拥有最终选择权的消费者又因为收入、文化、地域、家庭背景、教育程度和消费观念的不同各有选择偏好。于是，看似平静的航道往往暗流浮动。如果前期没有对整个市场进行深入细致的了解和调查研究，就是再有经验的水手也难免会迷失航向。商海航行中，决策者好似船长，处处需要做出正确的决策。此时，市场调研便成了广袤海面上一盏高照的导航灯，帮助我们寻找前行的方向。

市场营销调研是指运用科学的方法系统客观地辨别、收集、分析和传递有关市场营销活动各方面的信息，为企业经营管理者提供制定有效的市场营销决策的重要依据。市场营销调研的内容从识别市场机会和问题、制定营销决策到评估营销活动的效果，涉及市场营销活动的多个方面。

"兵马未动，粮草先行"，在市场调研之前也要先有计划，市场调研方案又叫市场调查计划书、市场调研策划书。是根据调查研究的目的和调查对象的性质，在进行实际调查之前，对调查工作的各个方面和各个阶段任务的通盘考虑和安排，它是整个调研项目的一个构架和蓝图。

调研方案是调研活动的指导文件，只有对整个调研项目进行统一考虑和安排，才能保证调查工作有秩序、有步骤地顺利进行。

二、客户调研的范围

客户调研工作可在拜访客户的同时进行。但由于调研工作比较复杂，而拜访的目的主要在于沟通感情、推销金融产品和服务或就某一专门话题进行洽谈，故一般不适合进行大规模的客户调研工作。客户调研可在经过初步拜访达成合作意向后进行。

调研阶段的直接目的是为了对目标客户作出全面的分析评价而尽可能收集全面的资料，因此客户调研的范围就不能仅仅局限于对目标客户的调研，而应以围绕目标客户为中心，把目标客户放在一个大背景下综合考察。即需要调研目标客户的"中心""中心的围绕者"及"前""后""左""右""上""下"。"中心"指目标客户的现状；"中心的围绕者"指目标客户的竞争者；"前"指目标客户的过去；"后"指目标客户的将来；"左"指目标客户的原材料供应商；"右"指目标客户的客户；"上"指目标客户的出资者、主管部门；"下"指目标客户的投资项目、子公司。

三、客户调研方案的制定

市场调研的总体方案设计包含了整个调研工作过程的全部内容。调研活动应力求在最短的时间内完成，因为这样既避免了长时间的打扰客户，还能给客户留下一个工作效率高的好印象，有利于下一步合作关系的建立。因此，为提高调研效率，在调研前制定调研方案(如表 3-1 所示)是很重要的。

表 3-1　调研计划表

调研对象名称		调研时间安排	
调研对象地址		联系方式	
调研范围	□客户本身调查　□所在行业调查　□所在区域调查		
被调研方的 接待人员	□客户主要决策者(董事长、总经理、财务总监等) □中层干部 (部门负责人) □一般干部		
我方调研人员及分工	1.	2.	3.
	4.	5.	6.
调研要达到的目标			
调研的方式	□实地调查　□与主要人员谈话　□收集财务报表、规章制度等书面资料 □问卷调查　□电话调查　□其他		
调研的 主要内容	□基础调查　□客户竞争力调查　□市场状况调查　□项目调查　□行业状况调查　□关联方调查		
调研结果的 整理与分析	整理与分析责任人	放映形式	大致完成时间

四、确定调研内容

在调研计划中，调研内容的确定直接关系到调研是否达到调研目标及为金融机构决策提供正确的参考意见等方面。调研内容取决于调研要达到的目标及调研对象的具体特征，包括客户本身调查、客户外部环境调查、客户竞争对手调查、金融企业同行业竞争对手调查等。下面以商业银行的客户调研为例。

(一)工商企业类客户调研的主要内容

1．基础资料

(1) 企业设立的协议、合同、验资报告、批准文件及营业执照(复印件)。

(2) 公司出资人状况及出资方式、到位情况。出资人状况含所在行业、规模、产品、财务及资信等方面的情况。

(3) 法定代表人资格认定书、企业代码证书、贷款卡(复印件)、公司章程、董事会成员名单。

2．市场竞争状况资料

(1) 市场供求状况。包括：企业近 3～5 年销售量、销售额及价格变动趋势；市场总体销售额、销售量及价格变化趋势；影响需求量的因素及这些因素的发展方向、发展程度；行业内是否有新增生产能力，如有，是多大？替代品是否存在，若存在，其销售趋势变化；供应商数量及生产能力。

(2) 对客户依赖程度。包括：近 3～5 年对主要客户的销售量及其占总销售量的比重；若存在依赖性，了解此依赖性产生的原因；近 3 年主要客户构成是否发生变化，重要客户是否发生过变更；客户的集中程度。

(3) 销售收款方式。包括：各类付款方式占总销售的比重，如现金、30 天赊销、60 天赊销、预付款等占比。判断企业是否存在欠款，如有欠款，欠款是多少，结构如何。

(4) 竞争范围及种类。包括：产品销售的地理分布，是省内、国内还是国外；行业内主要竞争企业数目及名称；同行业不同企业的产品在质量、价格、服务方面是否有明显差别；是否存在地方保护主义；竞争的方式；行业进入难易程度，据此判断市场扩大的可能性。

(5) 供应商(若原材料占总生产成本 50%以上须考虑此项)。包括：近 3～5 年主要原材料费用；近 3～5 年主要供应商提供的原材料占总生产成本的比重；主要原材料供应商的情况，包括业务来往的年限、过去合作中供应商的表现、目前合同中是否有保证供应的条款等；原材料购买付款方式。

3．客户竞争力资料

(1) 生产力利用率。指企业年销售量及年正常生产能力。

(2) 设备状况。指主要设备生产年份及近期设备改进情况。设备更新、开发费用应与其折旧额接近。

(3) 财务控制情况。指财务部门直接负责人在企业内的地位、与其他部门的关系；生产、销售计划制订是否有财务总监的参与，参与程度如何；财务部门人员构成、工作经历，是否能承担监控职能、财务管理职能及会计统计职能；与哪些银行有账户关系，合作是否密切，各银行对客户的评级。

(4) 内部管理情况。包括发展规划、计划执行情况、组织机构责任匹配、制度及计划具体执行措施、招聘升职及培训情况。

(5) 管理人员情况。包括学历、工作经历、工作职位及年限、各职位主要职责、过去参与项目经验及具体职责、是否有相关行业工作经历。

(6) 账户活动。主要指在其他银行的贷款活动。

(7) 技术的先进性。市场份额及变化趋势；资产负债表、损益表等财务报表所列各项。

4．项目资料

(1) 项目建设复杂程度。包括设计报告、可行性研究报告；执行工程相关人员的项目、技术经验；原料、能源、交通等方面的准备情况；资本金来源及到位情况；供应商及供应能力。

(2) 建设风险转移措施；项目建设合同。

5. 其他资料

(1) 审计单位。包括审计单位的名称、主要负责人、年限、等级、主要客户。

(2) 表外负债。包括担保、变相借款、职工退休金。

(3) 其他。如债权债务纠纷清单；各种法律文件复印件；客户财务效益分析资料；主要销售客户清单；市场和行业分析报告；客户经营管理及人财物资源配置说明；资质等级；发展规划；存在问题分析；近 3 年财务报表及分析资料、审计报告；企业营销战略及实施计划；企业组织结构图及企业高级管理人员简介；企业管理制度汇编等。

(二)机关团体类客户调研的主要内容

机关团体类客户涵盖的范围较广，下面介绍的是对高等院校进行调研的主要内容。

1. 基础资料

(1) 事业法人证书、法人代码证、办学证、贷款证、收费文件、营业执照、借款人资质证明。

(2) 客户的隶属关系、组织形式、产权构成、历史沿革、业务范围和规模、基本账户，近 3 年招生计划及实施情况，其他重大事项介绍。

(3) 客户的资产、负债、净资产、基金等财务情况、现金流入与流出情况。

(4) 客户的办学条件、办学特色、办学规模与办学方针；专业设置；社会知名度；法定代表人和领导班子的经历、业绩、信誉和能力；教师的构成、教学科研成果以及教学水平。

2. 项目资料

(1) 项目的立项批复文件、可行性研究报告、咨询机构的论证材料。

(2) 项目的资金来源计划、筹资证明、项目资本金占比。

(三)金融同业类客户调研的主要内容

(1) 营业执照副本复印件；最新年报；最近 3 年资产负债表、利润表、现金流量表及报表附注；人民银行批准其进入同业拆借市场的证明(适用于非银行金融机构)；主承销商资格证明(适用于证券公司)；证明实力和业绩的其他材料，如国内或国际评级公司对其进行的资信评级、国际或国内排名等。

(2) 总资产；成立时间；客户性质；高级管理层的资历和素质；股东背景与组织架构；与本银行建立关系时间以及主要往来情况。

(3) 客户发展规划、市场地位、行业竞争情况。

(四)向客户传递调研内容清单

调研前应将拟调研的大概内容告知客户，以便客户在被调研前能做好相应的准备。一般通过传真方式将调研内容传至客户，再辅之以必要的电话说明。如果只通过电话进行，调研内容不易说清楚，还会因没有书面的东西容易使客户忘记。

传真给客户的调研内容清单要力求简明，便于客户准备。调研内容清单太多容易使客户产生畏惧心理。下面是对客户财务方面进行调研的资料清单。

调研内容清单

××××公司：

按×月×日拜访贵公司时与贵公司达成的意见，我们拟于×月×日对贵公司的财务方面进行专题调研，望大力支持。我们的调研拟从以下几个方面展开。

(1) 公司财务制度、会计核算制度的有关资料；

(2) 近3年的财务决算报告及说明材料；

(3) 公司销售收入结构、应收应付账款结构、应收账款账龄及坏账情况；

(4) 公司实行的投、融资政策及管理制度的资料；

(5) 公司现金流量表的编制情况；

(6) 利润分配方式，含盈余公积金、公益金的提取率，股利分配等；

(7) 财务报表，包括：资产负债表，损益表，财务状况变动表，应交增值税明细表，利润分配表，主营业务收支明细表(生产成本、期间费用及营业外收支表)，主要产品生产成本明细表，制造费用明细表，财务费用、销售费用明细表，产品销售利润明细表，辅助生产单位成本明细表，管理费用明细表，主要产品辅助材料消耗明细表，主要经济指标完成情况表等。

感谢贵公司的大力支持！

××银行××部门(签章)

×××(营销人员签字)

××年×月×日

(五)调研资料的获取渠道

为尽可能收集全面的资料，除对目标客户进行直接调查外，还应通过其他渠道来收集有关资料。客户资料的来源渠道主要有：客户内部；行业研究部门，如证券公司的行业研究部门、经济管理部门的研究机构等；客户的供应商及客户的竞争对手；其他银行；公开出版物，如统计年鉴；期刊和书籍；专业咨询机构；互联网、电视、电台、报纸等媒体；银行内部档案材料；专业研讨会及交流会；人际关系网络。

同步案例

请分析以下案例对你的启示有哪些？

原一平与山田

有一次，日本的保险推销大王原一平的朋友替他写了封介绍信，介绍他拜见一家建筑公司的年轻经理。这位年轻的经理瞄一眼他带来的介绍信，说："如果你想谈的是保险，我可没兴趣。"

对于经理断然拒绝的态度，原一平很想进一步了解，所以大胆问了这样一个问题："山田先生，你是怎样开始投身于建筑界的？"

山田望着虔诚地看着他的原一平谈起了自己的创业史。原一平整整听了三个多小时。后来他的女秘书进办公室请他签份文件，女秘书走后，山田看了原一平一眼，没说什么，原一平也回敬他一眼，没有开口，过了一会，山田说："你希望我做什么？"

原一平回答："想请你回答几个问题。"于是，双方展开了问答。

当原一平离开他的办公室之前，已很了解山田先生的希望、雄心和目标。在访问他的过程中，山田曾说："真搞不懂，我怎么会告诉你那么多有关我自己的事，我从来没有对任何人说得这么多，包括我的妻子。"

接着，原一平向他道谢，并告诉他自己要对他所说的话做点回馈。两周之后，原一平替他拟了份计划书，其中包括其事业、公司的未来发展。

看到计划书，山田大吃一惊，就像他的智囊写的一样，山田对原一平深表感激，并且采纳了他的部分建议，不用说，这第二次见面彼此之间的感情拉近了许多。

那天中午时分，山田要原一平跟他一起进午餐，原一平笑着说还有别的事，请求离开。山田笑了，开心地说："我们俩都成朋友了，这样吧，我保100万的人寿险，我公司的副经理保100万元，财务秘书保25万。"这样，原一平轻轻松松地成交了。

同步阅读

别致的推销方法

千万不能认为销售活动仅仅是商品的我买你卖的过程，销售过程隐含着极丰富的双向心理沟通。

美国的布兰希保险公司在推销保险业务时，先将各种保险说明书连同一张简单的调查表和一张优待券一起寄给顾客，优待券上写道："请您把调查表的几栏空白填好，同时撕下优待券寄回给我们，我们便寄上2个罗马、希腊、中国等世界各国古代的仿制硬币。这是答谢您们的协助，并不是请您加入我们的保险。"

这一招果然吸引人，发出的 3 万封信中收到 23000 多封回信。然后，该公司的推销人员就带着各种各样、古色古香的仿制铜制的各国古代货币按地址登门拜访回信者。一进门推销员就说：

"我特意给您带来了古代的稀奇而不多见的硬币。"这种大方而自然、充满人情味的语言顿时使顾客产生了好感，心中防御的"坚冰"融化了。顾客们在欢天喜地地从五光十色、讨人喜爱的各式各样硬币中挑选他所喜爱的两枚硬币时，轻松愉快地谈话也就开始了，推销员从自然的交谈中逐渐引向保险业务，由于双方产生了感情，建立了信任，推销工作也进行得很顺利。即使有的顾客心里并不想参加保险，或者碍于"面子观点"也加入了，或者非常客气地说："让我再考虑考虑。"

那种因为厌烦而将推销员推出门外的场面再也不会出现了。该公司这一成功的方法一下子就招揽了 6000 多笔保险生意。

（案例来源：耿印权. 营销实战. 北京：中国经济出版社，2005）

任务二　设计客户调研表

任务提出

请根据任务一所给资料，设计沈阳市道义农机服务公司的客户调研表。

知识准备

请大家阅读以下小文章，并举出生活中巧用表格的实例。

表格的作用

表格，能使繁复的数据分门别类，让人一目了然地看清楚整体情况。有时候一些工作用表格比用许多文字说明要简单明了许多。在公司和各家庭的管理文件中，不同的表格都占重要的位置。因表格可以将许多工作、许多数据、许多资料进行有效的处理和管理。

一些企业高级管理人员，由于擅长设计表格：针对不同的工作、不同的岗位，设计出适合不同工作和岗位的表格，让不同工种和岗位的员工能将各工作更有序和高效地完成，并将管理成本降到更低。因此，公司根据需要不断地设计出行之有效的各类表格，会给公司带来不可估量的效益！

真是表格在手，一清二楚！

（案例来源：耿印权. 营销实战. 北京：中国经济出版社，2005）

21 世纪是信息的时代，信息的价值逐步被人们认可和重视。不管是企业还是个人每天都需接收很多信息，这些信息有正确的和错误的，如果对于信息的分析、判断、利用不够准确，将会造成严重的后果。在市场调研过程中处理和分析数据是撰写调研报告的最有力的证据。在处理数据之前，首先必须对所搜集数据类型进行分析，然后根据不同数据类型选择不同的统计方法。

营销人员应首先学好设计调查表，并运用调查表去进行调研。

一、设计调查表应注意的事项

发放调查表请客户填写是获取客户有关资料的方式之一，营销人员在设计调查表时，应注意以下事项。

(1) 调查表应根据调研对象和调研目的进行设计。

(2) 必须经过测试、调整、试用后才可大规模试用。

(3) 调查表中所列问题是应该能够回答的问题，而不是不能回答、不愿回答或不需回答的问题。

(4) 多设计些答复不受限制的问题，以获得更多的信息。

(5) 多使用简洁、直接、不带偏见的词语。

(6) 问题的排列应符合逻辑顺序，先排能引起兴趣的问题、不易回答的问题放在后面排。

二、常用的客户调查表格

(一)工商企业类客户常用调查表

1. 企业概况调查表

企业概况应该有企业名称、企业法人、企业性质、企业的地理位置和面积、企业建立时间、企业的机构组织建设情况等(如表 3-2 所示)。

表 3-2　企业概况调查表

企业名称		地址		经营范围	
所属行业	□商业　　□建筑安装　　□房地产开发　　□外贸 □工业　　□投资管理　　□公用事业　　□综合				
法人代表		联系电话		成立日期	
所获认证资格	□资质等级　　□质量认证　　□技术成果奖励　　□专利 □荣誉(知名公众机构进行的排名) □进出口经营权或其他国家特许经营权				

续表

营业执照号码		企业法人代码			
财务报表审查机构		是否为新客户		□是	□否
贷款卡号		是否为本银行股东		□是	□否
是否为上市公司	□是　　□否	主营业务			
资产状况	总资产：　　净资产：　　注册资本：				

股东情况

股东名称	股东性质	出资比例	出资方式	资金到位时间

资产类别	原有名称	原有价值	评估价值	登记机构	评估方法
实物资产					
无形资产					

企业结构及人员状况

子公司及参股公司	名称	控股比例	注册资本	经营范围	职工情况	人数总计 其中：管理人员	
						每年新招职工人数	
						职工年均收入	
						职工每年受培训天数	
						大学学历职工占比	

主要合作银行

银行名称	合作内容	贷款金额	贷款期限	贷款用途	信用记录

对外担保情况

被担保人名称	担保性质	金额		期限	

企业管理系统

		姓名	任职时间	学历及专业资格	主要经历
决策层情况	董事长				
	总经理				
	财务主管				
管理部门	部门名称	部门职能			

企业重大事件记录

近 3 年发生的重大事件		重大债务及税务纠纷	

应收账款大户名单及收回可能性

简述企业发展历程:

简述企业发展规划,包括经营发展战略、发展目标、生产经营规划、市场发展规划、投资计划、创新计划、融资计划及重要改革措施:

简述行业近期发展状况:

　　注:表中"近 3 年发生的重大事件"含分立、重组、资产剥离、收购、股东变更和公司名称变更等。

2. 企业生产状况调查表

　　生产经营状况是指企业的产品在商品市场上进行生产、销售、服务的发展现状。经营规模的大小,对财务管理模式复杂程度的要求有所不同;好的环境有利于财务管理目标的实现,反之,阻碍目标的实现。企业状况调查表如表 3-3 所示。

表 3-3　企业生产状况调查表

企业所属工厂情况					
分厂名称	建立时间	生产主管姓名及专业背景		主要产品	
生产车间占地面积		生产车间能使用期限		生产车间已使用年限	
交通便利情况					
主要建筑物					
主要生产设备					
名　称	生产厂家	购进价格	技术先进程度	用　途	已使用年限
目前生产能力			最高生产能力		
简述主要产品工序与品质控制程序					
简述生产管理制度建设情况					
简述企业提高生产效率的可能性及方法					

3. 企业竞争能力调查表

企业竞争能力是指在竞争性的市场中，一个企业所具有的，能够比其他企业更有效地向市场提供产品和服务的能力，并获得赢利和自身发展的综合素质。企业竞争能力调查表如表 3-4 所示。

表 3-4　企业竞争能力调查表

企业的主要客户			
名　　称	类　　型	占总销售额的比重	试说明企业与此客户保持关系之能力

企业的主要供应商			
名　　称	类　　型	占总供应量的比重	试说明与此供应商保持关系之能力

企业的主要竞争者			
名　　称	类　　型	与之相比的竞争优势	拟采取的竞争对策

简述客户的付款方式及原因：

4. 企业产品状况调查表

企业产品状况包括企业产品生产及质量控制能力、企业的服务、成本控制、营销、研发能力等。企业产品状况调查表如表 3-5 所示。

表 3-5　企业产品状况调查表

	企业产品目录		
	产品一	产品二	产品三
研制时间			
推向市场时间			
批量生产时间			
产品质量及质量稳定性评价			
产品技术含量评价			
过去 3 年产品年销售增长率			
每天产品销量预测			
主要原材料			
主要原材料供应商			
进口原材料占原材料的比重			
近 3 年主要原材料价格变化			
原材料占成本比重			
原材料采购过程描述			
以往有无采购不到原材料的情况？ 简述原因：			
存货政策及管理流程			
原材料供应商要求的付款方式			
近 3 年的原材料采购量			
近 3 年的产品销售量			

5. 企业产品市场调查表

企业产品市场指本企业产品在什么市场上销售较好，有发展潜力；在哪个具体的市场上预期可销售数量是多少；如何才能扩大企业产品的销售量；企业服务如何；如何掌握产品的销售价格；如何制定产品价格，才能保证销售和利润两方面都能上去；怎样组织产品推销，销售费用又将是多少等等。企业产品市场调查表如表 3-6 所示。

6. 企业开发能力调查表

企业开发能力是指企业的技术创新能力。企业的技术创新能力直接决定着企业的市场竞争能力。企业有了较强的技术创新能力，才能够研制开发并生产出满足市场需求的高技术和高质量的产品，不断提高自己的市场竞争力。企业开发能力调查表如表 3-7 所示。

表 3-6　企业产品市场调查表

国内市场占有率		国际市场占有率	
年出口创汇额		年进口支汇额	
外汇结算方式		主要汇率风险	
产品出口鼓励政策			
企业市场销售计划及实施细则：			
销售网络分布地区		营销人员数量	
请列出手头现有之订单			
请预测国内市场前景及预测之依据：			

表 3-7　企业开发能力调查表

研究人员数量		科研开发费用占净利润之比重	
产品独特性评价		产品改良计划	
产品开发受哪些因素影响？请预测产品市场寿命：			
近 3 年企业开发的新产品介绍			
新产品市场销售额		近 3 年新开发产品销售额占总销售额的比重	
已开发但尚未投入市场的新产品介绍			
新产品市场前景预测及预测依据：			
请介绍企业当前科研开发重点及进展情况：			
产品专利情况	名称		专利号
产品获奖情况介绍：			

7. 企业合资意向调查表

合资企业一般指中外合资经营，是由中国投资者和外国投资者共同出资、共同经营、共负盈亏、共担风险的企业。企业合资可以实现资源互补，可以拥有国际品牌，提升企业形象、提高企业效益。如今全球经济一体化，企业越来越呈现跨国界发展趋势。企业合资意向调查表如表 3-8 所示。

8. 企业资本运营状况调查表

企业资本运营是指企业将其各类资本不断地与其他企业、部门的资本进行流动与重组，达到本企业自由资金不断增加。如在从事产品生产或经营的同时，拿出一部分资金专门从事诸如炒股票、产权转让、并购等。企业资本运营状况调查表如表 3-9 所示。

表 3-8 企业合资意向调查表

拟合资项目名称		选址	
合资项目产品			
合作规模		企业出资比重	
合资企业职工人数		合资企业占地面积	
合资企业管理机构介绍:			
拟合资项目近 3 年销售及利润情况			

年 份	总收入	出口收入	净利润	市场占有率	
				国 内	国 际

引进资金用途:

合资企业是否具有完全独立的销售与采购能力:

　　注: "引进资金用途"栏主要填写由何处引进何种技术及原因;是否为提高产品质量而购买机械设备;是否通过具体市场调查来支持此方案等内容。

表 3-9 企业资本运营状况调查表

是否有上市打算?如有,拟聘请哪家券商担任财务顾问?
目前为上市做了哪些准备工作?有何效果?处于哪个阶段?
是否有过并购行为?如有,是如何进行的?
并购活动产生了什么效果?有哪些经验教训?

(二)其他表格

　　如表 3-10 机关团体类客户常用调查表和表 3-11 金融同业类客户常用调查表所示。

表 3-10 机关团体类客户常用调查表

客户名称		主要负责人		联系电话	
业务范围		社会影响力、知名度			
职员数量		资产总额			
经费来源		主管部门			
资金流量分析					
目前合作银行及从该银行获得的服务					
发展前景展望					

表 3-11　金融同业类客户常用调查表

客户名称		地址		主要负责人	
联系电话		注册资本			
业务范围		主要产品			
总资产		财务报表审计机构			
是否上市		网点数量		职工人数	
净利润		市场占有率			
电子化应用水平					

	股东名称	股东性质	出资比例	出资方式
主要股东情况				

	企业名称	净资产	控股比例	主要经营范围
主要下属企业				

	债权人名称	金额	期限及到期日	主要用途
主要债权人				

	被担保人名称	担保金额	期限及到期日	成为负债的可能性
或有负债				

发展战略与改革措施描述				

同步案例

请思考肯德基炸鸡店赢利的原因是什么?

用数字说话

美国肯德基炸鸡店在决定进入中国市场之前，曾先后派过两位执行董事到北京考察市场。

第一位考察者下了飞机，来到北京街头，他看到川流不息的人流，就回去报告说中国市场大有潜力，但很快他就被总公司以不称职为由降职调动了工作。

接着公司又派出了第二位考察者。这位先生用几天的时间在北京几个不同的街道上通过秒表测出行人流量；然后又向 500 位不同年龄、不同职业的人询问他们对炸鸡味道、价格以及对炸鸡店堂设计等方面的意见；同时他还对北京的鸡源、油、面、盐、菜及鸡饲料进行了调查，并将样品、数据等带回美国逐一做了化学分析，经电脑汇总后，制作出报告表，通过这些调研从而得出肯德基打入北京市场有巨大竞争力的结论。

果然，北京肯德基炸鸡店开张不到 300 天，赢利就高达 250 万元。原计划 5 年回收的成本，不到 2 年就收回了。

(案例来源：管理学原理(完整版)，百度文库)

任务三　实　地　调　研

任务提出

沈阳市道义农机服务公司成立于 1992 年，是由沈阳道义镇农机管理站投资成立，企业提供的 2011 年、2012 年和 2013 年会计报表如表 3-12 所示。

表 3-12　沈阳市道义农机服务公司 财务报表

单位：万元

项　目	2011 年末	2012 年末	%	2013 年 8 月
总资产	900	952	5.8	1127
货币资金	65	57		66
应收账款	297	364	22.6	463
其他应收款	136	156	−8.4	172
存货	82	65	14.7	63
其他流动资产				
预付账款				
流动资产	580	642	10.7	824
固定资产	320	310	−3.1	303

续表

项 目	2011 年末	2012 年末	%	2013 年 8 月
在建工程				
无形资产		−		
总负债	350	261	−25.4	311
短期借款	250	221	−11.6	221
应付票据		−		
长期借款		−		
应付账款				
其他应付款	97	39	−60	89
预收账款				
流动负债	350	261	−25.4	311
实收资本	30	30		30
所有者权益				
主营业务收入	1570	1838	17	1860
主营业务成本	1372	1559	13.6	1632
管理费用	8	75	837	25
财务费用	31	33	−13	18
利润总额	126	142	12.7	168
净利润	111	140	26	126

数据说明：2012 年较 2011 年总资产增加 5.8%，净利润增加 26% 呈上升趋势。

请对此企业进行财务数据分析。

知识准备

请大家通过以下寓言故事分析一手资料的重要性。

小马过河

有只小马要去河对面，但是面对川流不息的河水它顿时产生了恐惧心理，不知道这河水是深是浅。它在河岸边焦急的踱来踱去，这可怎么办啊？它鼓起勇气用前蹄试了试河水，刚刚碰到水就赶紧把脚缩了回来，还是克服不了自己的恐惧心理，焦躁不止不知道怎么过河。

正在小马手足无措的时候，一只小松鼠从河那边过来，小马兴奋地问道："小松鼠，河里的水深吗？"小松鼠告诉小马："河里的水很深都把我淹没了。"听到小松鼠一番话吓得小马向后又退了几步，心中的胆怯又加重了。刚好一只大黄牛也慢悠悠从河那边过来，小马连忙问道："大黄牛，河里的水深吗？"大黄牛呵呵地说："河里的水一点也不深只到我的腿部。"两种截然不同的说法让小马不知所措，它鼓起勇气大胆下水试了试后，一步步顺利地通过了小河，原来河水并没有小松鼠说的那么深，也没有大黄牛说的那么浅，只有自己亲自试过才知道。

在市场调研过程中常常需要获取一手资料和二手资料。

一手资料是通过科学系统的调研方法从市场取得的信息，二手资料是已经形成的资料文件直接拿来参考，例如：自己通过调研形成的报告，发到网上给别人参考就是二手资料。

二手资料收集过程迅速而简单，成本低，用时少，范围广，但不一定适用，二手资料有时不是为了当前目的而收集的，所以二手资料的相关性和准确性都不高。二手资料的准确性有时难以保证。有时候资料中包含一些错误和偏差，也有可能是过时数据，甚至可能包含了一些分析者的感情因素，或故意隐瞒一些真实数据。所以需要调研者实地调研。

实地调研是指由调研人员亲自搜集第一手资料的过程。在一些情况下，案头调研无法满足调研目的，收集资料不够及时准确时，就需要适时地进行实地调研来解决问题，取得第一手的资料和情报，使调研工作有效顺利地开展。

一、实地调研的方法

实地调研分为非财务调研和财务调研。

(一)非财务调研

非财务调研主要通过观察一些场景细节，从细节中发现风险点，对风险做出直观判断。

1. 需要考察的现场

办公场所、生产场所、经营场所、商品存放仓库、提供个人连带保证的个人居住地。

(1) 看房子。从厂房、车间、仓库等房地产设施的面积、所处地理位置，基本上可以粗略估出企业价值和变现难易程度。

(2) 看环境。工厂栽花植草，环境优雅说明企业效益好。如果花坛很久没有人打理，说明企业经验状况不佳，业主缺少资金、没心情打理。这方面小企业反映得很直接，不同于大企业。大企业越是内部出现危机，就越是把公司打扮得更光鲜，媒体上活动频频。

(3) 看卫生。从办公区到生产区到处窗明几净，说明企业注重细节、管理很好。

(4) 看门卫。如果不与老板打招呼、不登记不挂牌就可以进入厂区，说明企业管理制度不健全或者制度执行不严格。

(5) 看电表、水表，判断其开工情况。

(6) 看晚上开工情况。判断其开工是否充足。

(7) 看仓库存货结构以及货车进出情况。

(8) 看标语、专栏和文娱设施，判断企业文化建设情况。没有"文化"的企业是没有未来的。

(9) 看设备工艺，污水、烟尘排放情况，有无产业政策、环保法规方面的风险。

(10) 看公司老总谈吐气质。这点最重要也最难识别，要结合各方面的"口碑"判断。

不同行业的企业有各自的特点，还需要关注一些独特的细节。这些零星的细节，与书面材料以及外围调研情况相互印证，有利于营销人员准确判断企业真实状况。做任何调研都要关注细节，细节有时决定成败。要透过现象看本质。

2. 考察目的

(1) 通过现场考察，掌握企业经营现场的地理位置、面积、权属、价值。

(2) 通过观察经营场所现状、人员、办公设施、机器设备、原辅材料配备等细节，初步判断企业实际生产经营规模是否与报表反映数据相匹配。

(3) 感知企业和个人的经济实力及企业的持续经营能力。

(二)财务调研

财务调研主要指对企业财务报表的分析，通过对企业的资产负债表、利润表和现金流量表及其相关资料进行分析和比较，并借助相关财务指标来了解企业的财务状况，判断企业还本付息的能力，预测企业未来发展趋势。

1. 财务分析的基础

财务分析是依据企业提供的财务报表来完成的。企业的会计报表主要包括：资产负债表、利润表、现金流量表、各种附表(如利润分配表、股东权益增减变动表等)及附注说明，其中前三种报表为金融机构进行财务分析的必须报表，是财务分析的基础。

(1) 资产负债表。

资产负债表是用来展示企业的财务状况，对客户的偿还能力、资本结构是否合理、流动资金的充足性等。它像一部照相机，是企业一个时点上全部家底的影像。

(2) 利润表。

利润表是反映企业一定期间内生产经营成果的会计报表，它能够反映企业的盈利能力、盈利状况和经营效率，帮助营销人员对企业在行业中的竞争地位、持续发展能力作出判断。

(3) 现金流量表。

现金流量表也叫账务状况变动表，指企业在一固定期间(通常是每月或每季)内，现金(包含现金等价物) 流入和流出的数量。

通过分析现金流量表，可以了解和评价一段时间内企业的资金来源和运用的变化情况，并可预测企业未来的现金流量。

财务报表的各个组成部分是相互联系的，它们从不同的角度说明企业的财务状况、经营成果和现金流量情况。

2. 主要的财务分析方法

(1) 比较分析法。

比较分析法是指通过两个或两个以上有关的经济指标的对比、揭示差异和矛盾。可以是本期指标与上期指标相比、实际指标同计划指标相比、本企业与同行业企业相比等等。同历史数据比较，可以揭示差异并对产生差异的原因进行分析；了解和掌握经济活动变化的趋势和规律性。与同行业平均水平比较，可以判断本企业的水平在同行业中所处的位置，找出本企业与国内外先进水平之间的差距(如表 3-13 所示)。

例题 1：用比较法分析企业利润

表 3-13　企业利润表

项　目	本年(%)	上年(%)	行业平均(%)	预算(%)
主营业务收入	100	100	100	100
主营业务成本	58	54	55	56
主营业务利润	42	46	45	44
营业费用	5	6	4	6
管理费用	8	9	10	8
财务费用	7	9	5	5
利润总额	22	22	26	25
所得税	8	9	9	10
净利润	14	13	17	15

解析：

① 比较上年：本年主营业务成本上升，各项费用和所得税均下降，净利润比上年小幅提高。

② 比较同业：主营业务成本高于同业水平；费用当中，营业费用、财务费用高于同业，管理费用低于同业，净利润较行业平均水平低。证明企业可能由于缺乏管理人才，管理者能力较同行业低，维持运营的费用比较高。另外，财务费用明显高于同业，证明企业融资成本较高，并且净利润连续两年均低于同业水平。

③ 比较预算：主营业务成本高于预算，营业费用、财务费用均高于预算，所得税较预算低。证明企业实际费用控制比预算高，可能由于突发情况导致。

(2) 结构分析法。

结构分析亦称垂直分析或共同比分析。是根据会计报表资料，计算出报表各构成项目占总体的比重，来反映所研究项目的内部构成状况。结构分析法以会计报表中的某个总体指标作为 100%，再计算其各组成项目占总体指标的百分比，以此判断各组成项目的相对地位以及与总体的结构关系。这种方法不仅适用于资产负债表，而且也适用于利润表和现金流量表。可用来了解企业的资产构成、权益结构、损益构成以及现金流量的形成渠道等，分析其结构的合理与否，发现存在的问题(如表 3-14 所示)。

(3) 趋势分析法。

趋势分析法又称水平分析法或趋势百分比分析法。它是运用连续两期以上的财务报表将其中相同科目进行比较，判断该科目前后期的增减方向，计算其增减幅度，以说明客户财务状况变动趋势的方法。其中，以计算定期发展速度和环比发展速度进行趋势分析最为常见(如表 3-15 所示)。

例题 2：用结构分析法分析企业资产负债表中的存货

表 3-14　企业资产负债表

项　目	期　初		期　末	
	金额(万元)	百分比(%)	金额(万元)	百分比(%)
原材料	626	23.5	307	7.9
低值易耗品	44	1.7	52	1.3
库存商品	2039	74.8	3513	90.8
合计	2709	100	3872	100

解析：通过存货构成的期初期末变化，可以分析出：①企业存货中库存商品占有很大比重。②期末存货增加系库存商品增加所致。③企业存货出现积压，销售可能有问题。

例题 3：用趋势分析法分析企业定期发展速度和环比发展速度

表 3-15　企业资产负债表　　　　　　　　万元

	2015 年	2014 年	2013 年	2012 年
营业收入	35727	35124	33896	31000
毛利润%	11.7%	12.3%	14.1%	14.5%

解析：四年来企业主营业务收入小幅增长，毛利率不断下降；2015 年毛利率下降速度为 4.88%[(12.3%-11.7%)/12.3%]快于主营业务下降速度 1.72%[(35727-35124)/35124]，短期内业绩难以改善。

(4) 比率分析法。

比率分析法是以同期财务报表上的相关数据计算出有关比率，以说明有关项目之间关系的一种方法。在财务分析中，比率分析法是普遍采用且应用广泛的方法，对于评价企业的资本结构、偿债能力、获利能力、资金周转等都有极为重要的作用。

① 利润留存率。

这一比率表明公司的税后利润(盈利)有多少用于发放股利，多少用于留存收益和扩展经营。

计算公式为：

利润留存率=(税后利润−应发股利)÷税后利润

其比率越高，表明公司越重视发展的后劲，不致因分发股利过多而影响公司未来的发展；比率越低，则表明公司经营不顺利，不得不动用更多的利润去弥补损失，或者分红太多，发展潜力有限。

② 销售利润率。

销售利润率指公司销售收入中每 100 元平均获得的销售利润。

计算公式为：

$$销售利润率=税后利润销售收入×100\%$$

这一比率的高低，意味着公司获利能力的强弱。

③ 流动比率。

流动比率也称营运资金比率，是衡量公司短期偿债能力最通用的指标。

计算公式为：

$$流动比率=流动资产/流动负债$$

这一比率越大，表明公司短期偿债能力越强，并表明公司有充足的营运资金；反之，说明公司的短期偿债能力不强，营运资金不充足。一般财务健全的公司，其流动资产应远高于流动负债，起码不得低于 1∶1，一般认为大于 2∶1 较为合适。

④ 速动比率。

速动比率是用以衡量公司到期清算能力的指标。

计算公式为：

$$速动比率=速动资产/流动负债$$

投资者通过分析速动比率，可以测知公司在极短时间内取得现金偿还短期债务的能力。一般认为，速动比率最低限为 0.5∶1，如果保持在 1∶1，则流动负债的安全性较有保障。因为，当此比率达到 1∶1 时，即使公司资金周转发生困难，也不致影响即时的偿债能力。

二、财务分析

(一)资产负债比较分析

(1) 增减变化分析如表 3-16 所示。

表 3-16　　××股份资产负债增减变动趋势表

企　业	项　目	2014 年比 2013 年		2015 年比 2014 年	
		增减额(万元)	%	增减额(万元)	%
中色股份	流动资产	38338	9.62	29341	6.72
	固定资产	−7398	−5.83	65953	55.22
	资产总计	63538	8.00	77325	9.02
	负债	63286	13.74	31124	5.94
	股东权益	252	0.08	46201	13.88

① 资产的变化分析。

2014 年比上年度增长了 8%, 2015 年较上年度增长了 9.02%; 该公司的固定资产投资在 2015 年有了巨大增长, 说明 2015 年度有更大的建设发展项目。总体来看, 该公司的资产是在增长的, 说明该企业的未来前景很好。

② 负债的变化分析。

从表 3-16 可以清楚地看到, 该公司的负债总额也是呈逐年上升趋势的, 2014 年比 2013 年度增长了 13.74%, 2015 年较上年度增长了 5.94%; 从以上数据对比可以看到, 2013 年的负债率有明显上升趋势, 2015 年度公司有了好转迹象, 负债率有所回落。我们也可以看到, 2014 年当资产减少的同时负债却在增加, 2015 年正好是相反的现象, 说明公司意识到负债带来了高风险, 转而采取了较稳健的财务政策。

③ 股东权益的变化分析。

该公司 2014 年与 2015 年都有不同程度的上升, 所不同的是, 2015 年有了更大的增幅。而这个增幅主要是由于负债的减少, 说明股东也意识到了负债带来的企业风险, 也关注自己的权益, 怕影响到自己的权益。

(2) 资产规模和资产结构分析如表 3-17 所示。

表 3-17　资产规模和资产结构表　　　　　　　　　单位: 万元

项　目	年初数		年末数		增减变动	
流动资产	金　额	比重(%)	金　额	比重(%)	金　额	比重(%)
货币资金	24821	37.34	21586	33.33	-3235	189.07
应收账款	290	0.44	154	0.24	-136	7.95
预付账款	726	1.09	32	0.05	-694	40.56
其他应收款	29411	44.25	39239	60.59	9828	-574.40
存货	3399	5.11	2137	3.30	-1262	73.76
其他流动资产	151	0.23	86	0.13	-65	3.80
流动资产合计	58798	88.46	63234	97.65	4436	-259.26
长期股权投资	800	1.20	24	0.04	-776	45.35
固定资产	9187	13.82	2458	3.80	-6729	393.28
减: 累计折旧	3359	5.05	1684	2.60	-1675	97.90
固定资产净值	5828	8.77	774	1.20	-5054	295.38
在建工程	42	0.06	46	0.07	4	-0.23
无形资产	377	0.57	180	0.28	-197	11.51
减: 累计摊销	107	0.16	42	0.06	-65	3.80
无形资产净值	270	0.41	138	0.21	-132	7.71
长期待摊费用	732	1.10	543	0.84	-189	11.05
非流动资产合计	7672	11.54	1525	2.35	-6147	359.26
资产总计	66470	100.00	64759	100.00	-1711	100.00

续表

项　目	年初数		年末数		增减变动	
流动资产	金　额	比重%	金　额	比重%	金　额	比重%
流动负债合计	38784	57.44	29962	45.19		
非流动负债合计	28739	42.56	36334	54.81		
负债合计	67523	100.00	66296	100.00		

① 资产规模分析。

从上表可以看出，公司本年的非流动资产的比重 2.35%远远低于流动资产比重 97.65%，说明该企业变现能力极强，企业的应变能力强，企业近期的经营风险不大。

与上年相比，流动资产的比重，由 88.46%上升到 97.65%，非流动资产的比重由 11.54%下降到 2.35%(主要是由于公司分立，将公司原有的××购物广场、联营商场、旧物市场等非超市业态独立出去)，报表结果显示企业的变现能力提高了。

② 资产结构分析。

从上表可以看出，流动资产占总资产比重为 97.65%，非流动资产占总资产的比重为 2.35%，说明企业灵活性较强，但底子比较薄弱，企业近期经营不存在风险，但长期经营风险较大。

流动负债占总负债的比重为 57.44%，说明企业对短期资金的依赖性很强，企业近期偿债的压力较大。

非流动资产的负债为 42.56%，说明企业在经营过程中对长期资金的依赖性也较强。企业长期的偿债压力较大。

(二)短期偿债能力指标分析

对表 3-18 中数据进行分析。

表 3-18　短期偿债能力表　　　　　　　　　　　　　　万元

指　标	期末余额	期初余额	变动情况
营运资本	33272	20014	13258
流动比率	2.11	1.52	0.59
速动比率	2.04	1.42	0.61
现金比率	0.72	0.64	0.08

营运资本=流动资产−流动负债

流动比率=流动资产/流动负债

速动比率=速动资产/流动负债

现金比率=(货币资金+交易性金融资产)/流动负债

(1) 营运资本分析。

营运资本越多，说明偿债越有保障，企业的短期偿债能力越强。债权人收回债权的几率就越高。因此，营运资金的多少可以反映偿还短期债务的能力。

对该企业而言，年初的营运资本为 20014 万元，年末营运资本为 33272 万元，表明企业短期偿债能力较强，短期不能偿债的风险较低，与年初数相比营运资本增加了 13258 万元，表明企业营运资本状况继续上升，进一步降低了不能偿债的风险。

(2) 流动比率分析。

流动比率是评价企业偿债能力较为常用的比率。它可以衡量企业短期偿债能力的大小。

对债权人来讲，此项比率越高越好，比率高说明短期偿债能力就强，债权就有保障。对所有者来讲，此项比率不宜过高，比率过高说明企业的资金大量积压在持有的流动资产形态上，影响到企业生产经营过程中的高速运转，影响资金使用效率。若比率过低，说明短期偿债能力低，影响企业筹资能力，势必影响生产经营活动顺利开展。

当流动比率大于 2 时，说明企业的偿债能力比较强，当流动比率小于 2 时，说明企业的偿债能力比较弱，当流动比率等于 1 时，说明企业的偿债能力比较危险，当流动比率小于 1 时，说明企业的偿债能力非常困难。

该公司，期初流动比率为 1.52，期末流动比率为 2.11，按一般公认标准来说，说明企业的偿债能力较强，且短期偿债能力较上年进一步增强。

(3) 速动比率分析。

流动比率虽然可以用来评价流动资产总体的变现能力，但债权人中的短期债权人，希望获得比流动比率更进一步的有关变现能力的比率指标。这就是速动比率。

通常认为正常的速动比率为 1，低于 1 的速动比率被认为企业面临着很大的偿债风险。

影响速动比率可信性的重要因素是应收账款的变现能力。账面上的应收账款不一定都能变成现金，实际坏账可能比计提的准备要多；因此评价速动比率应与应收账款周转率相结合。速动比率同流动比率一样，反映的是期末状况，不代表企业长期的债务状况。

企业期初速动比率为 1.42，期末速动比率为 2.04，就公认标准来说，该企业的短期偿债能力是较强的。进一步分析公司偿债能力较强的原因，可以看出：①公司货币资金占总资产的比例高达 33.33%，公司货币资金比例过多会大大增加企业的机会成本。②企业应收款项占比过大，其中其他应收款占总资产的 60.59%，虽然速动比率合理，但企业仍然面临偿债困难的情况。

(4) 现金比率分析。

现金比率是速动资产扣除应收账款后的余额。速动资产扣除应收账款后计算出来的金额，最能反映企业直接偿付流动负债的能力。现金比率一般认为 20% 以上为好。但这一比率过高，就意味着企业流动负债未能得到合理运用，而现金类资产获利能力低，这类资产金额太高会导致企业机会成本增加。

从上表中可以看出，期初现金比率为 0.64，期末现金比率为 0.72，比率远高于一般标准 20%，说明企业直接偿付流动负债的能力较好，但流动资金没有得到充分地利用。

(三)长期偿债能力指标分析

对表 3-19 中数据进行分析。

表 3-19　长期偿债能力表

项　　目	期末数	期初数	变动情况
资产负债率	1.0237	1.0158	0.0079
产权比率	−43.1334	−64.1244	20.9910

资产负债率=总负债/总资产

产权比率=总负债/股东权益

(1) 资产负债率。

资产负债率反映企业偿债的综合能力，如果这个比率越高，说明企业偿债能力越差；反之，偿债的能力较强。

一般认为，资产负债率的适宜水平是 0.4～0.6。对于经营风险比较高的企业，为减少财务风险，选择比较低的资产负债率；对于经营风险低的企业，为增加股东收益应选择比较高的资产负债率。

该公司期末资产负债率为 1.0237，期初资产负债率为 1.0158，远超出适宜水平 0.4～0.6 之间。数据显示企业处于资不抵债状态，说明该企业的偿债能力极弱，长期偿债压力大。

(2) 产权比率。

产权比率不仅反映了由债务人提供的资本与所有者提供的资本的相对关系，而且反映了企业自有资金偿债能力，因此它又是衡量企业负债经营是否安全的重要指标。一般来说，这一比率越低，表明企业长期偿债能力越强，债权人权益保障程度越高，承担风险越小，一般认为这一比率在 1，即在 1 以下，应该是有偿债能力的，但还应该结合企业具体情况加以分析。当企业的资产收益率大于负债成本率时，负债经营有利于提高资金收益率，获得额外的利润，这时的产权比率可以适当高些，产权比率高，是高风险、高报酬的财务结构；产权比率低，是低风险、低报酬的财务结构。

该公司期末产权比率为−43.1334，期初产权比率为−64.1244，表明该公司负债大于总资产，债权人的权益得不到保障，属于高风险的财务结构。期末的产权比率由期初的−64.1244 上升到了−43.1334，说明企业的长期偿债能力有所上升，但长期偿债能力仍然极差。

(四)利润表结构分析

对表 3-20 中数据进行分析。

表 3-20 利润表

项　　目	本年累计	上年同期	增减变动
主营业务利润	262	466	-204
其他业务利润	756	3349	-2593
利润总额	-464	-1921	1457
净利润	-464	-1921	1457

　　根据利润表结构分析，该公司主营业务利润、其他业务利润是盈利的，但是利润总额和净利润都是亏损的，由此可以看出该公司是具备盈利能力的，但由于费用较大，导致公司亏损。

同步案例

【案例1】

通过以下案例分析对你的启示有哪些？

安然(Eneon)与世通公司(Worldcom)：美国版的假账丑闻

　　回顾过去金融史上的丑闻和破产事件，总是能挖掘出其中的根源，事件背后的导火索无非就是金融大盗的作恶多端和官商勾结的幕后交易这两种情况的互相作用。没有人知道未来的发展是如何的险恶，就如同 2001 年至 2002 年间发生在美国股市的一连串投机失败的惨剧和大型企业集团纷纷倒闭的情况一样。当时倒在这场风波之中的公司可不是两三家小公司，按照德国企业的规模标准来衡量，就如同把德意志电信(Deutsche Telekom)或是能源巨头 Enron 送上法庭一样。

　　这场风波最初要追溯到 1991 年 8 月，当时的资本市场出现了一些奇特的现象，并引起了业内人士的关注。这一时期，大多数股市投资者都在慢慢挽回刚刚由互联网投机泡沫所造成的损失。与此同时，上任仅仅半年不到的杰夫·斯克林(Jeff Skilling)宣布辞职。斯克林可不是什么小人物，他是安然(Eneon)公司的总裁，安然是世界最大的能源贸易商，按照市场值排名，是美国的前十强企业之一。这家公司的成功经历可谓空前绝后：1985 年，安然公司与另外两家输油管经营商合并。当时正是美国的能源市场刚刚放开时，缺乏相关的管理规范，这恰恰给安然公司提供了无限商机，使之成为最大受益者。

　　随着电力和燃气价格的放开，那些从事能源生产和运输的企业都退居了幕后。与之相反的，从事能源产品交易的批发商却从中大发横财，逐渐发展成为实力雄厚的大型企业集团。安然集团的领导层决定拓展业务领域，打算进军保险业务和互联网接入服务的中介业务，并且还获得了原材料买卖的经营许可，例如，木材和铝等。除了业务领域的扩张之外，安然公司还在地球上进行拓展，将其 1/4 的能源业务放到了欧洲，并且时刻关注全球各地的能源市场，一旦发现哪里的能源市场开放了，立刻就派人前去洽谈相关业务。后来，安然公司还涉足新媒体运营领域。"安然在线"(Eneon Online)是公司里某个职员在上司根本不知情的情况下建立的网站，后来很快蹿升为互联网上人气最旺的电力和燃气交易平台。美国著名的财经杂志《财富》(Fortune)曾经连续 5 年将安然公司评为美国最有创新精神的公司。

安然公司的衰落开始于总裁斯克林的继任者肯·雷伊(Ken Lay)上台之后。2001 年 10 月，公司发布的季度报表显示，公司有多笔未公布的交易，直接导致公司资产的流失和额外债务的增加。安然公司多年以来首次出现亏损，并且公司内部对于其中的细节竟然全然不知，这无疑让广大投资者感到非常震惊。接下来，安然公司的股票价格也面临巨大的抛压。一直以来，分析家们从未对安然公司账务中的可疑数字进行详查，经过这件事，广大投资者呼吁公司经营更加透明化。又过了几周，各种迹象表明，这家曾经辉煌一时的企业的确面临很严重的支付危机，处于资不抵债的境地。此外，更加出乎人们意料的是，曾经是业内老大哥的安然居然同意被一家规模很小的竞争对手 Dynegy 公司收购。后来，这项收购计划也宣告失败。安然公司的股票在年初还维护在 85 美元/股，随后便狂跌不止，几乎到了零美元的底线，此时安然公司的破产也指日可待了。12 月初，这家当时拥有 2 万名员工，年销售额超过 1 亿美元的大企业却背负着 130 亿的外债；按照美国相关法律，公司只得申请进入破产前的准备程序。这桩丑闻背后的徇私舞弊、招摇撞骗和弄虚作假手段被慢慢曝光，最终演变成为资本市场历史上自黑色星期五之后，数额最大的一起金融丑闻。其中涉及的细节毋庸赘述，主要就是安然公司董事会长期以来集体做假账，许多银行和审计师也与他们沆瀣一气，结党营私。究竟这一切是如何进行的？概括说来，就是通过以下一些伎俩。

暗自挪用银行贷款

银行给安然公司的贷款本应作为养老金或者购买燃气合约，安然公司却将燃气合约转手倒卖，获得现金流后，记入企业经营收入，虚增企业的收益。

调整账面收入支出：所谓账面收入支出，简而言之就是可以从企业年报业绩中剥离出来的收入或者支出；因为这些项目都是临时性的，例如用于一次性购买许可或者专利；与这相应的还有一些项目可以作为计划外收益。这样经过调整后的年报收益可以比实际取得的业绩要高得多。这种做账方法显然有其致命的缺陷：每个企业都可以按照自己的需要来确定计划外收支，也就是说，可以把所有财务问题都通过这一方式掩盖起来，随意操作公司的财务报表。

皮包公司为虎作伥

安然公司创建了许多皮包公司，为的是将公司的资产和债务分摊转移；这些公司也就是所谓的"特殊目的经济体"(Entities For Special Purpost)，简称 ESP。按照规定，如果这些下属公司股权约 3%以上掌握在外部投资人的手中，则可以成为独立核算的子公司，并且经营业务不受母公司的控制。因此，安然公司指使内部经理人、银行伙伴和其他兄弟企业入资控股这些皮包公司，后来，安然公司账户收入的 40%都来自这些下属公司。通过转移记账法将母公司的资产状况分摊到 ESP 上的方法有很多。在做账时可以将企业成本(比如新产品的开发)或是债务(例如供货商的应付账款)转移到某个 ESP 公司账目上，这样在计算中母公司的损益表时，可以减少母公司的支出项目，也就在无形中增加了母公司的收益。而在集团公司的总账中，内部关联交易又可以被冲抵，使得这些 ESP 与母公司之间的交易行为不会在账面上留下痕迹。这样一来，长此以往，甚至会出现非常惊人的结果；企业甚至没有丝毫外债，而且还可以将本公司的股票以高价转卖给 ESP，从而获得对方支付的贷款或者现金资金。从资金流向上来看，这样做纯粹是企业内部交易，然而却能同时增加企业的资产和负债，虚增企业的资产值。并且，母公司的对外报表中也显示出企业现金流的充足。

ESP 的另外一个用途就是，母公司可以给旗下的各个 ESP 公司提供担保，向银行获得低息贷款，然后通过内部转账再划归母公司所有。这样做的好处是，可以降低母公司的外债，粉饰资产负债表。

操纵市场一手遮天

在能源储备市场，价格可以被人为操纵，甚至是寡头垄断。例如，2001 年美国加利福尼亚的电力供应紧张就是安然公司背后搞的鬼。结果，地区电价远远高过了政府规定的最高限价，以安然公司为首的供电集团囤积居奇，获利甚丰。

循环交易无中生有

所谓循环交易就是两家贸易公司私下约定，采用"转圈买卖"的方式彼此交换等量的电力产品。结果就是不买不卖，不赔不赚。这样做的唯一目的就是虚增账目销售额。

还有比这些伎俩更糟糕的：公司董事会对于长期以来盲目扩张的企业的结构根本无暇理会，造成内部管理混乱不堪；企业内部的成本监控形同虚设；企业领导缺乏长期战略发展眼光；高层管理独断专行，经常随意解雇一般员工和低层经理，感觉就像是王侯在建自己的领地而发号施令一样不可一世。

美国人后来被激怒了。原来，正是这些安然公司的高层经理人在企业倒闭前夕，疯狂抛售个人持有的股票，侵吞企业资产，并且销毁相关文件，使得上万名公司员工的养老金随着安然公司股票的一落千丈而化为乌有。此外，金融分析师们也成为观众谴责的焦点，正是他们，长期以来对安然公司做假账的行为置若罔闻，并且还向投资者推荐购买该公司的股票。最后，安然公司丑闻竟然还涉及了政府部门和议会党团，其中包括美国总统乔治·W布什(George W. Bush)内阁成员，据说与安然公司的高层领导一直保持密切联系，也持有安然公司的股票，却没有受到任何损失。

当安然公司的丑闻愈演愈烈之时，事态发展一时间失去了控制。根据著名的安达信会计师事务所(Arthur Anderson)提供的证词显示，对于安然公司不利的证据资料都被人为销毁了，许多审计师从安然丑闻败露伊始就曾对这家著名的审计机构敲响了警钟，结果却仍是这样，令人费解。此外，其他同类能源企业也都纷纷曝出假账的丑闻，有些也被迫申请破产。正当金融分析师和审计师们被这些能源企业的假账弄得不可开交时，人们的注意力也开始转向，看看是否其他行业的大公司也有类似情况发生。其间，更为震惊的消息不胫而走，那就是著名企业世通公司(Worldcom)的创始人和总裁本尼·埃伯斯(Bernie Ebbers)，于2002年夏天宣布辞职，这位曾经是华尔街股市名噪一时的宠儿，一时间成为千夫所指的对象。从造假的数目上来看，安然公司与世通相比，简直就是小巫见大巫。

6月底公布的调查结果显示，世通公司假账总额高达385亿美元。债台高筑的世通公司因此很快宣布破产，成为人类历史上最大的一起企业倒闭案，公司以前对外宣称的季度报表和业绩情况都成了欺骗人们的主证据。一时间，"安然现象"成了街头巷尾的焦点话题。证券市场面临可怕的信任危机，许多公司倒闭使得广大投资者成为牺牲品。其实，安然公司和世通公司只不过是冰山一角，被揭露曝光出来罢了。许多庞大的企业集团，例如，建筑业财团(Freddie Mac)和欧洲商业霸主霍德(Ahold)公司等几十家企业也都相继曝出财务丑闻。当然，世通公司的案例是涉案金额最大的，至今仍保持着这项纪录。

(案例来源：山西金融学院案例与实训)

【案例2】

请分析该案对你的启示有哪些？

A银行营销人员的实地调研

2015年3月，A银行营销人员对上海市一家经销商B公司进行了实地调研。营销人员从B公司概况、股东背景、经营情况、财务分析、发展计划和风险分析等多个方面进行调研，力求掌握有关B公司的全面信息，为信用控制决策提供依据。实地调研中，营销人员与B公司总经理进行了面谈。实地调研的结果如下。

一、公司概况

该客户属于电子消费品经销商，年销售额2500万元，注册资金为50万元。B公司在一座商住两用楼内办公，营销人员到达B公司后，先对B公司的办公场地进行了观察。B公司租用了一套100平方米左右的商品房作为办公场地，内部装修简单，除办公电脑和复印机外没有其他价值较高的固定资产，因此从直观上来看并不能给人以强烈的信任感。

以下是B公司的基本信息。

(1) 成立时间为2010年2月；

(2) 与A银行合作时间为3年；

(3) 性质是有限责任公司；

(4) 员工为15人左右；

(5) 公司人员较少，没有明确的部门设置。

二、股东背景如表 3-21 所示

表 3-21 股东背景

姓　名	年　龄	职　务	股　份	学　历	IT 行业经验
××	40 岁	总经理	70%	大专	8 年以上
××	38 岁	销售经理	30%	大专	5 年以上

B 公司总经理曾在一家国有企业工作，2005 年进入电子消费品领域，在一家业内知名的公司从事销售业务。经过 5 年的积累，有了相当的行业经验和客户资源，于 2010 年创办了现在的公司。

三、经营情况

从营业执照显示的信息来看，B 公司以销售电子产品和通信产品为主业，在市内一处大型的数码广场有两家门店，面向最终用户和二级经销商实施销售。

从销售额来看，B 公司月销售额在 200 万元左右，每月均能完成签订的销售预算，销售业绩增长稳定，经营情况正常。从业务结构来看，B 公司零售业务占总业务的 60%，批发业务占 30%，另有 10%面向外企、商场等大客户进行销售。这样的销售结构，既保证了较高的业务量，又确保了一定的利润来源。

在面谈当中，A 银行营销人员了解到 B 公司为了形成新的利润增长点，实现业务发展多元化，还在上海及周边地区从事房地产投资业务。

四、财务分析

B 公司出示的财务报表显示，公司现有货币资金约 150 万元。B 公司总经理表示，150 万元的流动资金能满足日常的业务发展需求。当问及如果 B 公司出现资金缺口如何解决时，总经理称 B 公司会协调业务发展与自有资金之间的关系，不会轻易超出资金承受能力去发展业务。

B 公司应收账款基本稳定在每月 50 万元左右，账期一般为 30 天，授予应收账款的下游客户多为外企和商场等大客户，大部分应收账款都能收回，但回收时间可能会有所延迟。

B 公司 2014 年盈利×万元，销售利润率为×%左右，盈利能力尚可。由于过去几年 B 公司均为盈利，因此日常周转资金不断增加，B 公司实力也得以增强。

五、发展计划

B 公司计划于 2015 年 5 月在上海地区再增加两个销售门店，以进一步扩大销量和销售额。目前，新增门店的计划已在运作之中。预计新增两家门店后，B 公司 2015 年的销售额将比 2014 年增长 20%左右。

六、其他有关调查

A 银行营销人员调取了 B 公司的销售记录，发现其销售产品排名前十位的下游客户都属于风险大、合作前景好的客户，对这类经销商应加大信用控制力度。

访问前，经总经理介绍，A 银行营销人员与 B 公司财务负责人进行了面谈。财务负责人表示，B 公司一直非常重视信用，自和 A 银行合作以来一直能做到按时支付货款。

离开 B 公司后，A 银行营销人员又到 B 公司位于数码广场内的销售门店进行调研，发现 B 门店位置较好，有公司产品的明显标识，不断有客户询问产品情况，门店营销人员对公司产品较为熟悉。

七、风险分析

通过此次实地调研，A 银行营销人员发现 B 公司存在以下几点风险。

(1) B 公司办公场所性质为租用，由于没有固定的经营场所，这增加了 B 公司的不稳定因素，增加了信用控制的难度。

(2) B 公司人员较少，组织结构简单，没有明确的部门设置，有的员工身兼数职，日常经营业务均由总经理决定，这样的组织结构使得 B 公司抵御市场风险的能力较低。

(3) B 公司主业为销售电子产品和通信产品，但同时还在上海及周边地区从事房地产投资业务。房地产投资会占用大量资金，且变现速度较慢，在房价高企的环境下风险很大。B 公司在房地产市场的投资业务，将在很大程度上左右公司的现金流量，从而影响公司的支付能力，因此存在潜在的付款风险。

通过实地调研，A 银行营销人员对 B 公司的经营和财务情况有了深入了解。通过从数据库中调取 B 公司的付款记录，A 银行营销人员发现 B 公司销售货款回流及时，信用良好。

B 公司属于典型的小规模经销商，人员较少，整个公司结构设置还有待进一步完善，存在一定风险。但 B 公司已与 A 银行合作 3 年以上，信用良好，且公司产品和品牌认同度高，销售渠道成熟，因此建议在做好风险防范的基础上，A 银行对 B 公司的单笔授信额不超过 10 万元，累计授信限额为 30 万元，信用期限最长为 20 天。

(案例来源：百度文库)

任务四　调研报告撰写

任务提出

请根据任务一、任务二、任务三及以下所给资料写出对沈阳市道义农机服务公司的贷款调研报告。

资料：

1. 该企业是以农机维修、销售配件、经营汽油、柴油为主的企业，现在国家政策对农业十分重视，加上发展现代化、机械化农业产业的新农村项目，作为农机服务行业具有长期发展潜力。

2. 该公司主要业务多为道义周边农村服务。其中服务有光辉农场，光辉农场是辽宁省最大的现代化农业生产基地，而且该公司已于运输量比较大的混凝土制造企业有密切合作，承担所有机械的维修、配件及燃油提供，有一定的固定收入来源。

3. 担保措施

本笔贷款由沈阳金龙商品混凝土有限公司提供保证，担保企业调研情况如下。

成立时间：2009 年 9 月 25 日

注册资本：1200 万元

公司类型：有限责任公司

法定代表人：徐飞

生产经营地：沈阳市沈北开发区

注册地：沈阳市大东区小十字街

经营范围：混凝土生产及销售

股东构成：金龙建设集团股份有限公司　60%　720 万元

辽宁大兴集团有限公司　　　　40%　480 万元

该企业经营地址位于沈阳市沈北开发区，占地面积 5 万平方米，企业拥有"HZS180 双卧轴强制式搅拌机型"混凝土搅拌站 2 座，年生产能力 60 万立方米，产品主要为高质量 C10-C60 强度混凝土，在产品质量控制方面，企业建有微机检测产品质量、调试产品结构的现代化实验室，实验室以质量体系标准控制各等级商砼质量；企业拥有泵车 8 台，包括 47 米泵车，42 米泵车，37 米泵车；10～12 立方米混凝土运输罐车 60 台，配有 500kW 发电机 2 套，可在停电时发电，确保生产供应正常运行。形成了集搅拌、运输、泵送为一体，相互协调，配套的商品混凝土生产供应系统，可以承担高层，超高层，大体积混凝土供应任务。

2013 年企业签订混凝土合同如表 3-22 所示。

表 3-22　2013 年企业签订混凝土合同

客户名称	合同混凝土量	合同总金额	结算方式	项目性质	备　注
龙之梦亚太中心	450000	200000	月结 70%	商业中心	有后续项目
明华香谷	26000	9100	月结 70%	住宅	有后续项目
沈北坤博园	7000	245	月结 70%	住宅	有后续项目
203 国道	4000	140	月结 70%	政府项目	有后续项目
漓林春雨	16733	600	次月结算 80%	政府项目	
合计	533733	210085			

沈阳目前有混凝土搅拌站 54 家，分布在市内各区，商混企业地域性非常强，运输距离的远近直接影响企业的成本和盈利水平。沈阳混凝土市场发展趋势很好，沈北地区十二五期间，于洪区政府以蒲河生态廊道为主轴，全力打造"一带、两城、五市镇"的总体发展

格局。"一带"即蒲河生态发展带；"两城"即丁香湖新城和永安新城；"五市镇"即平罗湾新市镇、马三家新市镇、蒲河温泉新市镇、光辉新市镇、九龙河新市镇。于洪区招商引资使大批国内比较知名的企业纷纷落户该区，如总投资 230 亿元东北最大的金马凯旋家居 CBD、投资 160 亿元的香港卓尔小商品城、投资 55 亿元的机械基础零部件产业园、投资 35 亿元的江苏润恒物流园等重大项目 20 余个，总投资近 1000 亿元。

混凝土属于投资拉动型行业，产量的增长直接受房地产施工及大型基础建设项目增长的影响，商混企业地域性非常强，运输距离的远近直接影响企业的成本和盈利水平，该公司位于沈北开发区，辐射于洪区一带、两城、五市镇，沈北新区，地理位置优越，在沈阳沈北大开发建设中，该公司行业前景在五年内是蓬勃发展的趋势。

其次是沈阳混凝土行业受沈阳混凝土协会的制约，其行业的特点为：

一是以销定产、严格按订单生产，(混凝土从搅拌到浇灌必须在 4 小时内)但前期存在垫付资金问题，即购销双方签订合同时约定垫资的混凝土量，而后按楼层进度付款。

二是市场竞争有序，不存在恶意竞争问题。若订货单位不履行合同，拖欠货款，混凝土搅拌站有权停止供货，按行业协会规定，其他搅拌站不得途中进入现场，继续施工。这就制约了建设单位必须履行合同。

三是严格执行混凝土协会的价格，货款回笼较好。在合同签订时，供需双方明确按工程进度付款，并注明以房产抵债的内容；在主体工程竣工 28 个工作日内搅拌站出具混凝土质量检测报告单，否则工程无法验收，由于受出具混凝土质量检测报告制约，搅拌站前期垫付的资金一般都将予以清算，所以货款回笼有保证。

(案例来源：沈阳市于洪区永安村镇银行)

知识准备

请谈谈以下寓言对你的启示。

鸭子的调研报告

春天来了，池塘里的冰解冻了，水上飘着一层绿油油的浮萍，鱼儿、虾儿也出来活动了。一群鸭子憋了一个冬天没有下水，现在，它们想到池塘里游一游，洗一洗，捉些鱼虾吃一吃。在出发之前，它们先派了一只鸭子到池塘去调研，了解一下情况。这只鸭子接受任务之后，沿着池塘边蹒跚地转了一圈，又在塘里游了一阵，就回去了。

它呱呱地向鸭子们做了长时间的报告："在池塘四周有小沟，东面是果园，西面是树林，北面是大路，南面……"鸭子们听了半天也不知道池塘里面的情况，大家着急地问："池塘里的水多深？哪儿鱼多？哪儿虾多？"它张着长嘴答不上来，不好意思地说："我没有到水底去调研呀，"可不是吗？鸭子到了池塘里，不总是浮在水面上吗？

营销人员完成实地调研工作以后，需要撰写调研分析报告，进行项目的上报审批。以便对客户价值的评估。因此撰写授信报告是营销人员必须掌握的重要技能。

一、撰写调研报告的要求

撰写调研报告应遵循适用、精炼和标准化的原则。营销人员应对调研报告中所含信息的真实性及调研结论负责。这涉及调研报告的两个要求：一是调研报告的写作要"适用""精炼"；二要体现"尽职调查"，结论要公正、明确，不能模棱两可，或者貌似公正，实则不负责任地上交。

1. 合乎逻辑

撰写调研报告应按照调研活动展开的顺序，前后衔接、环环相扣，使调研报告结构合理、符合逻辑，并对必要的重复性调研工作进行适当说明。通常通过设立标题、副标题、小标题并标明项目的等级符号以增强报告的逻辑性。

2. 解析充分，结论正确

调研报告中的图、表是为增强阅读性、可视质而设计的，但并不意味不需要进行任何解释性文字工作。尽管绝大多数人都能够理解图、表的内容及含义，但调研报告撰写者应辅以相关文字进行说明。同时，报告中不要堆砌很多与调研目标和调研主题无关的资料和解释说明，避免形成脱离目标的结论，而是应尽量切合实际地提出调研建议。

3. 重视质量，篇幅适当

有些调研人员误认为报告越长质量越高，并试图将自己获知的所有信息均纳入到报告之中，从而导致"信息冗余，重点不突出"。因此，应重视调研报告的质量，一份优秀的调研报告应该是简洁、有效、重点突出，避免篇幅冗长。

4. 定量与定性分析相结合

调研报告既不能通篇是文字说明(使报告的可读性下降)，又不能将所有的定量分析结果罗列，这些使用高技术手段和过度使用定量技术的形式往往被视为"泡沫工作"，给人们的阅读及理解造成干扰和困难。因此，撰写调研报告要将定量分析与定性分析相结合。

一份好的调研报告不仅要精心设计报告内容，同时要合理地组织安排报告结构和格式，更重要的是应以客户导向为基础。以上是撰写市场调研报告的要求。

二、撰写调研报告的注意事项

撰写调研报告常见的错误类型主要有以下 5 种。

1. 蜻蜓点水式

蜻蜓点水式是指没有点出项目的"意义"，宏观高度达不到，微观深入度不够。对项目的要点不能很好把握，或者要点没有全面、深刻的论证。关键环节分析不充分，缺乏可操作性。这是简单的罗列内容，没有深入透彻的进行分析。

2. 赞歌式

赞歌式调研报告过于注重业务的营利性、业务潜力或前景分析，并避重就轻，试图以"营利性""潜力""前景"等削弱或取代风险权衡，对于业务的风险揭示或分析不够透彻，可信度低。

3. 传话筒式

部分营销人员对于自己撰写的调研报告解释不清，甚至前后矛盾，不能自圆其说。此种报告是别人意志的体现，其主要观点是依靠受客户或领导的影响，没有独立分析观察，客观表述少，沦为他人的传话筒。

4. 粘贴式

粘贴式是指缺乏独立调研分析，所引用的资料仅限于客户提供的信息，或网络媒体的评价，缺乏实际查证，缺乏独立分析，有些鹦鹉学舌。例如某营销人员的调研报告在评述企业的产品时，直接粘贴了企业自己的宣传，出现了"本公司的产品远销世界 10 几个国家"等字样。

5. 散文式

调研报告应该以冷静的旁观者的视角对"事实"进行客观审视，并尽可能多地采用确凿的数据、客观平实的表述，减少主观色彩。如果调研报告主观色彩浓郁，或者满篇华丽辞藻，尽显文采，则不能成为优秀的调研报告。例如介绍企业背景中描述"该企业创立之初，就走了一条与众不同的道路"、介绍企业未来发展中描述"该企业将再创辉煌，为我国民营企业拥有自主知识产权发展之路奏出华美的篇章"等等。

三、调研报告的内容

以商业银行贷款为例，公司客户的流动资金贷款调研报告一般包括以下内容。

1. 客户基本情况

包括客户概况、股东情况及组织结构、管理情况、关联企业或关联人物等情况的分析、成立批文、营业执照、法律地址、章程、借款申请等。

2. 客户经营活动分析

包括客户经营活动总体情况、生产销售情况(主要产品、原材料情况、生产情况、销售情况)、研究开发能力、行业情况(行业现状、行业发展趋势、核心竞争能力)、重大事项揭示(或其他需说明的情况)等方面的分析。

3. 客户财务分析

财务分析的资料来源主要是客户提供的财务报表：必须是经过会计事务所审计、并报送税务机关的财务报表。

在对客户进行财务分析时，主要运用结构分析法、比率分析法进行趋势分析等。

4. 银企往来及信誉情况

包括与其他金融机构的往来情况、贷款卡查阅情况、银企关系及信誉评价等。

5. 担保情况分析

担保分析主要包括：抵押物的名称、位置、估计变现价值及变现价值的计算方法，需要扣除管理费、运输费、法律费用和销售佣金等；评估公司及评估方法简介；在发放抵(质)押贷款时，要就抵(质)押物的占有和控制程度、流动性、价值评估、抵押率、变现能力等方面进行分析。如有必要，还要分析抵押登记手续、安全保管措施、抵押物进出账控制措施、投保费率设定等细节的可行性。

在发放保证贷款时，要坚持保证人综合实力优于借款人的原则。其分析内容及重点类似于对借款人的调查分析。应该注意的是，无论是抵押还是保证都必须分析法律手续的完备有效性及法律依据，做到担保具有法律效力。如是保证，要说明保证人的流动资产情况(现金及等价物和有价证券)、有形净资产、最近一期的销售收入和净利润、或有负债及评级情况。

6. 授信的用途及还款来源分析

还款来源包括第一还款来源和第二还款来源。第一还款来源是指借款人通过正常的营业收入、经营利润等现金流来偿还银行授信；第二还款来源是指动用担保(抵押、质押或保证等)偿还银行授信。授信人员应就其还款来源的合理性及风险程度的高低，资金缺口测算出项目的可行性，还款来源测算出企业的还款计划等方面并进行数据分析。应重点分析第一还款来源。第二还款来源实际上并非还款手段，而是风险防控手段。

7. 风险分析及防范措施

营销人员根据授信业务特点，从提高收益和规避风险的角度，分析授信业务所面临的政策法律风险、行业风险、财务风险、经营管理风险、道德风险等，并提出防范措施；在此基础上，并要评价授信业务的总体风险判断、主要风险要素及防范措施。

8. 综合收益测算

一笔授信业务，其综合收益主要包括利息收入、存款收益、中间业务收入和其他收益等。

同步案例

通过给出的调查问卷、收回调查问卷的资料，写出调查报告的大纲并对消费者对万能保险的需求情况分析。

中国人保"和谐人生"调查问卷

亲爱的女士/先生：

您好。人寿保险为了更深入的了解居民购买保险意向，特意进行这次问卷调查，请您提供宝贵的意见，它将帮助我们以后为您和您的亲友更好地提供服务。

请您填写你认为合适的答案。谢谢您的合作。

1. 您觉得保险重要吗？
   A. 重要　　　　　　B. 不重要
2. 您目前有购买保险的打算吗？
   A. 有　　　　　　　B. 没有　　　　　　C. 考虑当中
3. 您知道什么是万能保险吗？
   A. 知道　　　　　　B. 不知道
4. 您是否愿意了解和谐人生的保险产品？
   A. 愿意　　　　　　B. 不愿意
5. 您希望我们为您提供怎样的服务？
   A. 寄送资料　　　　B. 讲座
6. 您买保险主要的原因是：
   A. 保障　　　　　　B. 投资　　　　　　C. 熟人介绍　　　　　　D. 其他
7. 您一年可以拿出多少钱投资在保险上？
   A. 1000 元至 2000 元　　　　　　B. 2000 元至 3000 元
   C. 3000 元至 4000 元　　　　　　D. 更多的
8. 购买保险最看重什么？
   A. 保险保障功能　　　　　　　　B. 公司可信度
   C. 业务员素质　　　　　　　　　D. 其他
9. 您的家庭住址和联系方式？(我们会随机发放小礼品)

银行对Z集团系列公司调研报告

调研时间: 2014年4月15日下午

调研银行: 香江支行

调研成员: 赵、钱、孙、李

主要内容: 2014年4月15日, 省分行审批人到香江支行对贷款单位Z(集团)系列公司进行实地调研, 透过对Z(集团)系列公司在实际经营、管理情况进行了解, 反映物流商贸行业存在风险问题, 审批人提出对该行业的管理意见。

一、Z集团系列公司的背景材料和审批决策情况

Z集团系列公司包括: 4家全资公司(含集团), 集团下属6家子公司。

目前Z(集团)系列公司中使用我行贷款额度, 只有××地市香江区××贸易公司及××地市A电器有限公司, 而这两家公司是Z(集团)系列公司中主要部分, 也是Z(集团)系列公司中实力最强的公司, 而Z(集团)系列公司前期资本积累基本通过这两家公司完成。

××地Z(集团)有限公司成立于2012年11月, 注册资本10000万元, 股东包括: 冯××, 出资比例90%; 冯××, 出资比例5%; 莫××, 出资比例3%; 黄××, 出资比例2%, 公司法人代表冯××。Z(集团)公司成立目的是逐步将冯××直接投资或控股一系列企业进行统一管理和运筹。但目前Z集团公司暂时还未能完全发挥作用, 公司并没有编制合并报表。目前Z(集团)有限公司并没有贷款, 只为下属子公司××地市番江区××贸易公司及××地市A电器有限公司贷款作担保。

××地市香江区××贸易公司是我行AA级信用企业, 成立于20世纪90年代, 前身为××贸易商行, 后于2004年变更为现名, 属集体所有制企业, 主营业务为批发、零售各种饮料、食品、日用品等。目前, 该公司注册资本2680万元, 实收资本1500万元, 资产总额62443万元, 员工500多人, 320台大、中型运输车辆, 拥有华南地区规模最大的物流中心。2012年8月该公司被××地市政府评为优秀民营企业, 同年9月被我分行评为"双50"工程的重点客户。

当前, 公司经营已达一定规模, 综合竞争力较强, 主导销售产品中众多品牌获得区域内一级代理权, 市场前景较好。

××地市A电器有限公司是我行AA级信用企业, 公司成立于2008年3月5日, 是一家集空调、冰箱、洗衣机及小家电为主的商业批零公司, 现拥有资产41069万元, 员工500人, 属下分公司分布市内各区和深圳特区、东莞、佛山、肇庆等地区, 在同行业中有良好的声誉。随着企业经营规模的不断扩大, 客户的市场竞争力也不断增强。

2014年2月11日经省行审批通过给予Z(集团)系列公司一般额度授信20000万元, 期限两年，其中流动资金贷款 7000 万元，银行承兑汇票 13000 万元。具体额度分配为：××地市香江区××贸易公司一般额度授信 14000 万元(其中流动资金贷款 5000 万元，银行承兑汇票 9000 万元)；××地市 A 电器有限公司一般额度授信 6000 万元(其中流动资金贷款 2000 万元，银行承兑汇票 4000 万元)，同意的条件为：1.落实合法有效的第三保证手续；2.开立银行承兑汇票按照总行有关规定交存保证金；3.追加大股东冯××个人合法、有效的连带责任担保。

同时，会议要求我支行关注企业未来有无固定资产投资、企业的结算方式及经营方式的变化。

二、应收账款及存货占用大是商贸业的共性，也是银行面对的风险

商贸批发业应收账款回收不仅是企业自身同时也是银行所面对的风险。商贸批发对相当一部分大型超市、商场和分销商，都不同程度给予一定的赊销额，一旦大型超市、商场和分销商经营出现问题，商贸批发公司将面临货款不能回收、坏账等情况，必然影响银行贷款回收，审批人对这些问题早已引起高度重视。通过对 Z 集团调研了解，该公司管理人员到财务人员、检察部层层对应收账款把关，并制定严谨的规章制度，根据客户的信誉、偿还能力设定三级的资信等级，对每级制定不同赊货限额、结算期限等。同时让业务人员、送货人员与对应的客户挂钩，要求业务人员对客户进行高密度拜访，在每次送货或业务走访时均负责考察客户的经营情况，货物销售情况，有无异常等，如发现客户经营情况发生变化，即刻提前催收或上门收回货款，缩短赊销期，同时对有关业务人员及送货人员进行处罚。这种措施在实际操作中非常有效，从而有效避免了坏账损失，保证资金良性周转。

该公司在存货管理方面也有一套完善的管理体制，并拥有较具规模的物流中心，同时拥有一支庞大的运输车队和专业装卸配送人员。其中香江区××公司已建立华南地区最大的物流中心，仓储总面积达 10 万平方米，并完成了部分货仓的电子化改造，目前已经达到每天吞吐货物量达 30 万件，日配送客户最多达 3000 家的水平，在物流行业中具有较强的竞争力。另外 A 电器公司正加紧建设一个现时化的电器产品配送的物流中心，从而进一步提高工作效率、营运能力。目前两家公司正朝着向集代理、配送、电子化仓储管理于一体的经营方向发展。对公司储存货物两家公司都有严格的进出货管理，通过安装电子信息系统，实时监控商品的进出情况、储存情况，并对储存商品实行先进先出法，有效提高工作效率，同时对仓存商品保持在公司月销售配送量内，加快存货周转，避免资金不合理占用，保证公司资金流动性。

由此可见商贸行业应收账款和存货占用的风险防范，关键是由经办银行贷款前测算其合理量和贷款后加以严格管理，并根据借款人周转次数和管理水平高低确定其流动资金的需求。

三、银行重点选择有诚信的商贸批发一级代理商为营销对象，避免银行的信贷风险

Z 集团两家公司所代理产品均为市场上适销、名牌饮料、食品、日用品、电器等产品，并且已取得这些品牌在××地市地区的独家代理权。同时分别在珠江三角洲地区建立较大的销售网络及营销代理队伍，并通过完善的经营管理、规范运作模式，向华南地区进行拷贝推广，建立相互支持、互相呼应的分销经营实体，并逐步扩张分销地域，构建一个稳定、完善的中国南方消费品物流、配送、分销网络。在销售资金占用结构及回笼情况两家公司情况均相近。以××公司销售资金占用及回笼情况为例说明，目前公司已取得有珠江啤酒、怡宝、可口可乐、娃哈哈、红牛等几十个产品的代理权，而单珠江啤酒和怡宝蒸馏水产品年销售额就超 4 亿元，由于产品品种多销售量较大，使公司增加对代理产品的购入存货，增加公司资金占用，另外公司给予客户一定的赊销金额和结算期限、办理银行承兑汇票缴存的保证金也占用公司资金，致使××公司占用资金相对较大，根据 2013 年××公司财务报表数据测算，销售资金占用约为 1.5 亿元，每年仓存商品销售周转次数为 8 次。其中××公司 2013 年全年销售收入达 12.13 亿元，净利润达 3620 万元，比上年增长 20%、78%，每月回笼资金约 11000～12000 万元。而 A 电器公司 2013 年全年销售收入达 7.3 亿元，净利润达 3719 万元，比上年增长 50%、72%，每月回笼资金为 6000～7000 万元。由此可见一级代理商十分重视其经销权，其销售网络完善、经营和财务状况良好，还款来源充足，货款回笼稳定，能保证以销售收入偿还银行贷款本息，一般不轻易对银行承诺违约。

四、审批人严格审查关联企业对银行信贷资金占用

Z 集团公司不直接参与下属子公司经营，对下属子公司短期资金需求，统一由集团公司调配，容易造成银行借款统一使用的风险。

Z 集团公司成立的目的是把冯××直接投资或控股的一系列企业进行统一管理，集团公司不直接参与系列企业的经营。在集团下属子公司中只有××地市 A 电器有限公司、××地市香江区××贸易公司、××地市恒飞贸易有限公司、××地市胜美皮具服装有限公司在运作，而这些下属子公司经过多年发展，自身拥有一定资金实力和市场竞争力，如下属企业想进一步扩大销售经营，而自有资金不足，一般通过向金融机构融资取得。对于子公司之间的短期资金周转需求，统一由集团公司运筹调配，虽然对下属子公司资金调配权主要由冯××审批调配，冯××先生是××集团公司的最大股东兼法人代表，也是香江区××、A 电器公司的创办人，集团公司规定对子公司间资金调配周期一般不能超过三个月，但实际上存在银行信贷资金有被挪用的可能，经办行必须高度重视对银行信贷资金监管。

五、对 Z(集团)系列公司进行授信，我行应采取下列风险防范的措施。

(1) 积极利用市场信息引证搜集的信息，判断公司发展道路的准确性。

(2) 定期通过人行系统查询 Z 集团公司、香江区××公司、A 电器公司三家企业在各家银行的总体负债情况，动态判断偿债压力，在保持我行一定业务份额的同时，注意我行在公司总体负债中的占比，避免承担过高风险。

(3) 密切注意公司的发展动向，定期、不定期对公司进行走访，动态掌握企业的经营状况与财务状况。通过收集第一手资料来正确检测财务分析的质量和准确性。另外定期对企业存货商品进行实地盘查，测算企业销售资金合理占比，判断企业资金的使用情况。

(4) 建立完善的贷后跟踪机制，增强贷后管理的能动性。提高对企业存在的风险源、风险点、风险程度和风险趋势分析，并随时关注企业的市场表现和财务状况，判断企业的创新能力和发展潜力。

(5) 加强对企业的信息收集、整理、分析和挖掘，动态分析企业的生命周期和所处的阶段，并及时发现和处置贷款风险，正确把握退出时机，最大限度确保贷款资金安全。

六、通过对 Z(集团)系列公司的信贷支持，从而启发我行对物流、贸易批发、超市零售行业的信贷监管措施

(1) 在人民银行暂未开通融资性的票据业务前，我行对其所开立票据业务的贸易行为进行严密监管，对其真实性的判断来源于供货商的资信、入库单及税单等等材料，并实行定期实地查看存货与每笔开立的票据业务、并收集增值税发票相结合的方式进行监管。

(2) 对其流动资金的需求，我行将对贸易外的资金需求进行严格区分，防止股东将资金用于与主业无关的其他投资行为，对我行贷款资金的使用用途与其他商业银行的贷款流向结合起来综合分析，动态测算客户的资金需求，确保其保持正常商业运作的流动资金。

(3) 对民营性质从事批零业务的商贸业，对其原始资金的积累过程、股东利润的分配模式、扩大经营规模的资金筹集来源以及控股股东的爱好、禀赋、性格等方面也需要纳入日常的管理范畴，有针对性地调整营销或维护客户的策略。

(案例来源：银行对×集团系列公司调研情况汇报，范文网)

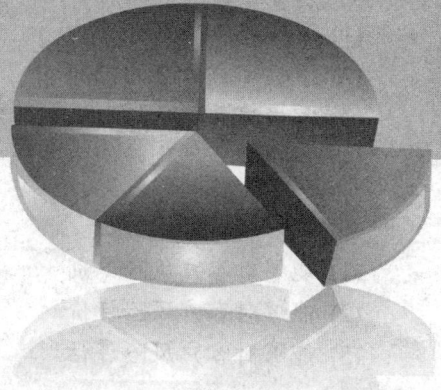

项目四

客户风险防范

本项目要达到的目标：

职业知识

(1) 了解风险的划分

(2) 掌握客户风险的识别

(3) 掌握建立风险识别机制的内容

(4) 理解客户风险评价体系的内容

职业能力

(1) 能够对客户风险识别

(2) 能够对客户风险评价

(3) 能够对客户风险评估

职业道德

(1) 具有高度的热情和强烈的事业心及责任感

(2) 具有承受高强度工作压力的意志力

(3) 具有强烈的自信心和严谨的工作态度

(4) 具有团队合作意识、协作能力和勇于实践及创新的精神

(5) 具有良好的自控能力、沟通能力、敏锐的洞察能力和市场反馈能力

项目提出

请学生通过完成客户风险的识别、客户风险评价、客户风险评估三个任务，给出对某显像管生产公司(以下简称"B公司")的评估建议。

任务一　客户风险的种类

任务提出

请找出某显像管生产公司可能存在的风险。

某显像管生产公司(以下简称"B公司")：

1. B公司成立于 2011 年，注册资本为 20 亿元，该公司是其母公司最早在大陆投资设立的显像管生产基地。目前，B公司拥有单色显像管生产线 3 条、彩色显像管生产线 8 条，具有年产 16000 万支彩色高分辨率显像管和 360 万支单色高分辨率显像管的能力，产品主要用于个人电脑(PC)的 CRT 显示器。

2. B公司正在进行产品转型，拟采用母公司的成熟短颈技术对现有部分用于 PC 的彩色

显像管生产线进行改造，生产电视用的短颈显像管。目前已将其 8 条彩色显像管生产线中的 4 条改造成电视用的短颈显像管生产线，并开始小批量试生产，生产能力为每条生产线日产量 9000 台，年产 300 万台。

3. 截至 2013 年 12 月末，B 公司的银行融资余额为 23 亿元，融资方式均为信贷。其中该银行融资余额为 5.5 亿元，包括中期流动资金贷款为 5300 万美元(其中 2014 年内到期 1400 万美元)，进口 T/T 融资余额为 1600 万美元，银行承兑汇票余额为 1200 万元，五级分类均为正常，无不良信用记录。

4. B 公司近三年的会计报表均经会计师事务所审计并出具了标准无保留意见的审计报告。从 B 公司的财务指标可以看出，B 公司净资产收益率近三年出现了明显的下滑，2013 年仅为 2011 年的 1/100；与同业相比，其 2013 年的净资产收益率仅为行业平均水平的 1/20，企业整体经济效益较差。通过将净资产收益率分解为总资产周转率、销售净利率和权益乘数，发现 B 公司今年的资产结构相对稳定，但资产周转率和盈利能力出现了大幅下滑，使得其整体实力急剧削弱。

5. 通过对资产总额和销售收入的分析，可知 B 公司资产周转率下降的主要原因是销售收入的萎缩幅度(-58.25%)要大于资产缩水程度(-14.20%)。销售收入的缩水是由市场竞争造成的，目前 PC 市场所采用的显示器主要为 CRT 显示器和液晶显示器。随着液晶显示器产能的扩大，2011 年下半年液晶显示器开始降价销售，CRT 显示器原有的价格优势被打破，液晶显示器的替代效应逐步显现，已经取代传统的 CRT 显示器并成为主流的显示器产品。

(案例来源：王艳君. 公司信贷. 中国金融出版社，2012)

知识准备

请大家谈谈以下故事对你的启示。

墨西哥瘟疫

美国有位经营肉类的食品老板，在报纸上看到这么一则毫不起眼的消息：墨西哥发生了类似瘟疫的流行病。他立即想到墨西哥瘟疫一旦流行起来，一定会传到美国来。因与墨西哥相邻的美国的两个州是美国肉食品的主要供应基地。如果发生瘟疫，肉类食品供应必然紧张，肉价定会飞涨。于是他先派人去墨西哥探得真情后，立即调集大量资金购买大批菜牛和肉猪饲养起来。过了不久，墨西哥的瘟疫果然传到了美国这两个州，市场肉价立即飞涨。时机成熟了，他趁机大量售出菜牛和肉猪，净赚数百万美元。

风险与收益是永远相伴随的。营销人员要想获得客户这个"收益"，就必须承担一定的风险。但风险并不是无法预测、无法避免的，它可以被化解、被转移、被减小。各营销人员应加强对所拓展客户风险的监控与管理，目的在于以最小的风险代价获得最大的客户收益。

风险就其实质来讲是指一种遭受损失的可能性，它具有偶发性、破坏性、连带性、不对称性、周期性和可控性等特点。损失是相对于收益而言的。对营销人员来讲，不能从客户那里获得收益或者获取的收益较小，都可以说是面临着风险。由于市场经济的多变性和客户预期的不确定性，风险在营销人员的客户拓展中无处不在，营销人员应能够及时地对风险加以识别和化解。

如果你知道一个客户下个星期就会破产，你会同意客户提出的一个月的付款期吗？当然不会。问题是你如何知道它会破产呢？进一步说，你是否知道客户的及时付款能力？他们的经营实力是上升还是下降？他们会不会赖账呢？诸如此类的问题你能回答吗？如果不能，你就要去寻找能够帮助你回答这些问题的相关信息了。

从客户角度看，风险可大致划分为外部风险和内部风险两大部分。外部风险，即因外部环境因素的变动导致的客户风险，包括宏观风险和行业风险；内部风险是因客户自身因素引起的风险，包括客户的经营风险和管理风险。

一、外部风险

1. 宏观风险

造成客户宏观风险的因素主要有国内政治法律因素、国内经济因素和国际因素。

(1) 国内政治法律因素。

政治与法律对客户的经营活动及其效果有重要影响。对客户经营构成风险的政治法律因素主要表现在政府部门改革及领导人更换是否频繁、政府部门对经济的干预程度、政府官员的工作效率与作风如何、法制规章的健全程度等。例如一个国家与其他国家之间外交关系的恶化，可能会导致正常经贸和技术合作的中断或终止。

(2) 国内经济因素。

经济增长率、经济波动周期、物价水平、市场结构、产业政策、就业状况、市场结构、经济发展程度、市场前景等因素都可能造成客户的风险，其中，政府产业政策变动、物价上涨和经济发展的周期性波动均可能直接给客户带来风险。

(3) 国际因素。

来自国际方面的因素同样可能对客户的经营状况构成威胁，主要表现在汇率变动、国际资本流动、国际技术竞争、对外资政策等。对一些从事国际贸易与技术交流的客户来讲，国际因素的影响极为重要。

2. 行业风险

行业结构、发展状况、未来发展趋势、竞争格局、替代性、依赖性和周期性等因素都会直接影响到客户的经营状况，都可能成为客户承受风险的重要原因。

(1) 竞争风险。

竞争风险，是指行业内部企业间的相互竞争给客户带来的风险。产品与服务的可替代性是形成行业风险的前提，行业市场空间的有限性决定了客户之间必然为抢夺市场而形成竞争，因此必然会有客户要退出行业，同时又有其他客户进入行业。竞争使行业内部各企业之间的势力对比总是处在变动之中，加剧了行业市场的不确定性。除少数垄断性行业外，任何一个客户在求得自身生存和发展时，都不得不承受这种竞争风险。

价格竞争是行业竞争的重要表现形式，而客户竞争力的大小主要得益于其对市场的影响力。在激烈的行业竞争面前，那些规模较大、服务对象相对集中、技术优势明显、销售体系完善的客户往往具有更大的话语权。话语权大、市场影响力强的客户抵抗风险的能力也就更大。

(2) 管制风险。

出于经济结构调整等方面的需要，政府会从法律或政策上对某些行业做出一些限制性规定，而这些限制性规定就可能意味着某些风险的产生。除现有的行业限制之外，政府出台的一些新的限制性法规，也同样可能引起风险。因此，在分析管制风险时，应从长远的角度来考察客户所在行业是否具有良好的法律环境，特别是一些新兴的、尚缺乏统一约束标准的行业及正处于上升发展时期的行业。对那些政策敏感性强的行业，如房地产、外贸等也应特别注意政策的变化及其所带来的影响。

(3) 替代性风险。

替代性风险，是指在另外一些生产替代品的行业因发展较快而对本行业产生冲击时，使本行业企业的发展受影响而产生的风险。生产替代产品的行业可称为本行业的替代行业，替代行业的产品与本行业的产品具有相同的功能或满足相同的需求。替代行业的发展会扩大替代产品的使用范围，培养消费者倾向于替代产品的消费观念，改变同类产品的市场结构，使本行业的消费群变小，市场规模萎缩，从而使本行业的客户面临风险。

(4) 依赖性风险。

依赖性风险，是指本行业所依赖的关联行业发生变动而影响本行业的发展，从而使本行业客户受影响而产生的风险。本行业与关联行业在原材料供应、产品销售、技术交流等方面具有很深的联系，因此，关联行业出现问题会波及本行业，给本行业企业带来风险。企业所在行业生产的单一性越大，对关联行业的依赖程度越高，客户的风险就越大。客户所在行业集中地依赖于一个或两个关联行业，依赖范围越小，客户的风险就越大。

(5) 周期性风险。

周期性风险，是指客户受所在行业自身发展周期性波动的影响而面临的风险。

行业的周期性波动幅度越大，客户的风险就越大，反之就越小。行业的周期性波动与宏观经济的周期性紧密相关，有些行业是随国民经济的繁荣而繁荣，随国民经济的萧条而萧条，有的行业则滞后于国民经济的发展。

(6) 阶段性风险。

几乎每一个行业都有一个从无到有、从小到大的发展变化过程。这一过程由不同性质的发展阶段组成：上升阶段、成熟阶段和下降阶段。一定时期内，某一行业总是要处在一定的发展阶段。有的行业是新兴行业，正处于上升时期；有的行业是衰退行业，正处于下降阶段。行业的不同发展阶段，客户面临的风险也有所不同。

在上升阶段，客户面临的风险主要有技术上的不成熟、成本波动较大、缺乏行业标准、缺乏市场开拓经验、市场需求相对不稳定等；在成熟阶段，客户面临的风险主要有抢夺市场份额的竞争十分激烈、整个行业的利润率下降、资金需求量增大、消费者行为日趋成熟等；在下降阶段，客户面临的风险主要有行业利润率下降、生存变得日趋艰难、成本增加、技术难度加大等。

二、内部风险

客户内部风险是指由客户内部存在的各种不确定性因素而带来的风险。每个客户都有自身独特的特点，从规模到产品、从组织结构到经营策略，都可能存在潜在的风险因素，都可能给客户的经营带来风险和损失。对客户来说，自身风险较为直观，但其成因又较为复杂；对经营者来说，不可能对客户的每一项经营决策与实施都参与，这就产生了对客户风险监控的难度。

1. 经营风险

经营风险，是指客户在生产经营过程中可能遇到的风险。客户的生产规模、发展阶段、经营策略、产品性质与特点、原材料采购、产品的生产与销售等环节构成了客户经营的全部内容，这些环节的任何一点出现问题都会给客户的经营带来风险。

(1) 客户总体特征隐含的风险。

客户的规模、发展阶段和经营策略等构成客户的总体特征，客户的总体特征是客户经营的基础，分析这些特征是分析客户经营风险原因的起点。

(2) 客户规模带来的风险。

一个客户的规模合理与否并不仅仅从绝对数量上去衡量，而是必须结合本身的产品情况、发展阶段以及所在行业的发展状况与同行业的其他企业相比较才能得出结论。在合理的经营策略之下，规模越大，市场份额也就越大，对市场的影响力或控制力也就越强，客户发展也就越稳定。

(3) 客户的不同发展阶段所带来的风险。

一般来说，新兴客户发展速度快，不稳定因素较多，经营前景较难预测，面临的风险也较高；成熟客户发展平稳，对市场的理解和把握有较丰富的经验，但技术更新的要求和市场需求的转变与升级同样使客户面临风险。

（4）产品多样化程度带来的风险。

多样化经营的主要目的在于寻求品种效益和分散市场风险，多样化程度体现着客户的经营实力和成熟程度。产品单一的客户，目标消费群较为单一和集中，市场需求变化与客户总体绩效的关联程度高，因而客户面临的风险较为集中；产品多样化程度较高的客户，在分散市场风险的同时，也同时面临着多样化经营的风险，如果处理不好可能使客户总体经营面临风险。

（5）经营策略的风险。

客户大多都会为自己制定明确的近期、中期和远期经营目标，客户经营目标合理与否及执行情况如何，直接关系着客户的经营前景。如果制定的经营目标脱离了实际或者在执行中偏离了方向，都可能给客户带来风险与损失。例如，当人们知道石棉对人类健康有影响的事实时，所发生的产品的责任诉讼使 Johns-Manville 公司——一个著名的在石棉行业中处于领头羊位置的公司形成破产并无法偿还其债务。

（6）产品风险。

客户的产品分为生产性产品和消费性产品。生产和销售生产性产品的客户受国际经济形势和社会投资需求的影响很大；生产和销售消费性产品的客户面临着激烈的市场竞争，如果不具备很强的市场竞争力，客户就面临着较大的经营风险。如因企业新产品，服务品种开发不对路，产品有质量和缺陷问题，产品陈旧，或更新换代不及时等都会导致风险。

（7）购买风险。

购买风险，是指客户在采购环节出现问题而使客户面临的风险。客户的购买风险主要包括原材料价格风险、购货渠道风险、购买量风险。如果客户能很好地影响供应商的销售价格、有很多的进货渠道并能根据生产进度确定恰当的进货量，则表明其面临的风险较小。

（8）生产风险。

客户在生产环节出现的风险主要包括以下几种。

① 连续性风险。在生产过程复杂、生产环节烦琐时，从原材料的供应到产品的生产再到产品的销售，构成了客户经营的整个流程，每一环节出现滞留不畅，都会造成生产的中断，给客户经营带来风险。

② 技术更新风险。在技术和产品升级的压力下，客户如果不能及时采用新技术，提高生产效率，增加产品品种，就可能失去现有的客户而面临经营风险。

③ 灾难风险。客户经营过程中遇到的无法预测的突发性灾难事件，如洪水、地震、水灾等，这些灾难会对实力较低的客户带来灾难性影响。

④ 环境保护风险。是指客户的生产可能给自然环境造成污染，直接影响社会整体利益，引起政策或法律的干预和管制，因被迫停产、交纳罚金或增加附加的环保配套设施等造成损失的风险。

（9）销售风险。

客户在销售环节出现的风险主要包括以下几种。

① 销售区域风险。客户根据自己的经营能力选择相应的销售区域，销售区域分布和区域性质选择的合理程度直接关系销售的成效。如果销售区域过于集中，就意味着区域市场的变化与客户销售业绩的关联度高，客户的销售风险就过于集中；如果客户进行新销售区域开发，对陌生市场区域的消费习惯、消费群结构等因素掌握的相对欠缺也会使客户面临着新的风险。

② 分销渠道风险和销售环节风险。分销渠道的完备程度体现着客户产品分销的效率。如果客户未能建立起有效的多渠道分销网络，或者对现有的网络缺乏足够的控制力量，不能随时全面调动使用其销售功能，在包装、装载、运输、卸货、出售等任何一个环节发生运转不灵，客户就无法提供及时的产品与服务，从而影响其信誉，造成营业损失。

(10) 财务风险。

客户收支状况恶化、财务账面异常、资金周转出现困难等都会导致财务风险。客户的财务风险主要包括借贷风险、货款周转风险、利率风险和汇率风险等。借贷风险的发生有两种情况：客户是借出者(如以委托贷款方式通过银行向其他企业借出资金)和客户是借入者(如从银行贷款)。客户对借出的资金不能按期收回或对借入的资金不能按期归还，都会影响客户资金周转计划的实现，使客户面临财务风险。货款周转风险则是指客户购买和销售过程中因应收应付款项出现异常而使客户资金周转计划无法按期实现所带来的财务风险。利率风险是指因为利率的上升直接造成客户财务账面损失而使客户面临的财务风险；汇率风险则主要是针对外向型客户，或者有对外业务的客户。

2. 管理风险

客户管理体系的许多重要环节如果出现问题，都可能直接影响客户的总体效益，使客户面临管理风险。

(1) 组织形式的风险。

组织形式的风险，是指客户组织形式的不合理以及组织形式的变动而使客户的盈利能力受影响所带来的风险。由于不同客户的基础条件不同，每个客户应当根据自身条件设计自己的管理体系与组织架构。如果组织形式本身具有缺陷，那么必然会影响客户资源的调配和使用，使客户承担风险和损失。此外，组织结构的变动、增资扩股、股权分拆、兼并、联营、重组等行为如果操作不当，也会对客户的现金流量、盈利能力产生不利影响。

(2) 管理层的风险。

管理层的风险，是指由管理层的素质、经验、经营思想和作风、人员的稳定性等给客户带来的风险。管理层的文化程度、年龄结构、行业管理经验及熟悉程度、知识水平与能力、经营思想与作风等都影响着客户的发展，尤其是管理人员离任、死亡或更换、管理层内部不团结、经营思想不统一、人事变动频繁等会使客户面临较高的风险。企业内部管理混乱，会造成股东撤资、资产负债率高、资金流转困难、三角债困扰、资金回笼慢、资产沉淀、资不抵债或亏损的困境。

【教学互动 4-1】

2011 年 2 月 21 日，电子商务企业阿里巴巴公司公布重大人事变动：公司首席执行官卫哲和首席运营官李旭辉因客户欺诈行为而引咎辞职，当天阿里巴巴股价下挫 3.47%，次日收盘继续大跌 8.27%，成交量创三年内新高。

从 2009 年开始，阿里巴巴国际交易市场屡遭欺诈投诉，此后的内部清查显示，2009、2010 年两年间，分别有 1219 家(占比 1.1%)和 1107 家(占比 0.8%)的"中国供应商"客户涉嫌欺诈；直销团队一些员工默许甚至参与协助骗子公司加入阿里巴巴平台。阿里巴巴内部被认为负有直接责任的近百名营销人员及部分主管和销售经理，将接受包括开除在内的多项处理，首席执行官卫哲与首席运营官李旭辉引咎辞职，涉嫌诈骗者的信息将提交司法机关深入调查。

请分析导致阿里巴巴股价下挫的原因。

(1) 员工的风险。

员工的年龄结构、文化程度、专业技术等员工素质方面的因素以及和劳资关系的融洽程度等方面的因素都可能给客户带来风险。

(2) 管理机制的风险。

客户内部管理机制是否健全、是否建有科学的决策程序、人事管理政策、质量管理与成本控制、年度计划及战略性远景规划、管理信息系统、财务管理政策与水平等，都在很大程度上影响客户的正常运作和经营成果。

(3) 关联企业的风险。

关联企业是指客户的母公司或子公司以及主要供应商、经销商、零售商等构成生产与销售上、下游的关联性很强的企业群。关联企业在股权、资金、产品等方面与客户有着密切的关联关系，其经营状况的变化将间接影响客户的生存与发展。

(4) 外部纠纷风险。

外部纠纷风险是指客户在经营过程中遇到的一些与外部的法律纠纷所给客户带来的风险。如客户与环保、工商等政府机构产生法律纠纷，可能会给客户带来处罚等后果。

各类投资项目论证不力，收益低下亏损，股东间不合作或环境变化导致项目失败。

同步案例

【案例 1】

分析微软成功的原因。

微软

今天世界上恐怕很少有人不知道微软公司和比尔·盖茨。微软公司在 1998 年美国《商业周刊》全球 1 000 强中名列第一。比尔·盖茨作为全球 IT 业的巨人及持续多年的全球首富，成为世界上无数年轻人崇拜的偶像。

一、微软的背景

微软公司是由比尔·盖茨和好友保罗·艾伦共同创立的。他们上高中的时候就是电脑迷。1974 年 12 月，盖茨还在哈佛大学读书时，他们偶然在《大众电子》杂志的封面上，发现一种称为"阿尔泰"的早期个人电脑，便决定替这种原始的电脑写软件。当时这种机器还没问世，杂志封面上的相片只是用实物模型拍的，不能使用，而且要好几个月以后才能大量供应。盖茨和艾伦打电话给阿尔泰公司，虚张声势地说他们大致上已经完成了一套可以用在阿尔泰电脑上面的 Basic 程序语言，其实当时他们根本还没有开始设计。然后他们设法在哈佛大学的小型机中模拟阿尔泰电脑的运作，废寝忘食地连续工作了 8 周，有时候连续几天不睡觉。最后终于完成了一套以 Basic 语言为基础的技术杰作软件。从而使他俩成为早期个人电脑最著名的程序设计员。

原来大家还不清楚阿尔泰电脑是否有足够的处理和储存能力，可让使用者愉快地用类似人类自然语言的 Basic 语言为电脑编写程序。但是盖茨和艾伦已经开发出一套优秀的 Basic 语言软件，并让电脑爱好者能够轻而易举地使用他们自己的应用程序，从而协助发动了个人电脑革命。

盖茨和大多数电脑爱好者一样，认为程序设计是一种智力锻炼，但是他对设计出的软件在商业上的潜力，却抱有截然不同的观点。大多数电脑爱好者都延续了 20 世纪 60 年代的观点，认为个人电脑是最为民主化的工具。他们认为软件应该共享，一个人编写了一些东西并予以公开，其他的人可以修改这个程序。然后又有其他的人在这个改良的基础上再做改进，如此不断发展。但是盖茨则比较重视软件的商业潜力。70 年代末期，盖茨写过一封广泛流传的信，抱怨有人免费流传他和艾伦合写的 Basic 语言版本，剥夺他们两人获取利润以开展未来研究工作的权利。

二、MS-DS 的诞生

1980 年，国际商用机器公司(IBM)决定开发个人电脑市场。在当时以大型计算机为主流的电脑行业中，IBM 是当之无愧的领袖，占据了 80%以上的市场份额。但在个人电脑领域，却处于落后位置。因为 70 年代中期，苹果、阿尔泰等公司已开始做个人电脑了。

IBM 意与微软合作，并希望在一年内将个人电脑推向市场。他们想向微软购买操作系统的许可使用权，而且要求几个月内完成。当时，微软手头并没有一套现成的操作系统，而编写一套操作系统可能要一年以上的时间。这时艾伦在西雅图电脑圈里了解到有一套圈内人自编的叫作 QDOS 的操作系统，便打电话给该软件的编写者蒂姆·帕特森，将他招入微软旗下。微软最后付了大约五万美元买下这个系统，然后做了大幅度修改，使它成了微软公司的磁盘操作系统，简称 MS-DOS。微软当时建议 IBM 自己买下这个操作系统，但由于没有充分地预见到个人电脑发展的无限广阔的前景，IBM 放弃了这个机会，从而让当时不值几文的微软最终变成一家币值超过 2 000 亿美元的公司，也让盖茨成为美国最富有的人。

在当时很少有人能准确预见到个人电脑市场会增长得多快和会增长到多大的情况下，微软的盖茨就清醒地意识到个人电脑软件的巨大经济潜力，而且意识到个人电脑软件的前景不仅依赖于 IBM 这样重要的硬件销售商，而且更取决于个人电脑兼容机市场的发展。因为微软的目的不是要直接从 IBM 那里赚钱，而是要从出售 MS-DOS 特许权上赚钱，所有与 IBM 个人计算机兼容的机器，都可能成为 MS-DOS 特许权的购买者。IBM 可以免费使用 MS-DOS，但对未来的升级版软件并不享有独有使用权和控制权。

为将 MS-DOS 成功推出，并使其成为标准，微软采取了三方面的措施：一是要使 MS-DOS 成为最好的产品；二是要帮助别的公司编写以 MS-DOS 为基础的软件；三是要确保 MS-DOS 价格便宜。

微软允许 IBM 只交低廉的一次性费用，就让该公司在所销售的许多计算机上使用微软公司的操作系统。这就使得 IBM 有了动力去推广 MS-DOS 并廉价地售出。IBM 当时有三种操作系统可供选择：一是 UCSD Pascal P.System，以大约 450 美元的价格出售；二是 CP/M-86，以 175 美元的价格出售；三是 MS-DOS，只售 60 美元，而且 DOS 在技术方面远远领先于其他两个产品。微软的营销策略取得成功。

于是 MS-DOS 产品进入了一个良性循环。或者用盖茨的话，"一个'正反馈循环'开始发生作用"。越来越多的客户购买安装 MS-DOS 系统的电脑，于是越来越多的软件制造商开始为 MS-DOS 编写应用软件；有了更多的应用软件，客户就更加愿意选择 MS-DOS 操作系统。

随后的时间里，个人电脑市场以惊人的速度成长，速度超过大型机，而 IBM 只占到不足 20%。而个人电脑世界的其他人占有 80% 以上的市场，这就意味着在这 80% 的广阔天地里，微软拥有出售 MS-DOS 的权利。

三、Windows 的出世

1983 年，微软决定开发一个图形操作系统。MS-DOS 是一种字符型操作系统，没有提供图像及别的图形来帮助用户使用各种应用程序，用户必须要用键盘把常常难以理解的指令敲进去，然后它才在屏幕上显示出来。微软公司决定设计一个便于用户使用的图形界面以超越 MS-DOS，这种界面将图形和文字结合起来，使个人电脑的使用更为方便。这不仅有助于现有的用户，也会吸引那些不愿意花时间来学习使用复杂界面的新用户。

当时在加利福尼亚州著名的帕洛阿尔托研究中心的施乐公司研究人员研制出了人机交互的新模式——利用一种叫"鼠标"的装置来指挥计算机。但施乐却没有认真地利用这一开创性思想取得商业利益，将这一个伟大的研究成果转化到销售看好的产品中去。

1983 年微软公司宣布，计划在 IBM 个人计算机上引入图形计算功能，这个产品叫作"Windows"。微软的目标是要设计一种可以超过 MS-DOS 的软件，让人们使用鼠标，在计算机屏幕上处理图像，并使若干窗口可以在屏幕上调动，每一个窗口运行不同的计算机程序。

当时市场上有两种个人电脑具有图形处理功能。它们是施乐 Star 和苹果 LiSa，这两种机器的价格都很贵，但能力有限，并且建立在一种专门的硬性结构上。其他的硬件公司不可能申请这种操作系统的特许使用权来建立兼容系统，这两种计算机也都不能吸引足够多的软件公司来开发应用程序。微软公司想要创建一种开放标准，将图形处理能力赋予所有运行 MS-DOS 的计算机。

但是苹果公司领先了一步。1984 年苹果电脑公司推出第一个大众型图形平台：Macintosh 机。Mac 机的设计是一个巨大的成功，它有了不起的系统软件。但是苹果公司直到 1995 年都拒绝让任何别的厂商制造可以运行这种系统的硬件。用户只有购买苹果机的硬件，才可以获得软件。这种传统的僵化思维模式，使苹果公司丧失了一次绝好的机会，否则 Windows 可能根本没有机会出现。

因为技术上的不足，Windows 问世几年后仍一无是处，直到 1989 年，亚利桑那大学的默里·萨金特教授偶然间帮助微软解决了 Windows 内存不足的问题，使微软扫除了 Windows 最后的技术障碍，并在 1989 年年底将新的 Windows 推向市场。如同 MS-DOS 一样，微软继续遵循其"优质、开放、低价"的市场战略，很快让 Windows 进入了"正反馈循环"。

Windows 从 1990 年开始大为风行，开始全面地占领市场。此时的微软已经非常成功，非常有实力，对软件业的发展方向拥有无与伦比的控制权。可以说微软这时才真正开始成为个人电脑软件业的霸主。

四、新产品的开发

虽然微软已经取得了巨大的成功，但盖茨仍然推动着公司不断地创造出更多的新产品。

1995 年微软推出了全新的操作系统 Windows95。Win95 虽然也是 Windows 家族的产品，但它同以往的 Windows 有本质的不同，它完全抛开了 DOS 的限制，使 Win95 成为一个真正意义上的独立的操作系统。win95 在硬件管理方面也有很大的突破，它提供的"即插即用"方式大大简化了添加硬件的烦琐操作。

微软还有其他许多有竞争力的产品。Office 是微软最畅销的应用软件，它拥有 70% 以上的市场份额。其中的组件 Word、Excel 及 PowerPoint 等在各自市场上的市场份额均处于领先地位。FoxPro 则是十分流行的数据库产品。还有桌面印刷程序 Publisher，项目管理程序 project，以及近年来推出的网络产品，如 Microsoft Mail，Internet Explorer，Outlook，Outlook Express 等。

(案例来源：王培志. 市场营销学案例教程. 北京：经济科学出版社，2001)

【案例 2】

请大家通过以下案例分析其原因？

津巴布韦陷入通胀深渊 物价飙升 2200000%

背景：在 20 世纪 80 世纪，津巴布韦曾是非洲最富裕的国家之一，被称为非洲的"菜篮子"和"米袋子"。在津巴布韦宣布独立的 20 年后的 2000 年，占总人口 1%白人农场主仍然控制着 70%最肥沃的土地。总统穆加贝开始推行土地改革，这一改革的目的是为了让黑人获得更加公平的土地分配。随着政府的土地改革政策日趋强硬，开始驱逐白人，收回很多白人的工厂，在白人农场主和黑人之间爆发了严重的暴力冲突，以美英为首的西方国家认为穆加贝的土地改革损害了白人的利益，开始经济制裁津巴布韦。

西方国家的行动导致外国资本大量撤出，使得该国政治、经济和社会生活日趋混乱。

2002 年，穆加贝再次获得连任。反对党与劳工组织纷纷发动罢工与抗争，要求穆加贝提早下台退休，而政府则以军警部队镇压。国际货币基金组织(IMF)为首的资金援助债权国，控告穆加贝政权藐视人权和在大选中舞弊，纷纷搁置援助计划。而英联邦则在 2002 年时宣布对津巴布韦停权一年处分，津巴布韦则于不久之后主动退出该协会作为回应。

由于长期积欠外债，政府又不愿意实施经济上的稳定措施，使得 IMF 暂停了对津巴布韦的经济援助，而该国政府则以大量印制新钞来填补财政上的赤字作为回应，导致严重的通货膨胀与币值急贬。津巴布韦官方公布 2007 年 11 月份的通胀率，高达 26 000%，而真实数字可能更高。由于失业率高达 80%，大量人民为了生计被迫逃到邻国。

2008 年津巴布韦通胀率已达到 2 200 000%，一桶啤酒卖到 1000 亿津元，当用完餐准备结账时，一沓沓的钞票堆在餐桌中央，给用餐者的感觉就像是坐在拉斯维加斯的赌桌旁一样，每次用完餐，你还得再等半小时结账。

一学期学费高达 2000 万至 1 亿津元，人们只要手里有现金，就得马上花掉，因为同样一笔钱，等到第二天就买不到同等的商品了。

由于通货膨胀严重最为紧俏的日用品之一竟然是点钞机。津巴布韦国营报纸上每天充斥着日本和新加坡生产的高质量点钞机广告，而每台的价格在 3.45 亿至 12 亿津元之间，政府甚至发行了面值为 5 亿津巴布韦元的货币。

每一个来到首都哈拉雷豪华现代、气派十足的机场的海外游客，马上就摇身一变成为了百万富翁。

到了 2009 年下半年，经济好转。商品供应渐趋充裕。货架上摆满了商品，即使在偏远的乡村，人们也可以悠闲购物。每袋面粉价格不到 2 美元，且大多为本国产。汽油充足，价格也不高。新政府成立后，公布了经济振兴方案，在新政府成立的第一年，经济有望实现 10 年来的首次正增长。

(案例来源：国际频道，新华网)

同步阅读

【阅读 1】

北京市房地产交易管理网显示，截至 2011 年 12 月 25 日，北京市新建商品住宅库存达到 12.42 万套,比限购实施的第 1 天(2 月 16 日)9.29 万套的库存量增长 33.69%。考虑到 2012 年上半年将增加超过 9 万套住宅,届时北京住宅库存可能上涨到 15 万套的历史高位。以 2011 年 1—11 月的月均成交量 6014 套计算,目前的库存量需要 21 个月才能被市场消化,而 2010 年同期仅需 13 个月。另外,二手住宅中投资类占比较高,预计 2012 年在房价下跌预期和流动性压力之下,一线城市房价将有 30%左右的下跌,房地产泡沫开始破裂。根据国际经验,房价回落会持续数年。房地产泡沫破裂将有利于我国经济的长期增长,因为这可降低民众生活成本和企业经营成本,促进社会资源的优化配置,但短期经济增长会受到一定抑制,银行不良率将会上升。

(案例来源:新华财经,新华网)

【阅读 2】

2012 年 1 月温家宝在全国金融工作会议上发表讲话,他指出要切实打破垄断,放宽准入,鼓励、引导和规范民间资本进入金融服务领域,参与银行、证券、保险等金融机构改制和增资扩股。

民间资本进入金融服务领域特别是银行后,将会给我国金融业乃至整个经济带来一个全新局面,金融服务业特别是银行业的一潭死水将会被激活,这也为利率市场化奠定了多元化市场基础。现有银行特别是国有大型银行应该有充分的思想准备。如果说加入世贸组织,外资银行大举进入,没有冲击国有大型银行,那么,民间资本进入银行业,将对现有大型银行带来严重冲击,现在的"好日子"将很快不复存在。大型银行要有危机感和紧迫感,需要利用现有优势苦练内功、锻炼队伍,实实在在提高管理水平和市场竞争力,以应对民间资本进入银行后带来的变化。

(案例来源:温家宝在全国金融工作会议上讲话节选,搜狐证券)

任务二　客户风险的识别

任务提出

请根据任务一及表 4-1 所给资料,用财务比率分析法分析 B 公司的风险。

表 4-1　B 公司财务报表

项　目	年　份		2013 年比 2011 年增减额 (万元/%)	行业平均(%)
	2011 年	2013 年		
销售额(万元)	1600	1000	-600	
销售价格			-40	

续表

| 项　目 | 年　份 | | 2013 年比 2011 年增减额 | 行业平均(%) |
	2011 年	2013 年	(万元/%)	
销售收入			-58.25	
销售净利润(%)	21.39	6.60	-99.12	60
销售利润率(%)			-14.79	10
销售费用(万元)	3.95	6.06	2.11	销售费用

知识准备

请大家通过以下案例分析加强客户信用管理的重要性。

7 家机械公司的损失

德国一家成立于 2000 年的机械制造厂，在 5 年时间里，从小作坊式的企业发展成拥有 5000 多名职工、产品出口到 30 多个国家、年出口额 20 亿美元，而且正以每年 30%的速度增长的大型工业企业。这家机械制造厂拥有一项机械加工的专利技术，能使同类机械产品的效率提高了 100%。因此，欧美各国和东南亚国家均向其大量采购此产品。机械制造厂的产品原料部分从中国进口。由于数量很大，中国共有 7 家机械公司向其供货。开始时每家公司的年出口额在 100 万美元左右，到 2014 年，已经达到七八百万美元的规模，而所有供货都是采用 D/A 90～120 天。这几家公司的老总虽然也对赊销如此大的货物心存疑虑，但考虑到该公司的规模和效益，尤其是这几年该厂没有发生拖欠的情况，所以也就未加干涉。

2015 年 4 月，7 家机械公司突然接到从德国法院发来的关于这家机械制造厂的破产通知书，这时，几家公司合计有 3000 多万美元的应收账款还没有收回。经过紧急磋商，7 家机械公司很快组成了工作小组，奔赴德国，参加破产企业财产清算。最后，我国的 7 家机械公司在债务人偿付了破产费用、职工工资、其他福利费用、税金、银行本息后，与其他债权人一起分得了部分财产，但核算下来，每家企业的损失都在 50%以上。

从后来得到的该企业的财务报表中可以看到，该企业虽然利润很大，但企业的资产多为固定资产和应收账款，银行存款等流动资产很少。而其负债金额非常庞大，而且多为必须马上偿付的短期借款。因此该企业很容易在某一个时间出现偿债能力差的状况。

(案例来源：市场调查与预测，百度文库)

一、风险的识别

营销人员必须善于发现、预见、捕捉客户在经营过程中面临的各种可能出现的风险。这是一项非常困难的工作，在诸多的风险因素中，有些容易被发现，有些则不那么容易被发现，直到造成损失才能认识到。因此，风险识别需要营销人员协同客户的经营者对客户的经营环境、经营业务有充分的了解，需要丰富的经济知识和实践经验、完备的信息处理能力、深刻敏锐的洞察力和预见力。风险识别可以从客户产品分析、客户经营策略分析、客户市场环境分析、相关行业分析、竞争者分析、财务报表分析、国际经济因素分析等方面着手，以自身所从事的业务和营销的产品为中心，全面发现、捕捉各种可能出现的风险。

【教学互动 4-2】

问题：

在审查企业概况资料时，通过成立时间、成立背景、近期大事、主要股东概况等能发现什么问题？

营销人员识别客户风险的方法主要有两种：主观风险测定法和客观风险测定法。主观和客观是相对的，这两种方法的有效性就是依赖主观因素多一些，还是依赖客观因素多一些。在客户风险的实际测定中，一般将这两种方法综合使用。

(一)主观风险测定法

主观风险测定法主要依赖于风险管理者的主观努力和个人经验及判断能力。也就是说，营销人员如果经验丰富、个人判断能力较强，那么他的主观风险识别能力就强。这种方法主要包括以下几种类型：

(1) 财务报表透视法。一般来说，经验丰富的财会工作者、企业领导者和金融企业管理者都可通过观察财务报表上的有关科目透视出客户面临的风险程度。例如，一个客户的财务状况如果与一个已经破产的企业的财务状况相类似，那么这个客户就处于高风险状态了。

(2) 直接观察法，即根据客户所表现出来的种种表象而判断客户处于何种风险程度的方法。经验丰富者从客户的一些活动及客户领导者的言谈举止中对客户的风险状况有所察觉。

(3) 连锁推测法，即根据客户身上已经发生的典型事件来推测客户风险程度的方法。例如，一个客户的领导人频繁更换或有市场传闻其出现了问题，就应该对该客户的风险高度关注。

(4) 证券市场追踪法。上市客户的上市表现很能说明客户的风险程度。比如，在某段时间证券报刊上大肆吹捧某家客户，则有可能意味着客户出现了问题而不得不靠舆论来抬高自己。

(二)客观风险测定法

客观风险测定法按其发展的成熟程度和发展的时期不同，也可以区分为传统的客观风险测定法和现代的客观风险测定法。

1. 传统的客观风险测定法

传统的客观风险测定法又可称为财务比率分析法，因为该方法依赖的所有数据来自企业的财务账目，而该方法利用的分析比率也是财务报表中的常用比率。传统风险分析所利用的这些财务比率主要包括速动比率、流动比率、债务比率、边际利润率等，下面介绍它们的公式和含义。

(1) 速动比率=速动资产/流动负债。

速动资产指企业所拥有的能够迅速变现的资产，例如要即时出售的各种证券、可随时收回的欠债以及现金本身等。流动负债则是指企业需在短期内归还的欠债，包括快到期的贷款、税金、各种备付金、红利、银行透支款等。显然，该比率的原理是着眼于解决企业目前的风险问题。其临界值为1，而企业的风险安全区在1以上。

(2) 流动比率=流动资产/流动负债。

流动比率近似于速动比率，但没有速动比率那么严格。因为流动资产中除了包括速动资产外，还包括存货在内的各种预计在一年内可变现的资产。流动比率的临界值也是1。

(3) 债务比率=销售额/债务。

销售额即一定时期内企业的产品销售额，债务即一定时期内各方对企业的欠债，因此，该比率的高低反映了企业管理部门收回欠债的能力。显然，企业收回欠债的能力强意味着企业资金周转流畅，企业风险就小；否则，风险就大。一般而言，债务比率的临界值为5，越大越安全；低于5则意味着企业开始进入危险区了。

(4) 边际利润率=利润/销售额。

边际利润率的概念来自竞争策略中的经营结果或目标，表现为新增的价值边际的概念。这种边际可以用总利润或净利润来测量，反映了企业的回报效益状况。因此，这个比率是反映企业效益、风险大小的综合指标。边际利润率这个指标通常表现为百分比，临界值一般为10，比值越大安全性越高，越小则企业的风险性越大。

以上这4个比率值，每一个只反映企业风险程度的一个方面，所以为了全面正确地评价一个投资企业的综合风险的大小，每一次风险测量中最好同时考察多个比率。但是如何恰当地解释各个比率的含义，尤其是当它们彼此不完全一致时如何得出一个统一的结论，就成为极为困难的问题，同时也使客观风险测定法可能由于解释的难度变得在结论上失去其客观性。于是，一个综合性的评价和测定企业风险的方法就成为风险管理工作的急需，因此产生了现代客观风险测定方法。

2. 现代的客观风险测定法

在现代的客观风险测定方法中，最具代表性的是奥特曼于1986年提出的"Z记分"法。作为一种综合评价风险的方法，"Z记分"法首先挑选出一组决定企业风险大小的最重要的财务数据和非财务数据，然后根据这些数据在预先显示或预测失败方面所起的作用大小给予不同的加权，最后将这些加权的数值进行加总，就得到一个企业的综合风险数值，将其与临界值对比就可以知道项目的风险程度。"Z记分"法的计算公式为

$$Z=1.2X_1+1.4X_2+3.3X_3+0.6X_4+1.0X_5$$

式中：

X_1=(流动资产-流动负债)/(固定资产+流动资产+投资)=流动资本/总资产

=累积储备金/(固定资产+流动资产+投资)=保留收益/总资产

X_3=(销售收入-生产成本)/(固定资产+流动资产+投资)=税利前利润/总资产

X_4=(股票数量×股票价格)/(短期债务+长期债务)=市场资本化值/债务账面价值

X_5=(销售量×销售价格)/(固定资产+流动资产+投资)=销售收入/总资产

根据历史数据的统计分析，奥特曼得出一个适用于大范围不同类型企业的临界风险数值，即 Z=3.0。

(1) 企业的 Z 得分高于 3.0 的较为安全，而低于 3.0 的为高风险企业。

(2) 通过对经营失败的企业的分析发现，如果一个企业的 Z 分值低于 1.8，即使企业表面上还未破产，但实际上已离破产不远了。

(3) 随着时间间隔越长，企业发生变化的可能性越大，"Z 记分"法的预测效果越差。一般来说，"Z 记分"法在一年时间内的准确率为 96%，两年时间内的准确率为 83%，3 年以上的准确率为 48%。

例如，一家企业经过计算得到的相应数值为

X_1=0.31，X_2=0.36，X_3=0.12，X_4=0.8，X_5=1.21，则

Z=1.2×0.31+1.4×0.36+3.3×0.12+0.6×0.8+1.0×1.21

=0.37+0.50+0.40+0.48+1.21

=2.96

对照上例中企业的得分为 2.96，说明企业处于高风险区的边缘；但又高于 1.8，说明企业自身的风险问题还有较大的回旋余地，只要马上找到风险隐患并加以清除，企业还可以回到正常的经营中来。

二、建立风险识别的机制

风险识别是一种实践。更多的是依据识别者的判断能力、识别手段和经验总结。建立银行风险防范的识别机制，目的是为了认识风险。

由于我们所处位置的局限性，宏观的风险事实上很难把握。结合我们自己的工作实际，风险识别应侧重于微观风险的识别，风险识别的关键是抓好以下两方面工作。

(一)建立较完善的信贷档案

例如"信贷档案是银行发放、管理、收回贷款这一完整过程的真实记录，是进行贷款管理的必备资料。"

(1) 参照国际金融机构的做法，结合自身实际，较完善的信贷档案应包括：基本情况；财务状况；担保抵押文件；分析报告；备忘录。

（2）根据人民银行的监管要求，所有企业贷款和大额个人贷款均需实行一厂一档管理，并尽可能完善。特别是农村商业银行，现在国家发展信用村镇建设，在发放信用贷款时，对千家万户的农民也应一一摸底登记，否则，信用贷款的风险就无法有效控制。这是建立风险识别机制的基础。

（3）要真正建立较完善的信贷档案，关键靠信贷人员自身的努力。如要建立好一个企业信贷档案，就是腿勤、手勤、脑勤。和工办、税务、工商等部门经常保持联系，看企业是否依法纳税，是否已吊销营业执照，是否还生产正常；对企业的竞争对手或合作伙伴，以及住所地的村(居)干部也要加强联系，以了解企业领导的人品和诚信状况；对企业也要经常联系，正面了解，必要时深入车间，就产供销情况进行现场解剖，并按季写出分析报告。

(二)关注早期预警信号

通过早期预警信号的识别，有助于发现和预测贷款的现有问题和发展趋势，来确定贷款的按期足额偿还的可能程度。早期预警信号很多，主要有：财务不健全；三项资金占用不合理；财务状况不良；营销网络不健全；企业或企业法定代表人的社会声誉败坏等等。

企业早期预警信号的出现有时是单一的、也有时是集中性发生；有时是短期的，马上会调整过来；也有时是中长期的。早期预警信号没有固定的模式，也不能像测算股票一样绘制"K线图"，而只能靠管理者自身时时关注和把握，客观、冷静地判断、分析早期预警信号，这才是建立风险识别机制的关键。

【教学互动 4-3】

问题：在审查企业概况资料时，通过成立时间、成立背景、近期大事、主要股东概况等能发现什么问题？

三、企业信用管理

信用管理是指对信用交易中的风险进行管理，即对信用风险进行识别、分析和评估，以保障应收账款安全和及时回收的管理，有效地控制风险和用最经济合理的方法综合处理风险，使风险降低到最小程度。企业的信用管理注重对客户信息的收集和评估、信用额度的授予、债权的保障、应收账款的回收等各个交易环节的全面监督。

信用管理的意义如下：

（1）短期意义。随时监控客户应收账款的回收，对出现的问题及时处理。为了随时监控客户的应收账款，企业一定要与客户保持密切的联系和及时的沟通。此外在出现客户无法偿还款项时，应当要求其提供担保，减少坏账损失的风险。

（2）长期意义。有效提升客户的质量。信用管理规范是对资信状况良好的客户给予超过市场平均水平的信用额度和信用期，而对于资信状况较差的客户，则进行现款交易或给予较小的信用额度和较短的信用期。对资信状况较差客户，其本来就存在资金周转的问题，在企业不给予融资机会时，一部分会慢慢退出，另一部分则看到资信状况较好的客户能得到更优惠的信用环境，会不断改变自身的资信状况，慢慢企业会拥有一个稳定守信的客户群，企业的形象也会得到很大提高。这对企业而言，是生存环境的改善，也是一个对企业的发展起到推动作用的长期有利因素。

同步案例

请对表 4-2 所给资料进行财务指标分析。

H 电力公司的主要收入来自于电费收入。根据每月月底按照实际上网电量或已售电量的记录，确认收入结算电价。因此，电价的高低直接影响到 H 电力公司的收入情况。H 电力公司作为五大国有发电集团旗舰公司之一，正在通过不断地收购母公司所属电厂，增大发电量抢占市场份额，从而形成规模优势。

H 公司的短期借款集中在 2012 年和 2013 年底，长期借款主要到期日集中在 2014 年和 2016 年以后。

请根据 H 电力公司财务报表表 4-2、表 4-3、表 4-4 和表 4-5 分析该公司的获利能力及在同行业中的水平。

表 4-2 2011—2013 年资产负债简表

万元

项 目	年 度		
	2013-12-31	2012-12-31	2011-12-31
1. 应收账款余额	235 683	188 908	125 494
2. 存贷余额	80 816	94 072	73 946
3. 流动资产合计	830 287	770 282	1 078 438
4. 固定资产合计	3 840 088	4 021 516	3 342 351
5. 资产总计	5 327 696	4 809 875	4 722 970
6. 应付账款	65 310	47 160	36 504
7. 流动负债合计	824 657	875 944	1 004 212
8. 长期负债合计	915 360	918 480	957 576
9. 负债总计	1 740 017	1 811 074	1 961 788
10. 股本	602 767	600 027	600 000
11. 未分配利润	1 398 153	948 870	816 085
12. 股东权益总计	3 478 710	2 916 947	2 712 556

表4-3　2011—2013年利润分配简表

万元

项　目	年　度		
	2013-12-31	2012-12-31	2011-12-31
1. 主营业务收入	2 347 964	1 872 534	1 581 665
2. 主营业务成本	1 569 019	1 252 862	1 033 392
3. 主营业务利润	774 411	615 860	545 743
4. 其他业务利润	3 057	1 682	−52
5. 管理费用	44 154	32 718	17 583
6. 财务费用	55 963	56 271	84 277
7. 营业利润	677 350	528 551	443 828
8. 利润总额	677 408	521 207	442 251
9. 净利润	545 714	408 235	363 606
10. 未分配利润	1 398 153	948 870	816 085

表4-4　2011—2013年现金流量简表

万元

项　目	年　度		
	2013-12-31	2012-12-31	2011-12-31
1. 经营活动现金流入	2 727 752	2 165 385	1 874 132
2. 经营活动现金流出	1 712 054	1 384 899	1 162 717
3. 经营活动现金流量净额	1 015 698	780 486	711 414
4. 投资活动现金流入	149 463	572 870	313 316
5. 投资活动现金流出	670 038	462 981	808 990
6. 投资活动现金流量净额	−520 575	109 888	−495 673
7. 筹资活动现金流入	221 286	17 337	551 415
8. 筹资活动现金流出	603 866	824 765	748 680
9. 筹资活动现金流量净额	−382 580	−807 427	−197 264
10. 现金及等价物增加额	112 604	82 746	18 476

表4-5 2011—2013年财务比率分析表

%

指标	2013-12-31	2012-12-31	2011-12-31
流动性比率			
流动比率	1.01	0.88	1.07
速动比率	0.91	0.77	1
长期偿债能力			
资产负债率	0.33	0.38	0.42
债务权益比率	0.26	0.31	0.35
利息保障倍数	12.5	9.09	5.26
运营能力			
应收账款周转率	9.96	9.91	12.6
存货周转率	19.41	13.32	13.97
总资产周转率	0.46	0.39	0.34
获利能力			
资产收益率(%)	12.71	8.56	9.35
权益回报率(%)	15.87	10.11	12.31
销售毛利率	28.85	27.83	27.96
销售净利率	23.24	21.8	22.99
净资产收益率	18.56	14	15.71

(案例来源：韩宗英. 商业银行经营管理. 北京：华大学出版社，2015)

任务三 客户风险评价

任务提出

从以下所给资料以及任务一、任务二所给资料对 B 公司进行风险评价。

1. B 公司通过归还到期融资以减少负债规模的方式，使得负债总额近年来也呈现出与资产近似的下降幅度，因此该公司近年来的权益乘数仍保持了相对稳定的水平，甚至较以前年度略有改善。同时该公司的资产以流动资产为主，并注意控制存货数量，其流动比率、速动比率好于行业优秀值、表明该公司目前的资产结构仍保持了较好的流动性，总体负债水平较为合理；但 B 公司近三年来分配给股东的现金股利(11.31 亿元)超过了可供分配给股东的利润(10.87亿元)，导致所有者权益较2011年缩减了26.26%，尤其是在2013年企业经营大幅下挫的情况下，仍然通过了向股东支付3.43亿元现金股利的分配方案，可见股东收回投资的意愿非常强烈；同时该公司负债规模的减少主要体现在自发性负债方面，其银行融资占负债的比例呈逐年上升趋势，全部资本化比率也高于行业平均值，表明该公司目前付息债务规模较大，财务负担较重。

2. B公司经营活动现金流入量/销售收入好于行业平均值，表明其目前仍具备较好的经营创现能力，正在实施的产品转型也采用技术改造的方式进行，所需资金较少，均由自身筹集，无须进行专项融资；但由于2013年投资了1亿元用于购买×银行的人民币理财产品(投资活动现金流出)，净归还到期贷款约2亿元(筹资活动现金流出)，加之CRT产品步入衰退期后，经营活动现金流量净额逐年下降，并且使得现金净流量在2013年首次为净流出。考虑到B公司主导产品CRT的未来销售情况不容乐观，且该公司还有近4亿元的应付股利尚未支付以及部分银行融资需到期偿还，B公司未来的现金流量将更为紧张。审查同时注意到，因B公司预期人民币升值，加之前几年美元利率较低，其所借融资均为美元，因此其现金及银行存款的金额在其资产中的占比约为40%(24亿元左右)，与其银行融资的金额大致相当，对于其付息债务具备一定保障。

3. B公司在业务萎缩的情况下通过降低债务保持了较为稳定的资产负债结构，显示出该公司的财务管理较为稳健，同时该公司的资产流动性较强，货币资金充足，具备一定的经营创现能力，因此整体短期偿债能力尚可；但该公司主导产品已进入衰退期，销售规模和盈利能力持续下降的趋势十分明显、股东收回投资的意愿十分强烈、未来的现金流状况较为紧张、整体实力持续削弱的可能性较高。此外，该公司为摆脱现有困境，正在进行产品转型，但新产品的市场状况仍是供过于求，即使转型成功也只是缓解企业目前部分状况，并不能使其出现根本性好转，因此其长期偿债能力堪忧。

(案例来源：王艳君. 公司信贷. 北京：中国.金融出版社，2012)

知识准备

请大家看表4-6所示，从三个数据：企业的盈利能力、资产质量、现金流量分析兴业银行这张表的各项指标表现要好于平安银行，兴业的盈利能力为平安银行的1.46倍，净资产为2.09倍，现金流量为无数倍。但是为什么平安银行的估价仅仅比兴业银行低了一块钱呢？

表 4-6 从企业盈利能力、资产质量和现金流量分析对比两家银行

名　称	股票代码	股价(元/股)	收益(元/股)	净资产(元/股)	现金流量(元/股)
平安银行	000001	15.99	1.37	1.09	-0.45
兴业银行	601166	16.84	2.01	2.28	11.22

据统计，在中国的几百万家企业中，按照工作日计算，每五分钟就有一家企业倒闭或停业，其原因是有七成无法如期偿还欠款，而其结果更是使供应商或其他债权人无法得到足额清偿，造成许多供应商处于货款被拒付的危险中；而其他部分企业是由于信用不佳或经营不善随时可能破产。因此，加强信用管理组织完善，重视调研和跟踪客户信用状况变化，较早地预见到客户的经营风险，在结果到来之前逐渐减少供货量，或者及时回收货款和贷款就显得十分必要。

客户风险的识别是基于对客户的了解，包括看到的和搜集到的信息及资料。但是，并不是说有了这些信息和资料，客户风险就一目了然了，我们要善于透过这些信息识别其背后可能存在的风险，这样就需要掌握和总结一些规律性的经验。

信用风险对于银行、债券发行者和投资者来说都是一种非常重要的决策因素。若某公司违约，则银行和投资者都得不到预期的收益。

国际上，测量公司信用风险指标中最为常用的是公司的信用评级。这个指标简单并易于理解。例如，穆迪公司对企业的信用评级已被广为公认。穆迪公司利用被评级公司的财务和历史情况分析，对公司信用进行从 aaa 到 ccc 信用等级的划分。aaa 为信用等级最高，最不可能违约。ccc 为信用等级最低，最可能违约。另外一个对信用风险度量的更为定量的指标是信用风险的贴水。信用风险的贴水为债权人(或投资的金融机构)因为违约发生的可能性对放出的贷款(或对投资的债券)要求的额外补偿。对于一个需要利用发行债券筹资的公司来说，随着该公司信用风险的增加，投资者或投资的金融机构所要求的信用风险贴水也就更高。

信用评级分为外部评级和内部评级。外部评级是专业评级机构对特定客户的偿债能力和偿债意愿的整体评估，主要依靠专家定性分析，评级对象主要是企业。内部评级是金融机构根据内部数据和标准，对客户的风险进行评价，并据此估计违约概率及违约损失率，作为信用评级和分类管理的标准。

一、客户信用评级指标体系

(一)企业客户信用评级指标体系

企业信用评级的指标体系一般包括财务分析和非财务分析两方面的内容。财务分析是信用等级评定的主体，非财务分析是对财务分析的结果进行修正、补充和调整。各个金融企业根据自身的情况所设定的具体指标会有所差别，并且在实践中根据客观情况的变化，

会定期进行修改和补充。表 4-7 某银行对工业企业进行评价的指标体系，供参考。

表 4-7 某商业银行工业企业信用评级指标

序 号	指标名称	满 分	计算公式	计分方法
信用履约评价				
1	利息偿还率	4	本年实际支付利息/本年应付利息×00%	≥100%满分 其余实际值÷100%×4
2	到期信用偿还率	4	(本期到期信用偿付额−借新还旧−非正常还款额)/116×100%	≥100%满分 其余实际值÷100%×4
3	结算回行率	5	A. 销货款回收额全部在本行发生；B. 主要在本行 C. 经常在本行发生 D. 其他	A. 5 分 B. 3 分 C. 2 分 D. 0 分
4	贷款形态	6	A. 全年无次级以下(含) B. 无损失类，可疑类 C. 可疑类在 2 次(含)以下，但无损失类 D. 可疑类在 2 次以上，或有损失类；	A. 6 分 B. 4 分 C. 2 分 D. 0 分
偿债能力评价				
5	资产负债率	7	负债合计/资产总计×100%	≤50%得满分 每高 2.5 个百分点扣 0.5 分 扣至 0 分为止
6	流动比率	5	流动资产/流动负债×100%	≥130%满分 每低 2.5 个百分点扣 0.5 分 扣至 0 分为止
7	速动比率	4	(流动资产−存货−预付账款−待摊费用)/流动负债×100%	≥100%得满分 每低 2.5 个百分点扣 0.5 分 扣至 0 分为止
8	现金流量	4	(经营活动产生的现金流量净额+投资活动产生的现金流量净额+筹资活动产生的现金流量净额)>0 且>92 得 4 分； (经营活动产生的现金流量净额+投资活动产生的现金流量净额+筹资活动产生的现金流量净额)与经营活动产生的现金流量净额均大于 0 得 3 分； (经营活动产生的现金流量净额+投资活动产生的现金流量净额+筹资活动产生的现金流量净额)<0 且经营活动产生的现金流量净额>0 得 2 分； (经营活动产生的现金流量净额+投资活动产生的现金流量净额+筹资活动产生的现金流量净额)>0 且经营活动产生的现金流量净额<0，得 1 分；其余 0 分	

序 号	指标名称	满 分	计算公式	计分方法
偿债能力评价				
9	或有负债比例	3	未解除责任的对外担保/所有者权益×100%	实际值为 0 的得满分，≥50%且≤100%得 1 分 >100%得 0 分
10	利息保障倍数	2	(利润总额+本年实际支付利息)/本年实际支付利息	≥4 的得满分 其余实际值/4×2
盈利能力评价				
11	总资产报酬率	4	(利润总额+本年实际支付利息)/平均总资产×100%	≥8%的得满分 其余实际值/8%×4
12	销售(营业)利润率	4	主营业务利润/主营业务收入×100%	≥20%的得满分 其余实际值/20%×4
13	净资产收益率	5	净利润/平均净资产×100%	≥12%的得满分 其余实际值/12%×5
经营能力评价				
14	流动资产周转次数	5	主营业务收入/平均流动资产×100%	≥3 得满分，其余实际值/3×5
15	产(商)品销售率	5	主营业务成本/(主营业务成本+存货中的产(商)品)100%	≥95%的得满分 其余实际值/95%×5
16	应收账款周转次数	7	主营业务收入/平均应收账款×100%	≥5 的得满分 其余实际值/5×7
企业领导者素质				
17	经历	2	A. 五年以上的 B. 三年以上的 C. 不足三年的	A. 2 分 B. 1 分 C. 0 分
18	学历	2	A. >60% B. >30% C. <30%	A. 2 分 B. 1 分 C. 0 分
19	品德	3	A. 好 B. 较好 C. 一般 D. 差	A. 3 分 B. 2 分 C. 1 分 D. 0 分

序 号	指标名称	满 分	计算公式	计分方法
企业领导者素质				
20	能力	4	A. 好 B. 较好 C. 一般 D. 差	A. 3分 B. 2分 C. 1分 D. 0分
			A. 高 B. 一般 C. 差	A. 1分 B. 0.5分 C. 0分
21	业绩	3	A. 三年内获省级以上优秀企业称号，行业排名前10位或产品市场占有率超过25%的 B. 连续三年盈利，且主营业务收入与主营业务利润持续增长的 C. 业绩一般 D. 业绩差；	A. 3分 B. 2分 C. 1分 D. 0分
发展前景				
22	利润总额增长情况	2	A. 连续三年增长或减亏 B. 连续两年增长或减亏 C. 三年内有增长或减亏 D. 三年内无增长或减亏	A. 2分 B. 1.5分 C. 1分 D. 0分
23	销售增长率	2	销售收入的增加额/上年销售收入	≥10%得2分 ≥8%得1.5分 ≥5%得1分 ≥2%得0.5分 <2%得0分
24	资本增值率	2	所有者权益的增加额/上年所有者权益×00%	≥7%得2分 ≥5%得1.5分 ≥2%得1分 ≥1%得0.5分 <1%得0分
25	行业发展状况	2	A. 成熟行业 B. 新兴行业 C. 衰退行业	A. 2分 B. 1.5分 C. 0分
26	市场预计状况	2	A. 供不应求 B. 供求平衡 C. 供大于求	A. 2分 B. 1分 C. 0分

序 号	指标名称	满 分	计算公式	计分方法
发展前景				
27	主要产品寿命周期	2	A. 投入期 B. 成长期 C. 成熟期 D. 衰退期	A. 1.5分 B. 2分 C. 1分 D. 0分
28	地理环境，购物环境，销售渠道	6	A. 位置在繁华商业区，购物环境好，或供货、销售渠道稳定 B. 位置在一般商业区，但经营有特色，或供货、销售渠道稳定 C. 位置不在商业区，但有稳定客户群，或供货、销售渠道稳定 D. 位置不在商业区，购物环境一般，或供货、销售渠道均不稳定	A. 6分 B. 4分 C. 3分 D. 1分
	合计	100		

注：根据从企业收集的财务与非财务信息，通过表4-7计分，分数在90～100分(含90分)之间为AAA级，在80～90分(含80分)之间为AA级，在70～80分(含70分)之间为A级。

银行内部对企业客户进行评级，通常注重于对企业进行财务分析，通过比较企业财务指标与银行设定的该财务指标的标准值，来给企业进行打分，最后通过分值来确定企业的信用等级。外部评级机构在对企业客户进行评级时，则更加注重客户的非财务信息，一般以信用评级报告的形式对客户的信用做出评价，并给出相应的等级。

一般来说，借款企业的信用等级分为三等九级，即AAA、AA、A、BBB、BB、B、CCC、CC、C。等级含义如表4-8所示。

表4-8　借款企业信用等级含义

等 级	含 义
AAA	短期债务的支付能力和长期债务的偿债能力具有最大的保障；经营处于良性循环状态，不确定因素对经营与发展的影响最小
AA	短期债务的支付能力和长期债务的偿债能力很强；经营处于良性循环状态，不确定因素对经营与发展的影响很小
A	短期债务的支付能力和长期债务的偿债能力较强；企业经营处于良性循环状态，未来经营与发展易受企业内外部不确定因素的影响，盈利能力和偿债能力会产生波动

续表

等级	含义
BBB	短期债务的支付能力和长期债务偿债能力一般，目前对本息的保障尚属适当；企业经营处于良性循环状态，未来经营与发展受企业内外部不确定因素的影响，盈利能力和偿债能力会有较大波动，约定的条件可能不足以保障本息的安全
BB	短期债务支付能力和长期债务偿债能力较弱；企业经营与发展状况不佳，支付能力不稳定，有一定风险
B	短期债务支付能力和长期债务偿债能力较差；受内外不确定因素的影响，企业经营困难，支付能力具有较大的不确定性，风险较大
CCC	短期债务支付能力和长期债务偿债能力很差；受内外不确定因素的影响，企业经营困难，支付能力很困难，风险很大
CC	短期债务支付能力和长期债务偿债能力严重不足；经营状况差，促使企业经营及发展走向良性循环状态的内外部因素很少，风险极大
C	短期债务支付困难，长期债务偿债能力极差；企业经营状况一直不好，基本处于恶性循环状态，促使企业经营及发展走向良性循环状态的内外部因素极少，企业濒临破产

(二)个人客户信用评分

个人客户信用等级评定的对象包括已与银行建立或正在与银行建立信贷关系的个体工商户、个人独资企业的投资人、合伙企业的合伙人、承包大户、个人租赁经营者及其他自然人等。针对个人授信业务类型的不同，评级的指标体系有所区别。如表 4-9 和 4-10 分别为个人生产经营贷款客户和个人消费贷款客户的信用等级的评级指标及计分标准。

表 4-9 个人生产经营贷款客户的信用等级评级指标及计分标准

姓名			身份证号码			家庭住址	
经营单位名称						经营地址	
评定指标		标准分	评定标准				指标值	初评分
个人基本情况(25分)	年龄	3	18～26 岁	29～40 岁	41～54 岁	55 岁以上		
			1	3	2	1		
	婚姻	3	单身无子女	单身有子女	结婚无子女	结婚有子女		
			1	2	2	3		
	供养人口	3	无	1 人	2～4 人	4 人以上		
			2	3	2	1		
	经营场所	11	农村城镇	县城	地级市以上城市			
			1～3	7～9	8～11			
	有无住所	5	无固定场所	租住房	已购商品房			
			0	3	5			

评定指标		标准分	评定标准				指标值	初评分
履约能力(40分)	行业类别	6	商贸	加工制造	服务	其他		
			6	4	3	3		
	经营年限	6	10 年(含)以上	5～9 年	1～4 年	1 年以内		
			6	4	3	1		
	年销售收入	14	200 万以上	100～200 万	50～100 万	50 万以下		
			14	12	8	4		
	家庭财产	11	100 万以上	50～100 万	30～50 万	30 万以下		
			11	9	7	3		
	保险情况	3	商品、家庭财产全部	只保商品	只保家庭财产	没有保险		
			3	2	1	0		
资信状况(35分)	业务往来	12	密切	一般	极少			
			12	9	3			
	月平均存款	11	15 万元以上	8～15 万元	2～8 万元	2 万元以下		
			11	8	6	2		
	信用记录	12	信用记录良好	无不良信用记录	有不良信用记录	有不良信用记录		
			12	9	6	-10		
其他不利因素		-40	有逃废债务或信用卡恶意透支行为					
		-40	品行差,有赌、毒、嫖等不良行为					
		-20	有社会不良记录、有犯罪前科					
		-20	与银行合作诚意差					
总得分		100						
拟评定信用等级								

对个人生产经营贷款客户的信用等级实行百分制,按分值高低设立四个信用等级:AAA级[90 分(含)以上]、AA 级[80(含)～90 分]、A 级[70(含)～80 分]和 B 级[70 分以下],其中AAA 级和 AA 级客户为优良客户,A 级为一般客户,B 级为限制淘汰客户。

表 4-10　个人消费贷款客户的信用等级评级指标及计分标准

项　目		评定区间	得　分
借款人资格(20分)	年龄	36～49 岁	3
		24～35 岁	2
		18≤年龄≤23 或 50≤年龄≤退休年龄	1
	文化程度	高等教育(大学本科及以上)	5
		中等教育(大专学历)	3
		初等教育(高中及以下)	2
	婚姻状况	有配偶	0
		无配偶	4
	单位性质	国家机关、金融保险、邮电通信	3
		科教文卫、水电气供应、商业贸易	2
		工业交通、房地产建筑、部队系统	1
		农林牧渔、社会服务业及其他	4
借款人资格(20分)	职务或职称	董事/厅局级及以上	3
		总经理/处级以上(或高级职称)	2
		部门经理/科级(或中级职称)	1
		职员/科级以下(或初级职称)	1
	从业稳定性	现单位工作 10 年(含)以上	2
		现单位工作 5 年(含)以上，10 年以下	2
偿债能力(30分)	借款人月均收入	收入 2 万(含)以上	8
		收入 8000(含)～2 万	6
		收入 3000(含)～8000 元	4
		收入 3000 元以下	2
	配偶月均收入	收入 2 万(含)以上	8
		收入 8000(含)～2 万	6
		收入 3000(含)～8000 元	4
		收入 3000 元以下	2
	家庭净资产	10 万元以下计 1 分，超过 10 万元计 2 分，每增加 20 万元再计 1 分，最高不超过 6 分	6
	收入还贷比(家庭月均收入/本笔和其他贷款月还款)	3 以上	8
		2(含)～3	6
		1.5(含)～2	5
		1.2(含)～1.5	4

项 目		评定区间	得 分
担保能力(25分)	担保类别	质押类担保	17
		住房抵押担保	15
		家用轿车等所购汽车抵押担保	10
		第三方保证担保	8
		其他	5
	担保形式	提供房产抵押和保证人两种(含)以上担保或提供质押担保	8
		提供房产抵押和车辆抵押两种(含)以上担保	7
		有房产抵押担保、车辆抵押担保或两位保证人担保	5
		有一位保证人担保或其他	3
存贷款情况(25分)	存款情况	按年日均存款每万元计0.3分，最高不超过5分	5
	借款记录	贷款已正常归还，再次申请贷款的	4
		与本行首次发生贷款关系的	2
		有贷款余额且形态正常的	1
	贷款乘数	房产抵押率≤50%或质押率<90%或车辆抵押率≤40%	7
		50%<房产抵押率≤60%或40%<车辆抵押率≤50%	6
		60%<房产抵押率≤70%或50%<车辆抵押率≤60%	4
		60%<车辆抵押率≤70%	2
	贷款期限	1(含)~3年	4
		1年以下	3
		3年(含)以上	1
	还款方式	按月等额、按月还本金	5
		按季等额、按月还本金	3
		其他方式	1

二、指标分析

在风险防范的事前预警中，风险分析是核心。风险因素分析具体包括财务因素分析和非财务因素分析两方面。建立风险防范的分析机制，目的是为了把握风险。

(一)财务因素分析

财务因素分析成功的关键是获取企业真实的、全面的、准确的报表，财务因素分析不是可有可无的，而是必不可少的；财务因素分析指标不是孤立的、僵化的，而是一个系统的综合指标。通过财务因素分析，我们才能对企业有比较真实、准确的了解。对企业的财务因素分析，需多张报表共同分析(表 4-11 为常用财务因素分析指标)。

表 4-11　常用财务因素分析指标

指标名称	指标含义	计算公式
短期偿债能力指标		
流动比率	反映企业可用在短期内变现的流动资产偿还到期流动负债的能力	流动资产合计/流动负债合计×100%
速动比率	剔除了存货等变现能力较弱且不稳定的资产，能更准确地评价短期偿债能力	(流动资产合计−存货−预付账款)/流动负债合计×100%
现金流动负债比率	从现金流量角度反映企业当期偿付短期负债的能力	经营活动现金流量净额/流动负债合计×100%
长期偿债能力指标		
资产负债率	表明企业资产中，债权人资金所占比重，以及企业资产对债权人权益的保障程度	负债总额/资产总计×100%
或有负债比率	反映企业所有者权益应对可能发生的或有负债的保障程度	或有负债余额/所有者权益×100%
已获利息倍数	反映获利能力对债务偿付的保证程度	息税前利润总额/利息支出
带息负债比率	反映企业负债中带息负债的比重，一定程度上体现了企业未来的偿债压力	(短期借款+一年内到期的长期负债+长期借款+应付债券+应付利息)/负债总额×100%
营运能力指标		
应收账款周转率	反映应收账款变现速度的快慢及管理效率的高低	营业收入/平均应收账款余额
存货周转率	反映企业采购、储存、生产、销售各环节管理工作状况的好坏	营业成本/平均存货余额
流动资产周转率	反映流动资产利用效率的高低	营业收入/平均流动资产总额
总资产周转率	反映企业全部资产的利用效率	营业收入/平均资产总额
盈利能力指标		
营业利润率	营业利润率越高，表明企业市场竞争力越强，获利能力越强	营业利润/营业收入净额×100%
成本费用利润率	该指标越高，表明企业为取得利润而付出的代价越小，成本费用控制越好	利润总额/成本费用总额×100%
总资产报酬率	反映企业资产综合利用效果	息税前利润总额/平均资产总额×100%
净资产收益率	评价企业自有资本获利水平，反映企业资本运营的综合效益	净利润/净资产×100%

续表

指标名称	指标含义	计算公式
增长指标		
资产总额年均增长率	反映资产总额平均增长情况	(1)2 年数据：增长率=(本期−上期)/
净资产年均增长率	反映净资产平均增长情况	上期×100%
营业收入年均增长率	反映营业收入平均增长情况	(2)n 年数据：增长率=[(本期/前 n 年)
利润总额年均增长率	反映利润总额平均增长情况	$^\wedge(1/(n-1)-1)\times100\%$

(二)非财务因素分析

按照西方商业银行的观点，非财务因素主要是指借款人的行业风险因素、经营风险因素、管理风险因素、自然社会因素以及银行的信贷管理等因素。

1. 行业风险因素分析

每个企业都处在某一特定行业中，将面对同一行业基本一致的风险。一般可以从借款人行业的成本结构、成长期、产品的经济周期性和替代性、行业的营利性、经济技术环境的影响、对其他行业的依赖程度以及有关法律政策对该行业的影响程度等几个方面来分析借款人所处行业的基本状况和发展趋势，并由此判断借款人的基本风险。

2. 经营风险因素分析

可从借款人的经营规模、发展阶段、产品单一或多样、经营策略等方面了解借款人的总体特征，分析其产品情况和市场份额以及采购、生产、销售等环节的风险因素，来判断借款人的自身经营风险。对企业而言，这个过程是最复杂的，也是最根本的。如果说行业分析是群体分析，那么经营风险因素分析则是个体分析。通过经营风险因素分析可以直接分析具体借款人的经营状况和经营风险程度。

3. 管理风险因素分析

主要是通过对借款人的组织形式、管理层素质和对风险的控制能力、经营管理作风等方面来考察借款人的管理风险。我国一般对客户重在物的风险分析，特别是客户的主要财务、信用指标的考察；西方许多国家银行对一般客户重在人的风险分析，特别是法人代表的"人品"分析。事实上，人是最容易变动的因素，忽视人的管理而只重视物的管理，其管理效率是令人怀疑的，这也是造成我国信用危机的根源之一。通过管理风险因素分析，我们可以准确地把握企业兴衰的脉搏。

可见，作为金融机构，密切关注开户企业的管理，并不时督导开户企业加强管理，向管理要效益，很有必要。

同步案例

请根据以下资料对该企业进行风险评价。

1. 借款人企业基本情况

① 浙江××有限公司，担保方式：保证

② 机构代码号：147678904-0，贷款卡号：330571000010876706

③ 成立时间：2005.7.18，注册资本：9668万元，法人代表：××，信用等级：AAA

④ 注册地：福田市江东镇工业区，企业地址：福田市江东镇工业区，企业性质：有限责任公司

⑤ 股东1：××；出资方式：货币；投资额：4930.68万元；占实收资本：51%；股东2：××；出资方式：货币；投资额：44737.32万元；占实收资本：49%。

⑥ 浙江××有限公司是中国饰品行业的龙头企业，现拥有风华、精益两大品牌。公司成立于2005年，经过9年多的发展，已成为中国饰品行业的龙头企业，注册资本近亿元，现有员工4000余人。产品遍销全国，远销海外50多个国家和地区。

2. 调查过程记录

① 申报行：×××支行；主办营销人员：××；协办营销人员：××。

② 借款人全称：浙江××有限公司；保证人全称：浙江××有限公司。

③ 担保方式：保证；借款币种及金额：2000万元，期限1年。

④ 该公司是银行新开拓客户，2014年9月份，银行营销人员××、××、××到企业了解了相关情况，9月底，三人再次到该企业，了解了相关生产情况和销售情况，并且到企业的生产车间去了解企业的生产状况、生产流程设备工艺情况和仓库的库存情况。

3. 企业融资情况分析

① 该企业在福田信用社短期借款500万元，到期日2014.11.06，由××公司厂房和办公楼做抵押。

② 该企业在中行长期借款440万元，到期日2015.04.16，由浙江房地产开发有限公司担保。

③ 该企业在深发展银行短期借款2500万元，到期日2016.08.10，由××毛纺有限公司承兑汇票担保。

④ 该公司原材料的采购主要来自于国内和国际两个市场：国内市场，公司对原材料供应商部分以现金方式支付，部分以银行承兑汇票支付；国际市场上的原材料采购以现汇方式支付，公司50%左右的产品外销，对于外销的产品采取付外汇的方式支付。公司主要结算银行是福田信用联社。

⑤ 公司近几年一直保持着高速增长态势，经营规模不断扩大，引进了较多的国外先进设备，加上近期原材料价格上涨较快，为保证生产经营活动的正常进行，本次向我行申请

净敞口为 2000 万元的综合授信。作为生产经营活动的流动资金使用。

4. 企业财务情况

(1) 企业主要财务指标如表 4-12。

表 4-12 企业主要财务指标

万元

项 目	年 份		
	2012	2013	2014
总资产	17177	37321	61803
固定资产净值	7689	11615	23666
应收账款	597	1352	1989
其他应收款	202	4303	2973
存货	6048	5923	8894
净资产	10694	17616	35541
负债率	37	52	42.5
流动比率	171	138	145
速动比率	36	87	76
现金比率	58	64	50
主营业务收入	11850	21638	55522
主营业务利润	2801	7015	13287
净利润	1112	4255	8198
应收账款周转率	1098	222	3565
存货周转率	185	233	590
销售利润率	24	32	24
总资产利润率	9.6	15	20
净资产利润率	15	24	23
利润增长率		239	116
或有负债			14000

(2) 应收账款、其他应收款分析如表 4-13。

(3) 现金流量分析如表 4-14。

表 4-13　应收账款、其他应收款分析

账　龄	户数(个)		余额(万元)		占比(%)	
	应收款	其他应收款	应收款	其他应收款	应收款	其他应收款
6个月以内	18	5	1780	7120088	90	24
6～12个月	3	3	209		10	68
1～2年						
其他		2		247		8
合计	21	10	1989	2973	100	100

表 4-14　现金流量分析　　　　　　　　　　　万元

项　目	2012 年	2013 年	2014 年 10 月
经营活动现金流入量	13263	21599	
经营活动现金流出量	11605	18750	
经营活动产生的现金流量净额	1657	2849	
投资活动现金流入量	0	0	
投资活动现金流出量	3661	11746	
投资活动产生的现金流量净额	−3661	−11746	
筹资活动现金流入量	6200	24070	
筹资活动现金流出量	4267	12422	
筹资活动产生的现金流量净额	1932	11647	
净现金量	−72	2750	

(案例来源：韩瑾. 商业银行管理. 杭州：浙江大学出版社，2006.)

同步阅读

【阅读 1】

信用卡申请人的评分标准如表 4-15。

表 4-15　信用卡申请人的评分标准

年收入(元)	评　分	住　房	评　分
<15000	3	租房	1
15000～25000	5	房屋抵押	10
25001～35000	10	自有住房	18

续表

年收入(元)	评 分	住 房	评 分
35001～45000	16	无固定住所	-5
45001～60000	21	其他	0
60000 以上	24	入职时间	评 分
年 龄	评 分	少于 6 个月	0
20 岁以下	-5	半年～2 年	3
20～21	-1	2～5 年	10
22～24	3	5 年以上	18
25～30	7	已持有信用卡数量	评分
31～40	10	无	-4
41～50	14	1～4 个	10
50 以上	12	4 个以上	-4
银行账户(不包括信用卡)	评 分	个人征信情况	评 分
无	-8	有不良征信记录	-18
1 个	0	征信记录良好	20
2 个	6	无记录	-4
2 个以上	8		

【阅读 2】

信用额度计算标准如表 4-16。

表 4-16　信用额度计算标准

1.保障支持 最高得分为 15 分	评分	2.个人稳定情况 最高得分为 27 分	评分	3.个人背景 最高得分为 24 分	评分
(1)住房权利最高得分为	8	(1)从业情况最高得分为	16	(1)户籍情况最高得分为	5
无房	0	公务员	16	本地	5
租房	2	事业单位	14	外地	2
单位福利分房	4	国有企业	13	(2)文化程度最高得分为	5
所有或购买	8	股份制企业	10	初中及以下	1
(2)有无抵押最高得分为	7	其他	4	高中	2
有抵押	7	退休	16	中专	4
无抵押	0	失业有社会救济	10	大学及以上	5

续表

4.经济支持最高分为34分	评分	失业无社会救济	8	(3)年龄最高得分为	5
(1)个人收入最高得分为	26	(2)在目前住址时间最高得分为	7	女30岁以上	5
月收入6000元以上	26	6年以上	7	男30岁以上	4.5
月收入3000~6000元	22	2~6年	5	女30岁以下	3
月收入2000~3000元	18	2年以下	2	男30岁以下	2.5
月收入1000~2000元	13	(3)婚姻状况最高得分为	4	(4)失信情况最高得分为	9
月收入300~1000元	7	未婚	2	未调查	0
(2)月偿债情况最高得分为8分	评分	已婚无子女	3	无记录	0
无债务偿还	8	已婚有子女	4	一次失信	0
10~100元	6	5.高额卡(20万以上)评分为人工授权		两次以上失信	-9
100~500元	4	(1) 存款额度		无失信	9
500元以上	2	(2) 理财产品			
		(3) 固定资产			

25~55分受信额度：0.1~0.5万元；

55~65分受信额度：0.5~1万元；

65~75分受信额度：1~2万元；

75~85分受信额度：2~3万元；

85~95分受信额度：3~4万元；

95分以上受信额度：4~5万元。

高额卡　　受信额度：20万元以上；

(1)存款额度50万元以上；

(2)理财产品40万元以上；

(3)固定资产80万元以上。

　　根据上述评分表来看，如果得分高于100，那么办卡基本都能成功。如果低于50，那么成功率较低。但该评分标准只是根据批卡原则进行简单划分归纳的，能否成功办卡最终还要看申请人的个人资质是否符合银行标准。

【阅读3】

　　上海浦东发展银行中小企业授信客户准入管理办法。

一、客户准入的基本要求

(一)具备相应的授信主体资格

中小企业授信客户应为中国境内依法注册成立并存续，依法可授信的企业法人；或不具备法人资格但按照相关法律、法规合法设立的私营企业、合伙企业、中外合作经营企业、外资企业、乡镇企业等其他组织。上述企业法人或其他组织设在异地的分支机构，经其法人授权，可以作为授信客户。

(二)合法经营。中小企业授信客户应在法律、法规允许的范围内从事经营管理等活动。

(三)开户结算。中小企业授信客户办理授信业务，应在本行开立存款账户，办理结算。客户应在本行授信支持的业务项目下或相应比例的资金结算应通过本行账户办理。

(四)信用记录。中小企业授信客户及其企业法人应有良好的信用记录。首次向本行申请授信的客户及其股东、主要法人或股东必须将过去1年内不良记录或原有不良记录已还清，且在本行结算过程中没有发生违反结算制度的问题。对于新成立的客户应按照上述标准考察母公司、主要投资人的信用记录，主要投资人或实际控制人是个人的，还应考察个人的信用记录和品行。

二、授信准入的基本条件

根据中小企业客户信用等级的不同，适用以下不同的授信准入条件：

1. A+级及以上客户可以在提供四级担保或免担保的条件下授信。

2. A级到B级客户应提供三级及以上担保，但贸易融资和非融资性担保业务的担保条件可以放宽到四级担保。

3. CCC级及以下客户应提供一级担保或办理本行授权书中规定的低风险业务。

三、中小企业综合授信额度的管理

1. 授信限额管理是对单个客户授信总量的管理，主要根据中小企业客户的规模属性和资信状况合理核定授信总量，授信限额由总行统一管理。总行目前统一核定中小企业单户授信限额为5000万元，并将根据客户规模属性、业务发展等具体情况，适时进行调整。

2. 综合授信额度是对本行愿意承受的单一中小企业客户授信风险总量的管理。授信风险总量是在扣除本行认可的风险缓释后的授信敞口总量。为提高中小企业授信流程的效率并把握实质风险，在综合授信额度的设立流程上，分为以下两个层次：

(1) 中小企业客户授信敞口余额2000万元(含)以内的，可直接进行授信业务审批，无须先进行综合授信额度审批。

(2) 中小企业客户授信敞口余额或预计授信风险敞口总量超过2000万元的，应进行综合授信额度审批，在综合评价客户偿债能力和风险缓释措施的前提下，核定客户的综合授信额度。在设立综合授信额度的基础上，开展具体授信业务。

3. 中小企业客户的一般授信产品之间可按照一定规则直接在信用区间进行跨用，无须经过额度调整的单独审批流程。

四、授信审批模式

根据中小企业授信产品和业务风险度的不同，中小企业授信审批可以采取一审单批、一审双批、小组审批等 3 种模式。

1. 一审单批，指符合条件的中小企业授信业务，在审查岗审查完毕后，由一个授权审批人进行审批的模式。主要适用于：

(1) 授信金额 1500 万元以下(含)的标准化房地产抵押授信业务、我行给予担保额度的政策性担保公司担保项下授信业务。

(2) 授信金额 500 万元以下(含)的短期授信业务。

(3) 总行信贷业务授权书规定的低风险业务。

(4) 已审批的授信额度项下的信誉报告。

2. 一审双批，指符合条件的中小企业授信业务，在审查岗审查完毕后，由双人组合审批的模式。双人组合审批，指由两位授权审批人组合独立地、背靠背地行使审批权。只有双人均签字同意的业务方为审批通过；其中一人出具不同意见，该业务即被否决。主要适用于：

(1) 授信金额 1500 万元以上的标准化房地产抵押授信业务、我行给予担保额度的政策性担保公司担保项下授信业务。

(2) 中期房地产抵押贷款。

(3) 中小企业船舶抵押贷款。

(4) 组合授信业务。

(5) 其他授信业务。

市场部×××××× 联系人：××× 电话：×××××××××

任务四 客户风险的评估

任务提出

请根据任务一、任务二、任务三资料对 B 公司进行风险的评估，并得出结论。

知识准备

请分析小李的评估理由。

营销人员小李的评估

某人 A 需要贷款，目前自己投资开设茶餐厅，加盟费一次性已经缴清，个人资产有两套房子价值 200 万元，一辆车子价值 15 万元，这些是市场评估价值。家属在某单位工作，年收入 15 万元。需要贷款 50 万到 100 万元，提供房产抵押，用途为经营茶餐厅。看起来毫无风险对不对？

小李的工作如下：

(1) 用途的真实性与合理性。

(2) 第一还款来源，贷款 50 万元一年期还本付息，年收入要能覆盖贷款本息。

(3) 征信记录的完整与瑕疵。

(4) 材料佐证，茶餐厅的营业流水，个人账户或者对公账户的银行流水比对贷款额度，茶餐厅的经营控制权比重，茶餐厅的纳税记录，水电记录，员工工资发放记录，客户的隐形负债以及社会融资对外担保等等。

风险评估是指在发现、预见可能存在的风险的基础上进行风险分析。风险分析是指详细地分析造成风险的各种原因，并估计这种风险发生的可能性大小以及造成损失或收益的大小，从而为决策者进行风险决策提供依据。风险分析要求全面、具体、翔实，应区别不同风险，把导致风险的各种直接因素和间接因素都考虑在内，要为风险评估提供可靠的依据，风险评估应尽量图示、量化、细致、客观，以便科学地反映金融企业的受险程度。

客户风险给金融企业带来许多直接或间接的危害，在测量方面存在着很大的难度。但为了有效地预防或控制客户风险，或在客户风险产生后，采取措施减少危害的程度，就必须对客户风险可能造成的危害作出测量。客户风险测量有定性描述和定量计算两种形式，两者各有优点，应相互配合使用。对风险进行量化是现代风险管理的发展趋势，越来越多的量化工具被应用到风险测量之中。

金融机构可根据实际需要，合理使用风险评估指标。例如，金融机构可区分新客户和既有客户、自然人客户和非自然人客户等不同群体的风险状况，设置差异化的风险评估标准。

一、公司类风险评估

用来评估客户风险一般有以下几个部分。

(一)公司情况

1. 公司基本情况

(1) 包括成立时间、注册资本、注册地址、主要的产品、主要市场和在市场中所处的位置。

(2) 股东结构以及各股东投资比例、股东背景情况，对股东原则上应分析到其终极控股股东，对个人股东，说明其简要经历和个人资信情况。如客户股东为跨国集团客户时，应分析其境外公司的资信情况。

(3) 如客户在近期被出售或所有制结构发生变化，应初步分析其对客户经营财务状况和业务风险的可能影响。

(4) 根据公司合同、章程，分析其内部授权方式等基本制度安排，根据验资报告，分析其注册资本的金额、到位时间，出资方实力、出资比例及出资形式等。

(5) 主要负责人情况，包括年龄、学历、从业经历、行业经验、管理风格等。如集团或公司发生主要领导人变更，应对变动原因及影响详细说明。

2. 公司经营情况

(1) 经营相对规模表明了客户的市场份额和稳定性。

(2) 市场份额是指某企业在市场总销售中所占的比例。如果授信客户占有很高的市场份额，并且损益表显示盈利，则可以有效地说明其稳定性较好，企业的经营业绩风险及不确定性风险会较小。

(3) 对公司成熟度的分析可参考行业的成熟度，分为以下四种：

① 新生型公司指因开发了新产品或对老产品改造后适应了市场需求而得到快速发展的公司。

② 成长型公司是指其产品具有潜在的市场需求，进入该产品行业的企业明显增多的公司。

③ 成熟型公司是指发展速度适中的公司，其每年的增长速度在 5%～15%，其产品销售在市场中也已持续了相当一段时间。

④ 衰退型公司是指收入和资产状况在一段年度期间持续下降的公司。

新生型公司和衰退型公司都代表着较高的风险；新生型公司的风险主要在于其不可预见性；衰退型公司的风险则在于其明显的被淘汰趋势，对于成长型公司，因为进入该行业的公司会明显增多，是金融机构需要注意开发、培育的客户。成熟型公司因已经通过较长时间市场检验，有连续的资信和经营财务状况的记录，便于金融机构评估控制风险。若一家曾成功地度过了经济周期中低谷阶段的公司，一般来说有较强的风险承受能力。

3. 产品特性

客户要在竞争中追求自身的生存和发展，就势必要求其产品无论在目前还是将来都要真正满足市场的需求。

如果客户的产品不能满足市场的需要，销售量将会下降，盈利将会消失。一家始终在打价格战的公司，将会非常危险。对于一家不能持续生产销售、提供市场所需的产品的公司，金融机构与之合作将冒很大的风险。

评估产品特性可考虑以下几个问题：产品满足市场需要的程度如何；市场及需求是否会保持不变；管理层是否能跟上市场的变化。

4. 销售情况

公司是否能长期保持稳定的销售业绩。如果好的销售业绩是由整个市场容量的增长造成的，而公司的市场份额保持不变甚至减小了，那么当市场增长速度放慢时，公司就很难再取得同样的销售业绩。如果销售业绩是由于积极的销售方式和大规模的广告造成的，也需要考虑其他因素，如销售费用、广告费用及所取得的成果，公司有可能为了销售快速增长而支付了超出其能力的费用。

对销售风险，主要分析其竞争程度、竞价能力、需求和集中程度四个方面。

(1) 竞争程度。有序的竞争可促进市场健康发展，但无序、恶性的竞争，将使企业所面临的风险大大增加。

(2) 竞价能力。公司对产品最终价格的控制对公司的毛利率有着重大的影响，应分析公司是否有能力提高产品价格后而有足够的毛利，公司是否能根据经营成本和原材料成本来控制其产品的价格。

(3) 需求。借款人控制下游客户需求的能力越强，风险越小，刺激需求的方式因产品的类型和市场的不同而不同。例如生产大众消费的企业往往必须花费巨额资金才能使大众关注其产品；生产工业品的公司，销售成功的关键在于高质量的产品、快速和持续的服务。

(4) 集中程度。这个指标是用来衡量授信客户的销售集中度。如果一家企业的销售集中在少数几家客户，对于银行的风险是很大的。当对单个客户的销售占到借款人总销售的10%或以上时，风险就增加了。

5. 管理分析

对管理的分析，着重在于对管理层的评估和生产经营中管理所发挥的作用的分析。对管理层的评估常通过以下一些基本特征加以检查。

① 经验：经验是否丰富，对于业务有多大的帮助。

② 深度：公司业绩依赖于关键人物的程度，替换关键人物的相关问题。

③ 广度：各功能领域内，拥有能力和经受考验的管理人员的情况。

④ 信任：管理者的素质如何，是否有足够的理由证明其可信。

⑤ 董事会：独立、有能力、团结，成员多样性。

⑥ 记录：将企业目标与结果对照，分析管理层解决问题的能力。

应关注整个管理层的力度和深度。应分析客户是否能保证在一个主要经理离开公司后，公司还能继续保持成功；是否在每个主要的领域，例如生产销售和财务方面都有一位资深的经理，并有一位总经理来平衡和指导各项活动。尤其需要分析授信客户在已发现的业务风险和行业方面是否有资源的管理经验。

通过以上几方面的分析，对授信客户总体经营风险应有一个判断，公司目前的经营情况，未来的经营业绩是否与目前保持一致，未来是否有足够可预见的收入来还款等，当在分析中发现某一部分存在明显缺陷，导致金融机构风险可能显著增加时，应暂缓介入。

(二)公司财务风险分析

这一部分主要分析客户的财务状况，从中反映客户的经营业绩、管理能力和现金获得能力，揭示财务状况中影响还款的弱点(风险)和优势(化解风险的能力)。

在进行财务分析之前，首先必须对据以分析的财务报表的可靠性进行评价。

1. 财务报表质量

应注意报表是否经过审计及审计师事务所的信誉报告。如经过审计，审计师事务所出具的是无保留意见的审计报告、带有说明段的无保留意见的审计报告、保留意见的审计报告、还是拒绝表示意见的审计报告，对后三种情况，应详细分析原因。如果未经审计，营销人员首先应注明财务报表的来源以及对财务报表的评估：准确可信、大致可信但存在部分疑点、可疑或不准确、不可信等，以便后续审查审批人员分析把握。要分析客户采用的会计政策是否合理，是否与行业情况及以前的年度等保持一致，若发现任何会在很大程度上高估资产、净资产及利润或低估负债的情况，在分析时应予以注明。

2. 重要科目及附注分析

应对最近年报和近期报表中金额较大或金额变化较大的科目和财务报表附注进行分析，以对公司的资产结构和质量、资金的来源结构和稳定性或负债情况等有较为清晰的认识。

(1) 资产科目的分析。对货币资金要重点分析是否可自由支配，要注意用于保证金的金额，以及货币资金应收票据，应收账款规模能否覆盖企业即将到期的债务规模。

① 对短期投资，首先分析投资构成、形式及资金来源(应与负债或权益方对应分析)，其次分析是否提取跌价准备。如果是委托理财，受托方资信如何，能否按时收回；如果是短期投资规模较大或发生重大波动，必须说明相关原因及与银行借款变动是否存在联系。

② 对应收账款和应收票据，首先分析账龄结构，账龄期是否有超过公司经营周期的，是否提取坏账准备，主要应收对象基本情况如何，是否有关联企业，能否按时还款，是否有将其他应收款计入应收账款的情况等；要分析企业应收账款规模、赊销企业分布、账龄结构是否合理。在分析应收账款波动的，应将波动情况与收入变动情况综合考虑，判断两者是否存在对应关系。

对预付账款，分析预付对象的资信情况、预付用途。对其他应收款，金额不应过大，应分析其应收对象、用途及期限，形成原因是否合理，是否为关联企业占用客户资金，或股东抽回注册资本等。

③ 对存货要分析其核算方法，原料、半成品、产成品的比例是否合理，是否存在产品积压情况，对市场价格变化较快的原料和产品，其账面价值与市场价值是否有重大不符，是否已提取存货跌价准备。对原材料用量较大的企业，要了解下一步的生产安排，关注其

消化存货的能力。

④ 对长期投资，要注意其金额，除国务院规定的投资公司和控股公司外，公司向其他有限责任公司、股份有限公司投资的，累计投资额不得超过本公司净资产的 50%(在投资后，接受被投资公司以利润转增的资本，其增加不包括在内)；要分析长期投资的投资形式、投资对象，长期投资的核算方式。是否用银行贷款进行对外投资，对有市价的长期投资，市价与账面价值是否有较大差异；对无市价的长期投资，公司对被投资企业的控制能力及被投资企业的经营管理和盈利状况如何，能否给公司带来持续的经济利益，长期投资是否提取减值准备等。

⑤ 对固定资产，要分析其构成情况是为自有固定资产还是租入固定资产，折旧计提是否合理，是否有长期闲置不用或不可使用等已减值的情况，是否已提取减值准备。固定资产近年有增长的，应分析其相应的资金来源等。对无形资产，应分析其构成、其中的土地使用权的性质及其是否已用于抵押、无形资产的摊销是否符合规定等。递延资产中应注意是否有将费用化的利息、租金等计入长期待摊费用等。

(2) 负债科目的分析。要注意短期借款的金额、贷款银行、担保方式和到期日，到期后是否能继续取得这部分融资。应付、预收类科目中，分析形成原因，是否有故意拖欠对方资金的情况，其他应付款是否为融资性质的借款，长期负债的期限和还款安排等，关注是否存在以短期借款置换中长期借款的趋势和可能性。

(3) 所有者权益分析。要重点分析构成的合理性及稳定性。如果资本公积较大，要分析内容是否合理，有无人为调整因素。如果未分配利润较大，要分析其稳定性，掌握有无重大分红计划。此外，要通过盈余公积及未分配利润等科目的分析，了解企业的历史经营表现。

(4) 损益表分析。要分析近年收入、费用和利润来源的结构变化情况。主营业务利润是最稳定的利润，但部分不以盈利为主要目标的客户，政府补贴收入等也可能是其主要收入来源。要分析其未来的稳定性，同时确认已售存货，是否将其成本结转为当期收益。

(5) 现金流量表分析。了解企业销售回款的整体状况及现金流量的合理性，分析企业的真实资金需求。

(6) 会读报表附注披露的其他信息的分析。对会计报表附注披露的其他信息，如会计政策变更及其对财务指标的影响、关联交易情况、或有负债情况等也要进行分析。根据中国证监会、国务院国资委规定，上市公司对担保总额不得超过最近一个会计年度合并会计报表净资产的 50%。

在清楚报表各科目内容的基础上，进一步分析企业的五大类能力，即销售及盈利能力，偿债和利息保障能力，资产管理效率，流动性和长期偿债能力或再融资能力。应综合运用比率分析、趋势分析、行业比较分析和绝对额分析，对这五大类能力作出判断；对比例指标，应特别注意与行业平均水平或行业内有代表性企业的对比。

3. 销售和盈利能力

(1) 分析销售状况，要重点考察净销售及销售增长率。结合销售折扣与折让金额，分析产品的市场情况，将销售额的增长或减少与整个行业和宏观经济走势作比较；分析销售增长的原因，并判断价格和数量因素及未来的期望值。

(2) 分析获利能力，要分析损益表的各层次利润：毛利润、营业利润、税前利润、税后利润及上述诸利润与销售净额的比率。重点分析反映关键风险领域的利润，例如，对于以存货作为营运周期主要部分的授信对象，重点分析毛利润，同时结合考察主营业务成本增长率。对于以成本控制为成败关键的授信对象，重点分析营业利润。

4. 流动性

分析所用的主要指标为流动性比率。这些比率评价公司可供还贷的资源。最重要的指标是流动比率，但是流动比率存在很大的局限性。一般流动比率等于 2 被认为是足够了，速动比率小于 1 最好。

通过对客户的基本素质以及经营管理状况进行分析，金融机构可以对客户的行业风险、管理风险、经营风险以及客户的还款意愿等作出评价。

二、个人客户风险评估

在对个人客户进行风险评估时，全面把握分析借款人及其相关业务后，可重点把握以下几个方面。

(一)借款人基本情况评价

分析了解借款人身份、年龄、品行、职业、学历、居所、爱好、婚姻家庭、供养人口等，并通过人民银行征信系统了解借款人的诚信记录。

(二)借款人资产负债状况及收入评价

审查借款人的银行存单、所持有价证券、房产等主要资产的权属凭证后，对借款人拥有的资产情况进行评价，并分析借款人的负债情况。同时要分析借款人收入水平及其可靠性与稳定性。当借款人现所在工作单位出具的收入证明不能完全反映借款人的收入状况时，可通过其提供的其他收入来源(如房屋租赁收入证明、第二职业收入证明等)等综合评判借款人的偿债能力。

(三)借款项下交易的真实性、合法性进行评价分析

核实交易事项的合法、有效性，并通过相关资料分析交易的真实性，确保贷款用途真实合理，防止通过虚假交易套取银行贷款。

三、客户风险评估应注意的问题

(1) 在实务上，没有无风险的客户。客户风险评估的目的在于判断客户风险是否控制在可接受的范围之内，在客户评估过程中，应考虑客户管理者的舞弊倾向和经营失败的风险。因此在客户调研中，应积极关注管理阶层的正直、声誉和态度，特别是最高管理者的情况。除此以外，还应考虑客户财务状况和未来公司经营前景，客户所属行业因素也应积极考虑，要注意该客户所销售项目是否为夕阳产品，如果是，要考虑总体经营环境、行业状况、客户在行业中的地信等因素。

(2) 评估工作是一个收集资讯的过程，根据资料清单系统的资讯，通常使用一些风险评级方法分析，再由富有经验的人员做出判断，决定是否接受客户。有时，一个客户被评级为高风险，不一定意味着要拒绝这个客户，其关键是这个客户的风险能否被控制，以及我们是否值得去承担这个风险。如果在客户调研后，客户被选择，应持续且定期地执行特定的风险管理程式，去管理已识别的风险，可减少意外失败的风险。

(3) 客户评估主要关注的是客户的声誉，下列因素要予以考虑：

① 公司管理阶层和主要经营者的道德。

② 公司经营活动的性质。

③ 客户的内部控制环境。

④ 管理阶层是否存在欺诈行为的动机。

⑤ 管理者对财务政策的态度。

对于高阶管理者欺诈行为的判断是否存在，关键应当评价管理者的道德意识和企业文化。如果管理阶层被少数人所左右，就意味着较高的风险环境，因为一个无效的董事会将导致公司治理无效。公司治理无效的结果是，公司只为少数大股东利益服务，而不是为全部股东服务。另外，公司的人事政策不稳定，关键管理人员的薪酬异常，都会引起风险的发生。

(4) 评估客户时还需注意，当存在过热的营利预测和急切实现的发展目标时，应特别关注经营危机的发生。评估不仅仅是在接受新客户的开始阶段才执行的程式，而是随着经营情况的变化，客户有可能面临财务上的困境，诚实问题和财务问题就会出现时所持续地评估客户，这是确定能否维持客户关键的前提，建议每年至少应进行一次客户的总体风险检测。

同步案例

1. 背景

玉凤公司为我国江西景德镇地区的一家大型企业，主要业务为生产和销售青花瓷器。该公司 2014 年末未经审计的财务报表显示的资产总额为 35543 万元，销售收入为 12560 万元，利润总额为 2300 万元。

2. 自 2011 年以来，玉凤公司历年的财务报表均由中天华正会计师事务所审计。

3. 2014 年 3 月，在执行完玉凤公司 2013 年度财务报表审计业务、提交了无保留意见审计报告后，中天华正会计师事务所与玉凤公司签订了其 2014 年度财务报表的审计业务约定书，并委派执行 2013 年度财务报表审计的 A 和 B 注册会计师继续负责该项审计业务。

4. 基于玉凤公司 2014 年度的经营计划，该公司在本年度将进行全方位的改革。新的管理层上任时，向公司治理层及股东代表大会做出了将本年度销售收入比上年增加 20%，否则将扣发全体高层管理人员全年奖金的承诺。

5. 某银行的业务负责人意识到这些情况将全面影响玉凤公司的环境，故特别要求营销人员对玉凤公司及其环境进行全面、深入的了解，并根据了解的情况于 2014 年末制订玉凤公司 2014 年度财务报表的审计计划。

资料： 在了解玉凤公司及其环境、评估重大的错报风险时，营销人员发现玉凤公司 2014 年度主要发生了下列事项和情况。

(1) 2013 年以来，玉凤公司所在地用于生产优质瓷器所需的特殊泥土初步显现出枯竭的迹象。为维持正常的经营，玉凤公司自 2013 年 8 月起派出专家在全国各地寻找该种特殊泥土。2014 年 2 月，经专家建议，并经董事会决定，玉凤公司出资 5000 万元在四川省广远地区设立分公司，利用当地泥土生产瓷器。

(2) 2014 年初，为提高存货管理水平，玉凤公司出资 200 万元为各个仓储部门配置了计算机信息系统，该系统使玉凤公司各仓库之间实现了内部联网，出库单、入库单由原先的人工填写改为计算机打印。

(3) 为寻找新的生产原料，玉凤公司决定出资 1000 万元建立 F 研究基地，用于研究在当地泥土中添加化学原料，以改善泥土品质的试验。该基地已于 2014 年 4 月份开始运行。

(4) 2014 年 5 月，为开展多种经营，玉凤公司与 L、G 两家上市公司签订合作协议，联合开发新型卫浴产品。协议规定 L 公司出资 8000 万元作为研发及宣传经费，G 公司出资 3000 万元建立营销网络，而玉凤公司则以其拥有专利权的高新技术使用权出资，并派出 5 名工程师作为研发的主要人员。这 5 名工程师的工资仍由玉凤公司负责。开发成功后，玉凤公司应获得税后利润的 30%。

(5) 2014 年 6 月，为充分利用闲置资金，降低公司的经营风险，玉凤公司向新疆和田地区某玉石开采企业投资 4000 万元，开展和田玉开采、收藏和销售业务。

(6) 为提高财务核算质量，预防重大差错的发生，2014 年 6 月 30 日，财务部门按公司分管财务的副总经理的指示在财务部门内部进行了定期的人员轮换，此次轮换变更了所有财务人员的工作内容。为配合此次财务人员内部轮换，内部审计在轮换后的连续三个月内加大了复核与核查的力度。

(7) 玉凤公司设在香港的销售分公司连续多年来业绩不佳，2013 年全年亏损达到 125 万元。2014 年第一季度亏损额达到 82 万元。2014 年 5 月，公司董事会决定出售该分公司。9 月，已同当地 T 公司办理出售该分公司的全部手续，由此取得的 3500 万元款项已被直接用作玉凤公司的流动资金。

(8) 2014 年末，玉凤公司 F 研究基地周边的居民联名向当地环保机构举报，要求查处该基地大面积污染当地土质、致使周边数十平方公里农作物大量枯死、地下水源受到污染的情况。当地环保部门已立案调查。

(9) 2014 年 12 月 20 日，玉凤公司将库存的 300 万元生产需要的 C 化学添加剂返销给该原料的供应商 K 公司，双方为此签订了相关的协议。但到 2014 年 12 月 31 日，该批材料仍存放在玉凤公司的仓库。注册会计师向销售部门负责人询问该笔材料转让业务时，相关人员出示了 K 公司提供的要求玉凤公司 2014 年前暂不发货的文件。

(10) 为实现 2014 年初向董事会做出的本年度销售收入比上年增加 20%、否则扣发全体管理人员全年奖金的承诺，2014 年 12 月中旬，玉凤公司总经理亲自参与销售部门的工作，并以诱人的优惠条件吸引新、老客户于 2014 年底之前签订销售合同，并预付部分货款。部分客户受优惠条件的吸引，已提前预付了货款，并同意次年提货。对于这一阶段所发生的新销售业务，财务人员根据总经理的批示进行了特殊处理。

要求：

(一) 逐一分析资料中各种情况，指出每种情况是否表明或导致玉凤公司财务报表存在重大错报风险？对于导致或存在重大错报风险的情况，请进一步指出是否导致玉凤公司经营风险的增加。简要说明原因。

(二) 资料中哪些情况导致特别风险？如属于特别风险，请指出其最可能的原因。

(三)防止舞弊

(1) 指出在财务报表审计中，营销人员通常最关心的舞弊类型及舞弊发生的因素。

(2) 针对资料指出哪种情况最可能存在舞弊，该舞弊所属的类型，该舞弊最可能导致财务报表的哪一个项目产生重大错报。

(3) 针对(2)中确定的舞弊类型及涉及的财务报表项目，结合舞弊因素的细类进行说明，并将答案填入表 4-17 中。

表 4-17　舞弊因素的细类

舞弊发生的因素	舞弊风险因素细类	具体说明
压力		
机会		
借口		

(四)财务审计

(1) 针对要求(三)(2)中确定的财务报表项目，指出营销人员应结合哪个项目进行审计？

(2) 假定以前年度上述项目的内部控制设计有效且一贯执行，营销人员是否可以因此而减少对 2014 年 11 月之前的业务实施实质性程序？简要说明原因。

(3) 为应对(1)中项目的重大错报风险，请代营销人员列示具有不可预见性的进一步审计程序。

(案例来源：风险评估案例题，百度文库)

项目五

与客户建立合作关系

本项目要达到的目标：

职业知识

(1) 能够写营销推广合作协议

(2) 能够在各种背景与情景下完成谈判任务

(3) 能够起草与签署协议文本

职业能力

(1) 掌握谈判前准备工作

(2) 掌握谈判的基本过程、谈判过程中的注意事项

(3) 掌握谈判前客户的可行性分析

(4) 掌握向客户推荐合作领域、搞好拟推荐产品的定价

(5) 掌握与客户综合收益测算工作、设计作业方案

(6) 掌握协议文本的基本构成要素、合作事项的具体运作、合作关系的定期评价

职业道德

(1) 具有较强的公关能力、敏捷缜密的思维体系和良好的谈判运筹能力

(2) 具有良好的社交能力、语言表达能力、应变能力、文字写作能力

(3) 具有勇敢坚韧的自信心和意志力

(4) 具有严谨的工作态度、团队合作意识和协作能力、勇于实践和创新的精神

(5) 具备较强的沟通能力、组织能力

(6) 具备敏锐的观察能力、良好的心态和饱满的激情

(7) 具备营销基本礼仪知识、良好的气质、文化素质和业务素质

项目提出

通过完成任务一谈判前的准备工作；任务二与客户谈判实战演练；任务三协议文本的起草与签署后，设计与客户合作流程图并解释其含义。

任务一　谈判前的准备工作

任务提出

请根据以下所给资料撰写项目合作建议书。

X 银行现状		从 2011 年底开始，我行先后与国内一些著名企业建立了长期战略合作关系，利用自身资金、网络、人才等方面的优势，有力地推动了这些企业的发展，在为企业配置生产经营过程中所需资本和资金以及提供资本运作方面的专业顾问服务、资产重组实务等方面积累了丰富经验
A 公司现状	优势	1.A 公司在通信产品方面拥有先进的技术、大量的人才、丰富的经验和完善的销售渠道，其他产品也具有很高的知名度和市场占有率 2. A 公司围绕主营业务与世界一流企业建立了一系列技术先进、成长性好和运作规范的合资公司，在资本运作和企业经营管理方面积累了丰富的成功经验，为主营利润的提高和今后的资本运作提供了广阔空间 3. A 公司经营业绩较好，股本适中。有较好的股本扩张能力和良好的筹融资能力
	劣势	1.短期来看，A 公司目前面临一些现实竞争压力，手机产品市场竞争激烈，价格存在下滑趋势，利润增长难以跟上股本扩张速度 2.长远来看，A 公司还需进一步巩固和发展主业和进行适度的多元化经营，以获得较强的盈利能力和分散主业风险
X 银行与 A 公司以往联系及建议	联系	1.X 银行从 2014 年年底开始到现在，为 A 公司以及下属公司提供了累计 2 亿元的短期和中长期贷款 2. A 公司是 X 银行的一般客户
	建议	1.A 公司应该增加新的投资，扩大主营产品的生产规模 2.A 公司应该降低成本，提高产品市场竞争力和市场占有份额 3.A 公司应该加强营销网络建设，加大新产品营销力度 4.A 公司应该通过产品链的延伸扩张，降低成本，增加产品附加值 5.A 公司应该通过资本经营寻找和确立新的业务增长点，获得更加持续稳定的利润增长

知识准备

请大家根据以下寓言分析了解客户需求的重要性。

母鸡和猎狗喜欢什么

有一天，一只母鸡满地啄来啄去地寻找食物，它正在给自己和自己的孩子寻找可以填饱肚子的东西。突然间，它从一堆废弃的树叶中发现了一颗漂亮的珍珠，惋惜地说："如果是你的主人找到了你，他会非常高兴地把你捡起来，将你当成是宝贵的财富；可我寻找的是米粒，而不是你，对于我来说，你毫无用处，一文不值啊！世界上一切珍珠，都不如米粒对我有吸引力。"

同样地，一只精明的猎狗在森林里寻找主人打下来的猎物，却偶然间看到了一袋黄金，它懊丧地想："哎，我本来还以为自己终于找到了主人打下来的猎物了！可是走近一看才发现是一袋黄金。主人没有看到猎物会责罚我的。"然后，它摇摇尾巴迅速跑开了。

在当代，谈判在我们的政治生活、经济生活、社会生活中占有重要的位置。每天各种各样的谈判不计其数。例如著名的"重庆谈判"；影响世界的"中美关于中国加入世界贸易组织的谈判"。 谈判是每个人都要学的。做贸易的人当然要学，因为数字谈判是最典型的资源分配谈判；不是做贸易的也要学，因为劳资也好、环保也好、外交也好、两岸也好，只要有立场上的不同，或利益上的差异，就必须要靠谈判解决。

从广义上来说，只要人们是为了改变相互关系而交换观点，只要人们是为了取得一致而磋商协议，他们就是在进行谈判。狭义的谈判是指在正式场合下，两个或两个以上有关组织或个人，对涉及切身权益的有待解决的问题进行充分交换意见和反复磋商，以寻求解决的途径，最后达成协议的合作过程。

金融机构在日常工作中商务谈判常常会发生，如何有效抓住一个客户，完成金融业务的合作，营销人员的专业度、文化素养，以及工作经验，甚至待人接物的方式、言谈举止等多方面因素都会影响商务谈判成败。

"凡事预则立，不预则废。"其意就是不论做什么事情，如果事先有准备，那么就能得到成功，如果不准备，就会失败。

现代中，人们也总是常常喊着一些类似的口号，比如："成功往往更青睐那些准备最为充分的人"，"做好了准备，你就成功了一半"，"万事俱备，成功便只待东风即可"。

由此可见，是否做准备、准备是否充分得当，都是成败的关键，是欲求成功者必须考虑进去的重要环节。

谈判前的准备工作有很多，通常可以概括为以下几个方面。

一、可行性分析

在谈判中是否做了准备、准备是否充分，也是成败的关键。要进行一次成功的谈判，不但要了解自己，更要想办法了解对手，一旦谈判的事项确立了，那么就要积极地收集对方的一切有用信息，并进行分析处理，针对这些信息拟出一些有关谈判的可行性分析和谈判过程中的谋略与对策，这个尽可能精准的酝酿的过程便是准备阶段主要倾向的内容。

一些卓越的谈判者通常都十分重视谈判前的准备工作，因为他们知道，谈判能否获得满意的成果，往往取决于在谈判前的准备阶段，所做的谋划工作是否足够充分，这就好像打仗，事先有谋有略，才能更有希望胜出，后备的资源越充分，打起仗来就越从容。所以只有会在每一个细节上下功夫，力求把筹划的每一步都估算到最为精准的状态，成功的可能性就会最大。

所谓的可行性分析，其实就是在谈判之前先对有可能影响到谈判成功结果的一些主观或是客观的因素进行调查、研究、分析、估算，从而确定是否可行，这是为谈判方案选择奠定基础的重要部分。

1. 收集信息，分析资料

要做可行性分析就必须有可作为分析依据的资料，这就需要先去获取资料，这个过程也就是收集信息的过程。在准备过程中，信息资料的收集越是全面，分析的力度也便会透彻，那么准备也就越充分，成功的可能性也就越大了。例如关于投资谈判，"对一项投资建议书的所有阶段，尽量考虑其细节的一种调查研究，考虑几个可行选择的方案。排除可能性不大的，择取可行性最大的一个，并进行更详细的调查研究。"

(1) 收集宏观信息。这个信息通常包括市场方面的信息、政治法律方面的信息、自然环境、文化环境等方面，如图 5-1 所示。

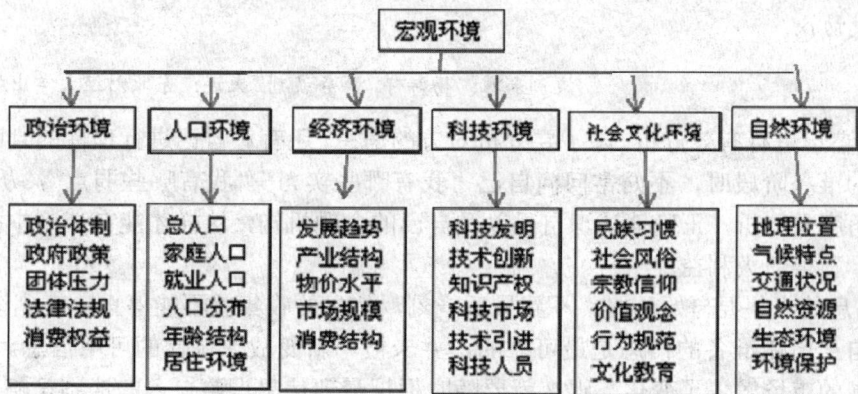

图 5-1　宏观信息

(2) 谈判对方的信息。收集信息时，更为重要的是来自谈判对方的信息，比如对手的文化背景、公司背景，有无实力，谈判习惯等，对对方进行透彻的分析，往往可以在谈判桌上发挥令人意想不到的效果。

【教学互动 5-1】

问题：为什么美日谈判是在汽车开往机场途中？商谈的关键条件是什么？对我们的启示有哪些？

在去机场的路上达成协议。一位带着一大堆有关日本人的精神和心理分析书籍的美国商人，前往日本进行谈判。飞机在东京机场着陆时，两位专程前来迎接的日本方面代表彬彬有礼地接待了这位美国客商，并替他办好一切手续。

"先生，您会说日语吗？"日本人问。

"不会，但我带来了一本字典，准备学一学。"美国商人答道。

"您是不是非得准时乘机回国？到时我们可以安排这辆车送您去机场。"日本代表关怀备至地对美国商人说。不加戒备的美国商人觉得日本人真是体贴周到，以至于毫不犹豫地掏出回程机票，说明何时离开。至此，日本人已知对方的期限，而美国人还懵然不知日本人的底细。日本人安排来客用一个星期的时间游览，从皇宫到神社全参观遍了，甚至还安排他参加了为期一个星期的用英语讲解的"禅机"短训班，据说这样可以让美国人更好地了解日本的宗教风俗。每天晚上，日本人让这位美国商人半跪在硬地板上，接受他们殷勤好客的晚宴款待，往往一跪就是四个多小时，叫他厌烦透顶却又不得不连声称谢。但只要美国商人提到谈判的问题，他们就宽慰说："时间还多，不忙，不忙！"

第 12 天，谈判终于开始了，然而下午却安排了打高尔夫球的活动。第 13 天，谈判再次开始，但为了出席盛大的欢送宴会，谈判又提前结束。美国人暗暗着急。

第 14 天早上，谈判重新开始，不过，在谈判的紧要关头，汽车来了，前往机场的时间到了，这时，主人和客人只得在汽车开往机场途中商谈关键条件，就在到达机场之前，谈判正好达成协议。

(案例来源：杨群祥. 商务谈判. 大连：东北财经大学出版社，2014)

(3) 对自己进行有效分析。除了要分析对方的信息，还有对自己进行理性的判断与分析。在谈判前的准备阶段时，不妨常问问自己"我有哪些实力""我有哪些弱点"，从个人和金融机构的角度去分析，正确地认识自己以及自己的金融机构，这样才能在谈判中扬长避短，彰显实力，赢得最大利益。

(4) 信息的收集要自始至终。不到最后一刻，信息的收集就不能停止，直到谈判开始，也要确保自己所做准备的信息是最可靠的，并未被"新变故"替代的可用信息。如果信息随日新月异的市场发生了变化，那么就要随时根据最新信息调整自己的谈判策略与方针。

2. 拟订方案，进行比较、选择

谈判就是围绕着一个主题来解决双方的分歧，这才是最大的问题，那么，如何让对方满意，自己也满意？谈判前的准备阶段就以此为依据拟定几个解决问题的方案，然后再进行比较与选择，从中找出对自己最为有利的一个方案。到了实际谈判中，只需想方设法往这一预订方案上谈就可以了。如果对方不接受，便可以实行第二套有利的方案。在方案的比较与选择还要考虑到诸多环境因素，比如人员的派出和谋略的运用等等。

3. 价值分析

谈判中的价值分析其实就是对谈判过程中的一些价值构成进行分析，而对这些价值的有效分析与掌握对于谈判者来说，是谈判过程中与对方讨价还价的主要依据，也是最有信服力与说服力的依据。因此，在准备阶段的价值分析的核心就是分析、预测双方谈判的价值点和争执点，然后得出一个接近于事实数据的信息，例如对方坚持的价值与自己坚持的价值差距有多大？对方的价值底线是什么？了解了这些，在谈判桌上要讨价还价就有了更多的把握与分寸，但如果在一无所知的情况下盲目地去讨价还价，只会给自己造成不良的后果。

4. 从主观及客观两方面去预测

这是可行性分析的又一个重点。在谈判前要尽可能地对一切可能影响到谈判效果的主观或者是客观的因素进行分析与预测，然后一一列举出来，在脑海中形成对策。

通常，这个环节的操作方法主要是根据已知的情况去对未来的种种情况进行预测，例如对方的心理、情绪，还有对方公司的市场影响及变数等。预测的越是接近真实情况，所研究出来的对策也就越科学，越有效。

没有什么情况从认知之后便是一成不变的，很多时候的很多事物都是在不断地发生着改变，而预测就是根据事物本身及周边的影响元素从而找准其变化的趋势、方向以及程度。

5. 综合起来分析，并做出结论

在一系列项目的可行性分析之后，就需要站在宏观的角度上去分析整体的可行性，例如从信息搜集这个环节来看是可行的，而从价值分析中却又觉得可行性较弱，再从主观或是客观上分析也觉得较差，这样综合分析的结论就不会太理想。

对各个元素的可行性分析结论再次进行综合的分析，所得出来的结论则更接近决策，例如结论是可行性较强，那么就大胆地去谈判；如果结论是可行性中等，那么就不妨一试，或是从多方面去努力增大其可行性；如果结论是完全没有可行性，就不妨放弃谈判。

【教学互动 5-2】

请分析以下故事对你的启示有哪些。

一个国王听说有一位画家擅长水彩画，有一天他专程去拜访那位画家。

"请你为我画一只孔雀。"国王要求说。

一年后，他再次登门拜访画家。

"我订购的水彩画在哪儿？我曾经要你为我画一只孔雀。"

"你的孔雀就要画好了。"画家说。

他拿出了画纸，不一会儿工夫就画了一只非常美丽鲜艳的孔雀。国王觉得很满意，但是价钱却使他吃惊："就那么一会儿工夫，你看来毫不费力、轻而易举地就画成了，竟要这么高的价钱？"国王问。

于是画家领着国王走遍他的房间，每个房间都放着一堆画着孔雀的画纸。画家说："这个价钱是十分公道的，你看起来不费力、似乎很简单的事情，却是花费了我很多的时间和精力，为了在这一会儿时间画这只孔雀，我可是用了一整年的时间准备哩！"

二、明确合作领域

对目标客户作出科学合理的价值评价后，如果此客户有发展成合作伙伴的可能，则营销人员应进一步同其加强接触，在不断的接触中摸清客户的详细需求。在摸清客户详细需求及客户有服务要求的情况下，营销人员应向客户提出双方就哪些具体领域能进行合作。

(一)确定合作领域的基本原则

1. 客户的规模大小

规模小的客户其需求往往比较单一，例如是贷款需求，或者是结算需求。但规模小的客户也为营销人员向其提供发展战略策划服务提供了契机。这种服务的重点在于发现客户是否具备成长价值，根据成长价值的大小决定能否帮助客户把规模做大；规模大的客户其需求往往比较综合，营销人员可向其推荐包括信贷、结算、资本运作、顾问服务在内的一揽子服务。

2. 客户所属行业

以国内市场为主要服务对象的企业对国内结算、人民币存贷款的需求比较迫切；而外贸行业更需要银行提供外汇贷款、贸易融资、国际结算、外汇交易、风险管理等方面的产品与服务。

3. 客户特性

国有企业主要需要金融机构的常规性金融产品；上市公司则需要金融机构提供创新性金融产品。

4. 客户发展阶段

客户在不同的发展阶段，对金融产品的需求重点也不一样。在发展初期，对金融产品的需求主要集中在项目基本建设贷款、项目流动资金贷款、相关结算业务及投融资顾问方面；在发展期和成熟期，对金融产品的需求主要是项目贷款、技改贷款、结算服务、周转资金贷款、战略咨询、管理顾问、财务顾问等方面；在衰退期或死亡期，对传统金融产品的需求处于萎缩状态(此时贷款需求虽很迫切，但往往不会被满足)，对资产重组、兼并收购等资本运作服务的需求日趋迫切。

5. 客户对金融服务的急迫程度

营销人员先满足客户最紧迫的服务需求，解决了客户的燃眉之急，往往能使该客户成为金融机构的忠诚客户。当然，这种满足应建立在对风险和收益综合评价的基础之上。

6. 金融机构自身的服务品种及服务能力

考虑金融机构能提供哪些服务、每种产品的服务能力如何、与同业相比所处的竞争位置等因素，做到对客户的服务量体裁衣。

(二)需明确的若干问题

(1) 要建立什么样的合作关系。是建立长期合作关系，还是短期或临时合作关系？

(2) 从哪些方面进行合作。是全方位合作(即从开立基本账户到发展各种风险业务和非风险业务)，还是单项合作(如存款或结算业务)？

(3) 用什么方式进行合作。是让客户来金融机构办理业务还是利用计算机网络等技术手段将柜台前移至客户来主动提供服务？

(4) 从什么时候开始合作。

三、向客户推介合作领域

营销人员应根据客户的具体情况和需求对金融产品和金融技术进行有效的组合设计，并将这种组合以恰当的方式递交给客户，获得客户的认可。

(一)向客户提交合作领域时需注意的问题

1. 采取什么形式提交给客户

营销人员一般采取合作建议书或业务合作方案的形式将拟合作的领域内容传递给客户。

2. 向什么人提交方案

营销人员要将合作建议书或业务合作方案提交给客户的最高决策层或管理班子。

3. 选择什么时机提交

要在双方经过实质性的接触之后，并且营销人员已经对客户进行了比较深入全面的调研后一段时间提交。时间适当推后再提交，意味着这是营销人员深思熟虑的结果。

(二)合作建议书的结构和内容

1. 名称

一般采取"向某公司提供的服务产品清单"或"与某公司合作建议书"等名称，营销人员应将该名称放于具体建议的顶部。

2. 缘起

从回顾双方的接触入手，对客户作出基本判断与评价，引出提此合作领域的必要性。

3. 金融机构基本情况介绍

介绍金融机构时，不要泛泛而谈，而是主要侧重于产品与服务优势，写出金融机构的特色。

4. 详细介绍拟提供的金融产品和服务

一家金融机构，按成熟程度可将其产品分为标准化产品、创新产品和金融机构尚不能提供的产品和服务三种类型。

(1) 标准化产品，即名称、式样、外形、色彩、识别标记等内容都经过标准化设计的金融产品。对于一些需求单一，或者对创新产品没有需求的客户，主要提供此类产品。标准化产品往往比较成熟，不存在缺陷和风险，也不存在太多的争议。

(2) 创新产品，即满足客户独特需求的个性化金融产品，此类产品可以为客户提供额外的利益。创新产品设计往往需要产品部门、会计部门、风险控制部门、技术部门和营销部门协同完成。创新产品设计至少要完成的工作包括产品的管理办法、操作流程、会计核算办法、计算机系统和市场营销方案等。金融产品的创新可通过扩大现有产品的服务功能和服务范围、开发与竞争对手有差异但更有竞争优势的金融产品等途径来进行。但不管通过何种途径创新产生的产品，产品在推向市场前都必须进行标准化工作。作为创新产品，组合产品在银行新产品中占有重要的地位。组合产品是将标准化产品进行不同组合后得到的新产品。根据客户的不同需求在各种产品品目和产品线当中进行搭配就构成了组合产品。组合产品相对于全新产品来讲，推出的成本要低。

(3) 金融机构尚不能提供的产品和服务。对于客户有需求，而金融机构目前又不能提供的产品，营销人员可采取外购和外协的方式，即通过金融机构的外部战略合作机构来提供。但是这些外购和外协产品也是通过营销人员的设计和组织协调来进行运作的。

5. 展望合作前景

要突出阐述金融机构提供的金融产品和服务可以对客户持续发展起到什么样的推动作用并展望双方合作的良好前景。

(三)合作建议书格式

(1) 提交背景。

(2) 合作建议书的主要内容：

① 对过去的合作进行回顾；

② 挖掘客户价值；

③ 提出合作的目标；

④ 向客户提出发展建议；

⑤ 介绍本金融机构的优势；

⑥ 介绍金融产品方案(为本合作建议书的核心内容)；

⑦ 结语。

四、搞好拟推介产品的定价与综合收益测算工作

在大致确定拟提供的产品和服务之后，营销人员就要考虑每种产品和服务的价格，并依据确定的价格范围进行各项业务的收益测算，最后得出为客户所提供金融服务能够为金融机构带来的综合业务收益，以此确定金融机构服务该客户是否能够获得经济上的收益。

(1) 金融产品和服务的价格既包括一项产品的利率水平，也包括一项服务的收费水平。利率按照人民银行规定的上下限来确定，费率的确定则应考虑如下因素。

① 尽可能实现较高的销售目标及利润。费率定得过高，客户可能无法接受；费率定得过低，金融机构就没有收益。营销人员应该把费率定得适当高一些，这样既可体现金融机构服务的高层次，又满足了客户希望获得高质量服务的心理。

② 能够符合客户的承受能力。如果客户正处于发展阶段，费用支出控制严格，营销人员应从长远着眼，费率可定得适当低一点。如果客户财大气粗，根本不在乎顾问服务支出，营销人员就可将费率定得适当高一些。

③ 要考虑市场需求与同业竞争因素。客户对金融机构服务的需求如果比较急迫，营销人员就可根据市场原则把价格定得高一些。当然如果同业给予了较低的价格，营销人员也应把价格定得低一些，以使自己的产品富有竞争力。

④ 与其他营销策略共同使用。价格并不是能否赢得客户的唯一因素，产品的质量、服务的方式都可能影响到客户对金融机构的感受。营销人员应该把适当的价格、高质量的服务等要素一揽子提供给客户。只有这样，才能获得客户的高度认可。

⑤ 所提供产品自动化的程度，以及提供产品的成本和费用。所提供产品如果科技含量高，就理应将价格定得高一些，但也必须考虑开发此产品所投入的各项成本，使产品的收益维持在一个合理的水平上。

⑥ 金融机构希望达到的形象和专营程度。如果金融机构推出的产品和服务是同行所无法提供的，营销人员就可采取心理定价策略，以造就自己高品质的市场形象。较高的定价，也可暂时起到抬高门槛、阻止竞争者进入的作用。

⑦ 产品的生命周期。如在成熟阶段，就不能定得太高。在此阶段，工作重点是如何扩大销售量。

(2) 进行具体的收益测算。

在确定了各个产品和服务的价格之后，营销人员就可以进行收益的具体测算了。营销人员测算的收益往往是一种虚拟的收益，在这种情况下，营销人员必须以平均资金成本和平均资金收益率来作为计算收益的参照。基本的测算思路就是预计收益减去预计成本。

五、设计作业方案

如果客户对营销人员提交的服务清单有异议，营销人员则需与其作进一步的沟通，直至没有异议。当没有异议时，营销人员需根据客户的不同需求着手设计不同的作业方案。在作业方案中，应该特别注重对作业风险防范和作业流程的设计。方案是营销人员向客户提供服务的总的纲领，必须做细、做深、做透。此方案经领导或上一级审核同意后，营销人员就应该严格执行。

客户的单项需求一般较易满足，一个营销人员就能胜任。客户的综合性服务需求则较复杂，需成立由多个营销人员组成专门的作业小组。在小组内部，应分工明确。

(一)作业方案的构成要素

(1) 基本情况介绍，包括客户名称、性质、主营业务、市场与财务状况、经营管理情况等。

(2) 做此项目的成本收益分析，即为什么要做这个项目。

(3) 做此项目的主要风险及风险控制措施。

(4) 费用的收取标准及使用。

(5) 如果不成立项目作业小组，接下来就是项目进程安排与需要的外部支持；如果成立项目作业小组，接下来就应包括项目小组的人员组成及管理、项目小组的工作原则、项目小组的工作分工、项目小组的工作进程安排等内容。

(二)作业方案示例

表 5-1 所介绍的项目比较复杂，需要成立一个作业小组来进行工作。下面所示作业方案正文前面的抬头是为便于领导提出修改意见而设计的。

表 5-1　黄河建材集团金融服务作业方案

部门对此方案的意见：同意\□	不同意□	基本同意但有建议□
行长对此方案的意见：同意□	不同意□	基本同意但有建议□
部门对此方案的修改建议：		
行领导对此方案的修改建议：		

1. 项目简介

辽宁省的黄河建材集团公司联合其控股上市公司深圳建材股份有限公司(简称建材股份)全面收购中大公司所持某水泥公司 90%股份。我行拟向其发放过桥贷款 3 亿元人民币，期限为 1 年，借款人为建材股份，担保人为黄河建材集团公司，还款来源为建材股份配股资金。同时，我行担任本次收购和今后集团资本运作的财务顾问。

2. 总体策划

(1) 成立作业小组，全面负责此项目的运作。

作业小组由总行公司业务部门、深圳分行、沈阳分行和外聘机构、专家组成，总行其他相关部门配合。

(2) 作业小组成员的职责分工。

① 公司业务部门：项目牵头人，负责总体方案设计和策划；总体组织、协调和管理；总体风险控制；保持总行、沈阳分行、深圳分行之间的充分沟通和高度统一；遇重大情况随时向行领导汇报；项目的保密工作；项目档案(信贷档案由分行负责但总行需备份)。

② 深圳分行：负责建材股份的账户开设；与券商的联络；起草法律文本；担当配股收款行；办好信贷手续；抽2~3名骨干参加作业小组；对建材股份全面把握，专项情况每月汇报一次，重大事项随时汇报。

③ 沈阳分行：负责黄河建材集团的账户开设、吸存工作；与地方政府有关部门的沟通；对黄河建材集团的监控。要求：搞好与黄河建材集团的关系；监测黄河建材集团的生产经营情况；收集集团公司的重大信息和举动。

④ 总行相关部门：负责计划资金部负责核拨资金、项目单独考核；法规部门对法律文本最后把关。

⑤ 外聘建材规划院、发展研究中心、会计师事务所、律师事务所、投资顾问有限公司等单位参与项目作业。

(3) 作业小组的工作原则。

为确保项目运作成功，作业小组将坚持以下工作原则。

① 合规合法理性经营。

② 严格控制信贷风险。

③ 银行整体利益最大化。

④ 作业小组严格管理、规范运作。

⑤ 总分行、行内外联合运作。

⑥ 每周定期沟通一次。

⑦ 在项目运作过程中，要强调团队精神的培养，注意加强行内外作业人员的相互配合。

⑧ 要保证有关项目作业档案的完整，做到有备可查。

⑨ 要加强风险锁定工作，重点学会通过法律协议的方式锁定风险。

⑩ 要学会利用外力为我服务。

⑪ 项目作业与人才培养相结合。

3. 收益成本分析

通过此项目运作，深圳分行可作为建材股份的主办行，可以成为配股资金的收款行；沈阳分行可以得到黄河建材集团及其关联企业在沈阳的结算业务，并吸收与此次收购有关的存款 1 亿元以上。此外，我行一旦承诺放款，还可按照惯例和总行规定收取承诺费。综上所述，我行可取得如下收益：贷款利差、存款收益、结算手续费、顾问费(含专项财务顾问费)等。为获此些收益，我行需向企业提供 3 亿元过桥贷款，并向企业出具专业水准的顾问报告。

此项目的意义有以下几点。

(1) 这个项目是我行进行传统业务和创新业务相结合，向企业提供全面金融服务的一次有益尝试。

(2) 与大型企业集团联合开拓资本市场，有利于分享资本市场上的收益，有利于将企业集团和上市公司等国企中坚培育成自己的基本客户或重点客户。

(3) 拓展了我行的业务空间，通过这次作业，我行不仅向企业提供了传统的信贷服务和结算服务，还向企业提供了由信贷业务而派生出来的财务顾问服务，为我行创造了新收益点。

4. 费用收取及分配

贷款利率按人民银行规定收取。顾问费按实际到位的收购资金的 1．5%收取。经商，顾问费的内部分配为深圳分行 70%，沈阳分行 30%。顾问费的支用范围为：正常的顾问活动费用支出、外聘机构和专家费用。

5. 项目风险点揭示及防范举措

(1) 配股风险：配股能否成功及配股资金能否及时到位关系到我行信贷资金的安全。作业小组认为，配股失败的可能性几乎没有，不能确定的只是配股价格的高低、配股比例的大小及配股时间的早晚。对策是积极参与企业配股工作，监测企业配股进程。

(2) 信贷风险：借款人建材股份的现金流量正常、财务及偿债能力良好，信贷风险较小。

(3) 政府行为风险：政府干预企业的行为可能造成企业并购活动的失败。对策是通过适当渠道向地方政府提出建议。

(4) 我行控制能力风险：对策是沈阳分行加强对企业的监控，定期拜访企业，谋求地方政府对此项目的支持。

6. 作业日程安排

工作采取倒计时安排。

法律文本起草：深圳分行×月×日前起草完毕后交总行法规部门审核。

其他基础工作：深圳分行×月×日前做好配股收款行的技术准备工作。

信贷业务日程安排：深圳分行确保×月×日前信贷资金到位。资金到位后负责监控资金的使用，并负责贷款回收工作。

顾问服务日程安排：

(1) ×月×日前同外聘机构及专家签署委托协议。

(2) ×月×日前外聘机构及专家提交被委托事项的服务报告。

(3) ×月×日前编撰完黄河建材集团顾问服务报告，提交给企业。

(案例来源：宋炳方. 商业银行客户营销. 北京：经济管理出版社，2011)

(三)作业方案的讨论与修订

营销人员起草完作业方案后，还需向相关部门征询意见，并在此基础上对方案作进一步的完善。

(1) 营销部门内部讨论和统一。营销人员设计的作业方案必须经过内部讨论并意见统一的过程，这种讨论一般都是在营销部门内部进行。针对一般性客户，方案本身又不是十分复杂，这种讨论一般只需在几个营销人员的参与下进行就可以了。如果是一个价值比较大，或者是方案本身比较复杂的客户，这种讨论就要在部门内组织讨论，有时候可能还需邀请其他部门的一些人员参加。讨论的目的是论证营销人员设计的方案。参与讨论的人提出各自的修改和补充意见，营销人员在综合大家意见的基础上对方案进行进一步的修改。

(2) 与客户进行沟通，得到客户的认可。在金融机构营销部门内部取得一致意见后，营销人员还应把服务内容、进度安排、人员分工等内容及时和客户进行沟通，得到客户的认可。这种沟通可以是非正式的口头形式，也可以是比较正式的打印件或传真稿，在书面材料上必须注明是征求意见用，以免引起客户的误会。

(3) 项目提交风险控制部门审查。经过内部讨论及与客户沟通之后修改的方案就可以正式提交到金融风险控制部门。如果在方案当中涉及对客户进行授信的业务，还需提交整套的授信审批申请材料。提交的材料中还应包括下面即将介绍起草的法律文本。在提交上述材料之前就应与有关风险控制部门、产品部门进行沟通，避免这些部门没有准备。

同步案例

【案例1】

通过案例1"掌握历史情报，逼出谈判底牌"和案例2"后发制人"，分析谈判资料和信息的重要性。

掌握历史情报，逼出谈判底牌

我国某厂与美国某公司谈判设备购买生意时，美商报价218万美元，我方不同意；美方降至 128 万美元，我方仍不同意；美方诈怒，扬言再降 10 万美元，118 万美元不成交就回国。我方谈判代表因为事先掌握了美商交易的历史情报，所以不为美方的威胁所动，坚持再降。第二天，美商果真回国，我方毫不吃惊。几天后美方代表又回到中国继续谈判。我方代表亮出在国外获取的情报——美方在两年前以 98 万美元将同样设备卖给匈牙利客商。情报出示后，美方以物价上涨等理由狡辩了一番后降至合理价格。

【案例 2】

后发制人

在一次出口商品交易会上，我国某企业与某国客商洽谈出口业务。在第一轮谈判中，客商采取各种招数来摸我方的底，罗列过时行情，故意压低购货的数量。我方立即中止谈判，进行相关的情报搜集：了解到日本一家同类厂商发生重大事故停产；又挖掘出自己此产品可能有新用途。对上述情报仔细分析后，谈判继续开始。我方借助所掌握的情报后发制人，告诉对方：我方的货源不多；产品的需求很大；日本厂商不能供货。对方立刻意识到我方对这场交易有备而来，在经过一些小的交涉之后，不得不接受了我方的价格，购买了大量该产品。

(案例来源：杨群祥. 商务谈判. 大连：东北财经大学出版社，2014)

同步阅读

【阅读 1】

正确理解身体语言

与人的口头语言一样，人的体态、行为举止也有一定的言语表达功能。通过人的体态、行为举止表达出来的语言，叫身体语言。俗话说"言为心声"。由于人的行为举止与人的思想、心理状态相联系，所以解读人的身体语言，可以了解人的心理状态。

身体语言与人的生理反应、天性本能和文化习俗有关。例如，悔恨时捶胸顿足；高兴时喜笑颜开；痛苦时双手抱头；愤怒时摩拳擦掌等，这些主要与人的生理和本能有关；打"V"字手势庆贺胜利，握手表示有礼，这些主要源于文化习俗。虽然身体语言会因地域和文化的不同而有所不同，但由于人的生理反应及人的本能的类似性和文化的传播，人的身体语言在一定程度上是相通的。

人的心理状态，会在不经意间通过他的行为举止反映出来。拿情绪方面来讲，人的喜怒哀乐是与人的需要心理、对事物的认知和态度相联系。了解人的情绪，可以推测出人的态度、心理动机、行为倾向。虽然对于人的情绪体验来说，有经验的人可以有意地进行某种程度的调控，但人在情绪状态下所出现的生理变化和某些下意识的动作，却是当事人难以控制的。例如，人在愤怒时，言语动作会变得冲动难以控制，会产生攻击行为，人的语气声调往往高亢、急促、具有爆炸性，呼吸每分钟可达 40～50 次，而正常情况下每分钟仅 20 次左右，此时还会伴随着心跳加速、血压升高、唾液停止分泌、口干舌燥等的生理反应。所以，人的心理状态会通过人的表情、身体动作等自觉或不自觉地反映出来。

因此，在谈判过程中作为谈判人员，如果掌握人的身体语言的有关知识，在谈判过程中留意观察谈判对手的一颦一笑，一举一动，就有可能通过其身体语言窥视谈判对手的心理世界，把握谈判的情势，掌握谈判获胜的主动权。

一、面部表情

面部表情的主要表现部位是眼睛、嘴和脸色。与谈判对手谈判，要注意观察对方谈判人员的面部表情的变化。

(1) 眼睛

在谈判进行的过程中，谈判组成人员往往要用身体语言与其搭档进行信息的交流。特别是当谈判取得重要进展时，谈判组各成员之间可能会相互使眼色。这样，谈判人员就必须注意眼睛对信息传递的观察和利用。

在人的身体姿态语言中，眼睛是最能传达人的心理信息的。俗话说："眼睛是心灵的窗口"，眼睛里表露出来的信息往往不是刻意就能掩饰的。人的瞳孔是根据人的情感、情绪和态度自动发生变化的。

眼睛传达心理信息的方式与含义有：

① 眼睛直视，表示关注和坦白。在商务谈判中，谈判者可以利用眼睛中诚挚、友善的目光，直视对方的眼睛，传达友好合作的信号，以求达到良好的沟通。如果对方的目光直视你，眼中略呈湿润，面部表情轻松，表明对方对你的话感兴趣或表示欣赏。但直视时间过长，则带有攻击的意味，这一点要注意。

② 在听取发言时不时眨眨眼睛，表示赞同，或眼帘略为低垂无语，表示默认。

③ 沉默中眼睛时而开合，表明他对你的话语已不感兴趣，甚至已厌倦。

④ 若目光左顾右盼，表明他已对你的话语心不在焉。如斜眼视人，则可能存在消极的思维，并有藐视之意；在听对方说话时，未听完就看旁的东西，则表明不完全同意对方所说的话。

⑤ 若对方说话时望着我方，表明他对自己所说的话有把握，如果不望着对方而望别的地方，目光闪烁不定，表明他有隐匿的成分。"顾左右而言他"当然会让人觉得没有诚意。

(2) 脸色

一般情况下，大多数人会不自觉地把情绪反映在脸上，因此要细心观察。

① 对方谈判人员脸红耳赤往往是激动的表现，脸色苍白可能是过度激动或身体不适，脸色铁青是生气或愤怒。

② 谈判人员用笔在空白的纸上随意乱写乱画，眼皮不抬、脸上若无其事的样子，表示厌倦。

（3）嘴

嘴巴也是反映人的心理的一个重要的部位。观察嘴巴要注意嘴的张合，嘴角的挪动，与眼睛、面部肌肉一块综合观察判断则更准确。

① 嘴唇肌肉紧张表明其态度上拒绝，或有防备、抗御的心理。

② 嘴巴微微张开，嘴角朝两边拉开，脸部肌肉放松的微笑，是友好、近人情的表现。

③ 嘴巴呈小圆形开口张开，脸部肌肉略为紧张有吃惊、喜悦或渴望之意。

④ 嘴巴后拉，嘴唇呈椭圆形的笑是狞笑，有奸诈之意潜藏于后。

二、身体姿态

身体姿态的主要表现部位是手、腿脚。

（1）手

① 一般情况下，摊开双手手掌表示真诚，给人一种胸怀坦诚说实话的感觉。把放松的手掌自然摊开，表示对对方有信任，不设防，愿意开诚布公，乐于听取对方的意见。

② 除非双方是亲密的朋友，不然，与对方保持一定的距离，双手交叉于胸前，是具有设防的心理；若交谈一段时间后，仍出现这样的手势和姿态，则表明对对方的意见持否定态度，这时如果同时攥紧拳头，那否定的态度更强烈。

③ 用手抚摸下巴，捋胡子等动作姿态，往往表明对提出的问题、材料感兴趣并进行认真的思考。

④ 两手的手指顶端对贴在一起，掌心分开，表示高傲自负和踌躇满志，或显示自己的地位高尚。

⑤ 身体后仰，两手交叉托住后脑勺，显示的是如释重负的自得心态，谈判者感到自己在谈判中处于支配地位，驾驭谈判局面时往往会做出这样的姿态。

⑥ 在谈判中自觉和不自觉地用手扭来扭去，或将手指放在嘴前轻声吹口哨，意味着心理状态的紧张、不安。

⑦ 与别人握手，不但有力，还将另一只手搭在别人的肩膀上，表明此人精力充沛，权力欲或控制欲很强。

（2）腿脚

腿脚的动作较易为人们所忽视。其实腿脚是人较容易泄密的部位，也正因此，人们在谈判或演讲时总是要用桌子和讲台来掩遮腿脚的位置。

① 人们在感到恐惧或紧张时，双腿会不自觉地夹紧，双脚不住地上下颤动或左右晃动，是紧张不安的表现。

② 表面专注听讲的人，而双腿却在不住地变换姿势或用一只脚的脚尖去摩擦另一只脚，那就表明他其实已经很不耐烦了。

（3）其他

① 从容而谨慎的言谈显示说话者充满自信、舒展自如；勉强的笑容，快速的说话或支吾的语言表明说话者紧张；犹豫、坐立不安表示缺乏自信。

② 0.5～1.2 米是个人空间；0～0.5 米是亲密空间。在交谈中判断距离恰当不恰当，要看与你谈话的人在距离上是不是感到舒服，假如他往后退，说明离他太近；假如他向前倾，说明距离远了。

③ 把笔套收好，整理衣服和发饰，表明做好结束会谈的准备。

(案例来源：杨群祥. 商务谈判. 大连：东北财经大学出版社，2014)

【阅读2】

商务谈判的宜与忌

针对商务谈判中不同文化背景的谈判对象的谈判习惯和特点，了解掌握得越详细越好，但这种水平难以在短时间内达到，需要实践的资料和时间积累才能实现。因此本阅读只能就一些国家和地区谈判时需注意的礼节，作简单的提醒。

一、美国人的谈判礼节

特点：性格开朗直率，不拘小节，比较容易相处，敢于尝试和冒险。

宜：美国人见面和离别时，彼此问候较随便，一般以点头、微笑为礼，不是正式场合甚至连国际上最为通行的握手礼也略去不用了；除对年长者和地位高的人在正式场合以"先生""夫人"称谓，大多数场合都喜欢直呼名字；交谈时，彼此习惯保持约 0.9 米的身体间距，尽量避免不必要的身体接触；时间观念强，会谈事先预约，准时赴会；谈判时注重效率，追求实利；美国人性格爽直干脆，对中国式的委婉含蓄和谦虚往往不能领悟；不兜圈子，谈判喜直截了当进入主题；喜谈商业、旅行方面内容及当今潮流和世界大事；餐桌上可谈论生意。

忌：见面过多地握手与客套；说话绕圈子，问题拖而不决；不准时赴约；不速之客；送贵重的礼品给对方；不尊重他人人格；交谈涉及个人年龄、婚姻、收入、信仰、竞选投票、批评美国等话题；以百合花送人；数字"13""3"及星期五。

二、英国人的谈判礼节

特点：极其强调绅士和淑女风度；矜持保守，感情不轻易外露，很少发脾气，能忍耐。

宜：英国人初次见面，应礼貌地说声"您好"，见面告别时要与男士握手，与女士交往，则应等她们先伸手后再伸手；称呼尊长、上级和不熟悉的人要用尊称，并加上职称、衔称或"先生""小姐""夫人"等称呼，只有对方允许才能直呼其名；洽谈要事先预约，赴约准时；十分注重仪表整洁，服饰得体和举止有方；喜谈论其丰富的文化遗产、动物、足球、网球等话题；就餐时可谈商务。

忌：办事不按规矩，不懂礼貌；系有条纹的领带(带纹领带被认为是军队或学生校服领带的仿制品)；对英国皇室的地位、财富和家事加以评论；谈论政治、宗教和私人问题；直接称英国人为"English"(应称 British)；不经邀请随便上门到别人家拜访；送价值过高的礼品给主人；以人像作为商品的装潢和以白象、猫头鹰、孔雀作为商标图案；数字"13"和星期五也是英国人忌讳的。

三、法国人的谈判礼节

特点：生性浪漫、爱好交际、享受生活、诙谐幽默；法国人是世界公认最爱美的，同时也是公认的"自由主义者"，所以时间纪律性及时间观念比较差；拥有极强的民族自尊心和自豪感，在他们看来，世间的一切都是法国最棒。

宜：见面打招呼，最常见的方式莫过于握手，男女之间、女子之间见面时，还常以亲面颊来代替相互间的握手；一般称呼"先生""小姐""夫人"，不必再接姓氏，但对年长者和地位高的人士则要称呼他们的姓，熟悉的朋友可直呼其名；洽谈要预约；说话直接，不喜兜圈；喜谈法国的历史、艺术、建筑和食品等；一般拒绝将英语作为商务活动中应当使用的语言；餐桌上避免讨论业务；讲究衣着，重视修饰。

忌：不尊重女士和不爱护动物的言行；议论其经济滑坡、民族纠纷等问题；贬低法国的国际地位与历史贡献；言论过多地谈论个人私事；八月谈生意(法国的八月，全国放假)；食品核桃和黑桃图案，孔雀、仙鹤、大象等动物，墨绿色，数字"13"及星期五也是不受法国人欢迎的。

四、德国人的谈判礼节

特点：德国人被誉为"世界上最遵纪守法的人"，做事依法而行，一板一眼绝不马虎，对人对己要求严格，极为自尊。德国人对待商务极其小心谨慎，在人际关系上正规刻板，与德国商人在开会时使用幽默应当慎而又慎。谈判风格严谨稳重，不大愿意向对手让步，显得十分固执。

宜：会见、告别握手要有力；重视称呼，一般称其姓或称全称，对有职衔、学衔、军衔的人，称呼时一定要使用；会谈应事先预约，务必准时赴约；交谈少说闲话，直奔主题；喜谈本国文化传统、业余爱好、旅游度假、足球等话题；正式场合穿着整洁，举止得体，处事克制。

忌：男士剃光头；直呼德国人的名字；多人交叉握手或交叉谈话；在公共场合窃窃私语或交谈时双手插袋；谈判时漫无目的，节外生枝地闲谈；交谈内容涉及纳粹、宗教与党派之争；谈判订约后，对交货日期或付款日期要求稍为宽限等变更或解释都会不予理睬。

五、俄罗斯人的谈判礼节

特点：俄罗斯人素来以热情豪爽、勇敢耿直、集体观念强、有修养而著称于世。

宜：见面和告别通行握手礼，且要有力，但初次见面时不轻易交换名片；俄罗斯人在迎接贵宾时，捧上面包和盐是极高的待遇；地位意识较强，称呼时一般要加职衔；讲究礼貌，主动问候；会见预约，准时到场；喜谈传统的文学艺术、芭蕾戏剧、足球篮球等话题；讲究仪表，注重服饰；偏爱数字"7"和红色，认为"7"预兆办事成功，红色是美丽吉祥的象征；每年的4—6月是俄罗斯人度假季节，较少开展商务谈判。

忌：正式场合衣衫不整；以左手接触别人或递送物品；不尊重妇女的言行；蹲在地上，卷起裤腿，撩起裙子都被视为严重失礼的行为；政治、宗教矛盾、民族纠纷、经济难题、苏联解体等是忌谈的话题；社交场合剔牙是大忌；数字"13"、星期五、黑色也是俄罗斯人忌讳的。

六、日本人的谈判礼节

特点： 日本人在商务活动中注重集体决策；讲礼仪，爱面子；准备充分，考虑周全，谈判时很有耐心；注重在谈判中建立和谐的人际关系。在所有的经商民族中，日本人是最看重送礼的。

宜： 日本人的言行举止有严格的礼仪约束。见面时惯以鞠躬作为见面礼节，也可行握手礼，日本女性一般只鞠躬而不握手；初次见面，通常都要互换名片，接受他人名片，要认真确认其姓名、职位、公司名称等，以示尊重；称呼一般使用"先生""小姐""夫人"，也可在其姓氏之后加上一个"君"字，尊称其为"××君"；时间观念强，会见要守时；喜谈日本饮食、建筑、旅游观感、体育等话题；交谈时，习惯视线落在对方的双肩或脖子位置；对衣着打扮十分介意，商务交往通常穿西式服装，社交场合有时则穿国服——和服；日本人交往时不以香烟待客，即使自己要吸烟也不敬客人烟；和日本人讨论茶道是非常受欢迎的；日本商人比较重视建立长期的合作伙伴关系，在商务谈判中他们十分注意维护对方的面子，同时希望对方也这么做。

忌： 高声谈笑被视为失礼，与他人相对时，注视对方双眼是不礼貌的；穿着过分随便是没有教养和不尊重交往对象的表现；忌荷花图案，认为它是妖花；禁用菊花，菊花被当作皇帝专用的花，普通人不得使用；请客送礼忌讳出现"4""9"的数字，这些数字的发音与"死""苦"的发音相同；忌三人合影；日本商人忌2月和8月(这两个月是营业淡季)。

七、阿拉伯人的谈判礼节

特点： 往往在咖啡馆里谈贸易；做生意喜欢讨价还价，认为没有讨价还价就不是一场严肃的谈判。

宜： 见面时通常握手问候；在正式场合要称呼其全名，简称时则可略去其祖父名和父名，只称其本人名字；拜访阿拉伯人之前，需要预约，但根据他们对于时间的特殊见解，你的约会可能会被推迟或重新安排；在阿拉伯国家，首先要与对方建立朋友关系，取得信任然后才进行商业交往；在谈判中，讨论实质性内容之前，要花时间进行社交性闲谈；阿拉伯人喜穿传统服装大袍作为便服或礼服；与阿拉伯人谈生意要配合对方悠闲的步伐慢慢地向前推进，不可急促行事。

忌： 尽量不要派女性去与阿拉伯人谈判；也不要主动向阿拉伯妇女问候或行礼；异性不要在公众场所表现过分亲密，拥抱接吻；不要穿着过分暴露、随便的服装，尤其是女性；不要用左手与人握手或递送东西给别人；不要鞋底朝向他人；不谈休闲、娱乐，不能邀请其参加舞会、去夜总会玩乐；交谈时，切莫提及中东政治、宗教矛盾、石油政策、女权运动等话题。

八、其他国家、地区的礼忌

东南亚礼忌： 与东南亚商人洽谈商务时，严忌跷起二郎腿，乃至鞋底悬着颠来颠去。

否则，必引起对方反感，交易会当即告吹。

南美礼忌：赴南美做生意的人，为了入境随俗，在洽谈交易的过程中，宜穿深色服装，谈话宜亲热并且距离靠近一些，忌穿浅色服装，忌谈当地政治问题。

芬兰礼忌：与芬兰商人洽谈时，应重视行握手礼，应多以其"经理"之类的职衔相呼，谈判成功后，芬兰商人往往邀请你赴家宴与洗蒸汽浴。这是一种很重要的礼节。如你应邀时，忌讳迟到，且不要忘记向女主人送上5朵或7朵(忌双数)的鲜花。交谈时，忌谈当地的政治问题。

澳大利亚礼忌：澳大利亚人随和、热情、谈吐不乏幽默。体育和娱乐是合适的话题，在进餐和社交场合一般不谈业务。

印度礼忌：印度人见面礼节除合十礼和拥抱外，还有贴切面礼、摸脚礼等，交往讲究等级，重视身份有别，喜谈其艺术和建筑遗产；商务款待应邀请其偕夫人一起参加；在印度，政治与宗教纠纷不断，印巴冲突、核武器等敏感话题，应避免涉及；忌以左手接触别人，忌摸别人的头。

港澳礼忌：中国香港、澳门虽与中国内地同祖同宗同一文化背景，但由于讲粤语关系，有一些特殊禁忌，如习惯讲"恭喜发财"，不愿说"节日快乐""新年快乐"，尤其是商人和上了年纪的人，更不愿听到"快乐"之类的话；喜"8"厌"4"，粤方言中"8"谐音为"发"，人们因讨吉利而喜欢，"4"与死同音，所以人们避之不及，此外，忌"茉莉(花)——没利""梅(花)——(倒)霉""伯母——百无"等。

操作过程：作为谈判代表一定要搜集对方国家的礼俗禁忌，做到有的放矢。针对德国人做事依法而行、一板一眼的特点，我方应注意在谈判风格上要严谨稳重。

说明：德国人可以说是世界上最遵纪守法的人。与德国人交往应当注意正式场合穿着整洁，女性一般要化淡妆，男士千万不要剃光头；谈判时不要漫无目的，节外生枝地闲谈；交谈内容不要涉及纳粹、宗教与党派之争；谈判订约时，对交货日期或付款日期一定要谨慎对待。

九、色彩礼忌

白色：日本人及欧美人——纯洁、光明、坦率、美好；印度人——不受欢迎，卑贱。

黑色：欧美人——沉稳、朴实、高贵；多数国家人——罪恶、死亡。

黄色：欧美人及亚洲人——崇高、尊贵、辉煌、爱情、期待；巴西等多国——叛逆、耻辱、色情、怀疑。

红色：华人、欧美人——庄严、热烈、兴奋；法国人——危险、警告、恐怖、专横。

棕色：欧美人——憎恶感、无耻凶残、贬义象征。

蓝色：华人——宁静、纯洁、不朽；欧美人——信仰、生命力、西方文明；捷克人——积极向上、乐观进取；伊朗、伊拉克人——死亡、悲伤、不祥。

绿色：多数国家人——青春、生机、平静、安全；日本人——不吉利、不祥、恶兆。

紫色：意大利人——消极；南美人——不吉利。

十、数字礼忌

数字 1：西方人——完美、独尊、起始。

数字 3：希腊及多数国家人——尊贵、敬意、祥瑞；佛教徒——天、地、人的尊贵。

数字 4：泰国人——宠爱、好感、美感；阿拉伯人——长生不老、重视；港澳人——不祥、坏运。

数字 6：日本人——无赖、二流子、无用之人；华人——顺利、如意。

数字 7：阿拉伯及犹太人——志诚、坦然、尊重；新加坡人——不吉利、背运。

数字 8：港澳人——发达、好运、顺利；新加坡人——不顺利。

数字 9：华人——至极、祥瑞、长久；西方人——神圣、神圣之至；日本人——苦命、痛苦。

数字 13：西方人——不幸、厄运、倒霉；常常以 "14(A)" 或 "12(B)" 代替；特别忌讳 13 人同桌共餐；新加坡人——不顺、不吉利。

数字 42：日本人——死、死兆。

数字 108：华人、日本人——神和、神秘、驱邪。

奇数：日本人——兴旺、美满；泰国及北欧人——非常尊重、祥和；多数非洲人——消极的象征。

偶数：多数非洲人——积极的象征；华人——庄重、和美、尊重。

任务二　与客户进行商务谈判

任务提出

根据以下背景与情景完成谈判任务。

一、背景

1. 活动目的：练习已经学过的谈判技巧。

2. 参与人数：6 人(分两组)。

3. 谈判时间：2～4 小时。

二、谈判任务

1. 谈判前，至少仔细阅读两遍谈判 "情景" 所涉及的内容。阅读时最好做些笔记或记录一些数据。凡是 "情景" 里没有讲到的东西，都假定是不存在(或不会发生)的，切不可另外增加情况以适应自己的设想。然后凭你们目前的经验分组讨论一下该如何与对手谈判。

2. 谈判要点：①资信确认，力争尽快得到乙方信任；②争取得到该单位的长效保险。

3. 谈判后，每组写一份感受，分析在模拟谈判中应用了哪些谈判技巧，总结谈判体会及谈判中遇到的问题与困惑。

谈判要点	①资信确认，力争尽快得到乙方信任；②争取得到该单位的长效保险。		
甲方	X保险公司	乙方	A企业
	代表：业务员李明、业务主任、秘书		代表：张经理、经理助理、财务经理
需求	1. 甲方准备资料有两种：长效保险和短效保险 2. 据可靠消息，银行利率将下调，全国保险行业将会重新调整保险金 3. 计价和支付用人民币来支付	需求	1. 为本单位职工进行财产保险，每人保险金额1万元，共计450人 2. 对险种及费用标准不太熟悉，希望能在保费低、手续简单、服务周到的保险公司里投保 3. 希望以转账的方式付款，并到本单位办续约手续，理赔及所付费用由对方负责

注：长效保险一年期满后，可续保，一旦出事故，可获赔偿，若续险，十年期满后可返还保险储金；短效保险一年期满后退还保金，至于险金问题，统一由保险公司决定，与同行业相同

知识准备

请分析以下案例对你的启示有哪些？

由谁来回答

国际谈判圈中长期流传着这样一个真实而有趣的故事：1959年，苏共中央第一书记、苏联部长会议主席赫鲁晓夫与美国总统艾森豪威尔参加一次首脑会议。喜好辩论的赫鲁晓夫不时向美国总统提出一些问题。但是军人出身的艾森豪威尔每被问及时，并不马上回答他的对手，而是看着他的国务卿杜勒斯，等后者把一张张便条递过来之后，他才开始作答。反之，当艾森豪威尔向赫鲁晓夫询问一些问题时，赫氏却不假思索像演员背诵台词一样熟练地立刻回答对方。赫鲁晓夫对自己的脑瓜儿和口才非常得意。他在后来撰写的回忆录中认为，他既然是大国苏联的领袖，理所当然地应当知道所有问题的答案，不需要旁人指点他如何回答和回答些什么。赫鲁晓夫同时不无讽刺地问道："究竟谁是(美国)真正的最高领袖？是杜勒斯还是艾森豪威尔？"

然而国际谈判圈中对此却另有评价：艾森豪威尔作为美国代表团团长事事要听助手的主意才敢作答当然不足为训，但是在个人弱点和国家利益之间屈己事大却表现了他的睿智和严肃。艾氏显然明白，他虽然是第二次世界大战战场上的赫赫英雄，又贵为当时美国最高的行政首脑，但在外交谈判桌上，他的经验毕竟不如久经外事沙场的国务卿杜勒斯，更何况他所面对的是另一个超级大国的一位能言善辩集党政大权于一身的领袖人物。艾森豪威尔在谈判桌上听取自己部下的咨询，既表现了他求实认真、沉着稳重的统帅作风，也为他争取了思考问题的时间，避免了回答上的差错。

(案例来源：杨群祥. 商务谈判. 大连：东北财经大学出版社，2014)

谈判的内涵,有两点:一是"谈",就是谈各自关于合作的意向,谈其必要性,谈发展的前景,谈采取的措施和实施的手段;二是"判",就是对合作而引起的责任承担、风险分担、亏损或盈利的分配、权利分享、义务贡献等,逐条逐句地作出数字、范围、界限标准和时限等方面的判定。

谈判有着悠久的历史。从人类有社会交往活动以来,就有了谈判。当然,最初谈判,只是作为解决双方争议的手段之一,例如部落之间、商品交换双方之间争议的存在与发展。但是,随着人类社会的发展与文明的进步,彼此间沟通、协商逐步成为人类历史发展的必然。

随着社会经济发展和社会文明的进步,商务活动的范围或舞台在不断扩展,其规模、结构、内容在不断发展与变化,商务谈判的内容、范围、深度、广度也在不断变化。往往一次谈判,特别是一些大型的商务谈判,涉及的资料和专业知识,例如国际贸易、市场营销、金融、技术,乃至保密知识、礼仪常识、风俗常识等等。对这些知识不仅要了解更应该精通。正因为商务活动谈判涉及面广,很难要求一个人是"全才"。因而在一些大型技术设备和成套项目引进的商务谈判,是由各方面的专家协同配合的,并由商务谈判的应用性所决定。商务谈判与整个社会经济发展密切相关。它的理论来源于丰富的实践,是实践经验的总结与科学研究的成果。同时,这些理论又在实践中接受检验,并不断修正,不断完善。其理论通过每天在世界各地的数以万计的商务谈判中得以实践或应用。

商务谈判是一项人与人之间的共同的群体活动。既然是人的共同活动,就必须对其进行计划、组织、协调和控制,以保证人们集体活动的有序、有效进行。而有序、有效的商务谈判依赖于谈判前的策划工作,即在获取信息的基础上,对商务谈判活动进行全面的规划,包括对商务谈判整体形势的判断、人员组织、地点选择,以及解决问题的多种可选择方案等。

一、为谈判做准备

商务谈判是否取得成功,不仅仅取决于正确地把握谈判进程,能否巧妙地用谈判策略和谈判桌上的你来我往、唇枪舌战,更重要的是商务谈判前的准备工作。

有些营销人员并没有完全认识到多花时间和力气对谈判进行充分准备工作的价值,他们认为准备工作是一项单调乏味的工作。其实,准备工作对谈判来讲至关重要,有备则赢,无备则败。即使谈判经验再丰富的老手,也应该花费一定的时间来进行谈判前的准备工作。准备内容如下。

(1) 制定谈判目标。谈判的目标不应过于抽象,应尽可能用数量表示,要尽可能避免模棱两可。目标的制定应坚持挑战性及可行性原则。

(2) 收集关于客户的第一手资料并进行研究,做到知己知彼。

(3) 回忆上一次谈判的情况,记住不要再犯上次已经犯过的错误。

(4) 解决价格难题，确定金融机构能接受的最低价格标准。最低价格标准是营销人员同客户进行谈判的底线。营销人员可通过咨询信贷部门、计划资金部门及查阅相关规章来确定服务价格。

(5) 确定谈判人选，明确首席代表和一般代表，审核嘉宾名单，并安排好本方的记录人员。有时候营销人员可独自与客户进行谈判，有时候则需邀请一些嘉宾共同与客户进行谈判。在嘉宾名单确定时，应注意如下事项：不必要的人士不必邀请；女性主帅比男性主帅更易受到谈判对手的包容。在某些情况下，营销人员还可以选择谈判对手。

【教学互动 5-3】

问题：通过以下案例分析在谈判人员的配备方面我国谈判人员的安排有什么不妥之处。应该如何安排？

某县一饮料厂欲购买意大利固体橘汁饮料生产技术和设备。派往意大利的谈判小组包括以下四名核心成员：该厂厂长、该县分管工业的副县长、县经委主任和县财办主任。

(6) 列出谈判内容清单，安排谈判议程。能制定谈判议程，表明营销人员已经占据了谈判的优势，这是因为营销人员已经掌握了谈判内容的主动权。在安排谈判议程时，营销人员应注意：制定书面的而非口头的谈判议程；删去你想谈、想知道但没摸清底细的内容；删去你不想讨论或还没有准备的话题；按谈判顺序列出拟谈判的具体内容；多印几份谈判议程，除参会者人手一份外，还应为那些想参加谈判但不能参加或不准备参加谈判的人士准备几份。

(7) 了解谈判对手，包括谈判对手的性别、职务、资历、权限、性格、特长、偏好等。

商务谈判礼仪一方面可以规范自己的行为，表现出良好的素质修养；另一方面可以更好地向对方表达尊敬、友好和友善，以增进双方的信任和友谊。要求商务谈判人员应从自身的形象做起，在商务活动中给人留下良好的第一形象。

【教学互动 5-4】

问题：中国某企业的错误在哪里？

中国某企业与德国某公司洽谈某种产品的出口业务。按照礼节，中方提前 10 分钟到达会议室。德国客人到达后，中方人员全体起立，鼓掌欢迎。德方谈判人员男士个个西装革履，女士个个都身穿职业装；反观中方人员，只有经理和翻译身穿西装，其他人员有穿夹克衫的，有穿牛仔服的，更有甚者有穿工作服的。

现场没有见到德方人员脸上出现期待的笑容，反而显出一丝的不快。更令人不解的是，预定一上午的谈判日程，在半个小时内就草草结束，德方人员匆匆而去。

【教学互动 5-5】

问题：美国商人的错误在哪里？

有位美国商人单身一人到巴西去谈生意，在当地请了个助手兼翻译。谈判进行得相当艰苦，几经努力，双方最终达成了协议，这时美国商人兴奋得跳起来，习惯地用拇指和食指合成一个圈，并伸出其余三指，也就是"OK"的意思，对谈判的结果表示满意；然而，在场的巴西人全都目瞪口呆地望着他，男士们甚至流露出愤怒的神色，场面显得异常尴尬。

(8) 安排谈判场所。如果在营销人员自家地盘上谈判，这样营销人员可占有一定的心理优势；但有时营销人员需到客户安排的地点进行谈判。无论在哪个地方谈判，营销人员都应注意座位位次的安排。营销人员应注意以下几点：尽量坐在能迅速进行私下请教的人身旁；坐在对方主谈判手对面；不要坐在靠窗或靠门的位置，避免阳光照射使人耀眼和烦躁；坐在能使对手听清楚的位置上。

(9) 制定谈判方案，拟定谈判议程，做好文字、财务、安全、保密、接待、服务等方面的准备工作。在正式谈判前，进行模拟谈判。

(10) 为了达到最佳谈判状态，营销人员要休息好。

(11) 在出发前，要注意穿衣打扮。谈判一般要着正装。

(12) 无论多么疲惫、多么心烦、多么沮丧，只要一迈进谈判大厅，营销人员就应提起精神，显示出朝气蓬勃和自信的样子。

【教学互动 5-6】

请谈谈什么是亲和力。分析原一平如何提高亲和力的。

日本的保险销售之神原一平应该是一个代表人物。原一平身高一米五几，相貌也极其一般，这就造成了在一定程度上他不招客户的喜欢，还给他的销售工作带来了极大的困难，虽然他非常的努力，每天都拜访 40 名客户，但几个月下来他还是没有成交。有一次他去一家寺庙推销保险，寺院的住持说就你现在的样子，我是不会买你的保险的，你满脸的焦虑、疲惫，没有任何快乐的成分，我怎么敢向你买保险呢？原一平被老和尚的话点醒了，回去他就刻苦地练习微笑，有一段时间，他因为在路上练习大笑，而被路人误认为神经有问题，也因练习得太入迷，半夜常在梦中笑醒。历经长期苦练之后，他可以用微笑表现出不同的情感反应，也可以用自己的微笑让对方露出笑容。后来，他把"笑"分为 38 种，针对不同的客户，展现不同的笑容；并且深深体会到，世界上最美的笑就是从内心的最深处所表现出来的真诚笑容，如婴儿般天真无邪，散发出诱人的魅力，令人如沐春风，无法抗拒。

(13) 在开始谈判前，要去一趟洗手间，整理一下仪容，并对镜子进行微笑练习。

(14) 在准备与外国人进行谈判时，注意研究其所在国的文化习俗，确保谈话内容能符合其习惯、偏好。有时，为使双方能无障碍地进行交流，还需请专业翻译。翻译有同声翻译和迟滞翻译两种。营销人员最好雇用同声翻译，这样会使客户对您刮目相看。此外，还需注意：在谈判开始之前，要留出一定的时间与对手做简单的交流、问候；注意译员比你更需要休息；不要嘲笑译员的言辞；不用土语方言；说短话，用简单词汇。

在客户营销过程中，营销人员往往需要同客户就产品品种、产品价格、附加利益等事项进行谈判。只有通过谈判就上述事项达成一致意见后，双方才能以协议形式把合作内容固定下来。

二、谈判的基本过程

（1）导入阶段。谈判伊始，要力争创造合适的谈判氛围，使谈判双方在幽雅的环境和友好的气氛中相互介绍，彼此相识。此阶段时间不宜过长。

（2）概说阶段。各自介绍谈判意图和目标，确定谈判的议题、日程、时间。这一阶段属于投石问路阶段，不宜将自己的真实意图全盘托出。应倾听对方的发言，从中找出差距所在。

（3）明示阶段。各方就分歧问题表明立场与态度。此时，谈判进入实质性问题阶段。各方应及早确认自己可能获得的利益、让步的范围、条件等，并判断对方的所求、底线。

（4）交锋阶段。各方据理力争，处于对立和竞争状态。这是谈判最紧张、困难和关键的阶段。应本着合作的精神，摆事实，讲道理，发挥谈判技巧与能力，坚定信心，尽量说服对方。

（5）妥协阶段。本着真诚求实、求同存异、依法办事的精神，根据自己的谈判目标，在基本利益需求得到满足的情况下，寻求达成协议的途径，使得谈判得以继续进行。

【教学互动 5-7】

问题：下面寓言故事对你有什么启示？

一只狮子和一只狼同时发现一只小鹿，于是商量好共同去追捕那只小鹿。它们合作良好，当野狼把小鹿扑倒，狮子便上前一口把小鹿咬死。但这时狮子起了贪念，不想和野狼平分这只小鹿，于是想把野狼也咬死，可是野狼拼命抵抗，后来狼虽然被狮子咬死，但狮子也受了很重的伤，无法享受美味。

（6）协议阶段。各方达成共识、握手言和。在达成一致意见或协议签署后，谈判即告结束。

三、谈判过程中的注意事项

拜访客户过程中的倾听、提问、拒绝等技巧在谈判过程中同样适用，但谈判毕竟不同于一般的洽谈，故还有一些事项需要特别注意。

（1）使用"暂停"策略。当出现以下情况时，营销人员应要求谈判暂停：营销人员准备让步、谈判对手胁迫营销人员让步以及营销人员感到心烦意乱的时候；谈判时间过长而没有实质性进展，谈判人员已精疲力竭；谈判进入交锋阶段，面临破裂的可能性；对方出其不意地提出一个新的方案，使营销人员措手不及；谈判各方分歧意见较大，一时难以磋商；

到达吃饭或休息时间。途径有："稍等一下，我去趟盥洗间""我需要和领导商量一下""等下，我得考虑考虑"等。

（2）使用"让步"策略。运用此策略需把握如下原则：不要做无谓的让步，力争每次让步都能得到恰当的回报；让步要恰到好处，在对方的让步已经明朗化的情况下营销人员也应让步；不要做同幅度、对等的让步；在重要问题上力求对方先让步；让步速度不宜过快，要"三思而后行"；避免追溯性让步。

【教学互动 5-8】

问题：双方就什么会让步？让步有什么意义？
- 医药公司的会议室进行最后洽谈。
- 公司代表："为了引进设备，我们以公司大厦作为抵押，要求以 5%的利息贷款 1 亿元，3 年后一次性清偿本息。"
- 银行代表："根据我方估价，这个大楼不足以抵押贷款 1 亿元。"

公司代表："我公司是你们的老客户，一向信誉好，前几次贷款不都是如期归还了吗？"

公司代表进一步解释说："这一次是要引进设备，资金不足，还请您能给予照顾。"

银行代表不再坚持地说："只是这次贷款利率太低，时间太长，是否每年还一次，分 3 次还清，利率按 7%计算。"

公司代表："就按 3 次偿还，但是利率折中，按 6%计算，好吗？"

又经过一番讨论，双方终于达成了协议。

（3）使用"出其不意"策略。通过出其不意地提出某种方案，以测试对方反应，探测对方谈判底线。但不能盲目使用该策略，以免使谈判陷入紧张局面。

（4）表现出激情与热心。营销人员应克服一切畏惧和气馁情绪，应坚定而自信地进行谈判；坚决不要因为取得了一些小胜利就溢于言表，或遇到一点小挫折就灰心丧气。清楚地表达自己的意思，恰当地控制谈判局面。

（5）通过营造和谐融洽的谈判氛围从客观上描述问题的轮廓，引用可利用的资料等方法使表达变得更为流畅；尽量使用短句、简单的词，句子要完整、精确；避免使用学术用语。每段话应紧扣一个中心；整个谈话要有开头、发展和结束语。

（6）在谈判过程中不该说的话坚决不说。有些话在谈判中千万不能说，以免引起对方误解或造成不良印象，例如"相信我""我会对你以诚相待""愿不愿意随你""我对此不太有把握""我有点想⋯⋯""我们大概确实应该⋯⋯""你大概需要⋯⋯""看起来的确是个不错的想法"等等，还包括任何诋毁对方或第三方的话。应尽量避免出现不得不向对方道歉的局面，也不要过分地谦虚，在谈判过程中要控制好自己的情绪，不应宣泄个人情感。

（7）在心理上坚持能够成功，平时多看一些有助于谈判成功的书籍，并在日常生活中多做练习。

（8）当对方难以听懂你的话时，你可试着放低声音、减慢语速、利用手势等有耐心地进行。

(9) 控制情绪，学会忍耐，以缓制急、以静制动，保持冷静，审时度势，不要过早地同意谈判条件，要使客户确信他占了很大的便宜。

(10) 在达成交易时不要得意忘形，不要流露出轻松的表情，不要放松对客户的戒心。

(11) 避免犯一些谈判中常犯的错误，例如没进行充分准备就仓促上阵；不接受合适的建议，钻牛角尖；谈判时感到力不从心，害怕失去对谈判的控制；游离了谈判目标而无知觉；总是苛求完美的表达；为别人的失误而自责等。

(12) 在谈判中，寻找适当的时机注入个人情感，注意情感的表露。

(13) 不要让谈判陷入僵局。当陷入僵局时，可以先谈一些次要问题，通过转移客户的注意力来促使客户对主要问题的关注。

(14) 谈判过程中如果对方咄咄逼人，营销人员可采取以柔克刚策略，以静制动，以逸待劳，挫其锐气。

(15) 善于采取迂回战术，但要坚持自己的立场，不能在对方的强烈攻击下有所动摇。

(16) 在谈判过程中始终保持轻松、有信心、友好的微笑。

(17) 恰当利用"缺席"策略，有意安排一位领导人物缺席，以使己方能在谈判中有回旋余地。但应用此策略，应注意：把缺席安排得天衣无缝；把缺席位置安排在显眼的位置；安排的缺席人员不能超过 2 人；在处于不利时，要恰当地利用缺席。

(18) 谈判即将结束之际，营销人员更应稍安毋躁，还须审时度势，用自己的风度、诚意与智慧充满激情地追求自己的目标，切忌草草收场。达到双赢，才是谈判应当达到的目标。

(19) 谈判结束后，如果双方都很满意，就应该庆祝一下。庆祝的方式视对方的需要而定。此外，谈判结束后，营销人员应该进行自我反省，总结出谈判成功的经验或失败的教训。

(20) 排除谈判中遇到的障碍。谈判过程中经常遇到障碍，营销人员应该予以排除。排除方法有：暂时停止谈判，让脑子休息一下；检查谈判技能的运用情况；找出问题的症结所在；站在对方的角度，考虑一下对方的建议。对那些不"友好"的人，营销人员也应采取策略予以应对。

① 对付难缠的人的策略：

不要驳斥对方的言论，相反要证实它们，通过不直接的反击使对方难堪。

对那些含有事实成分但易使人受伤害的言辞，营销人员应予以接受，比如对方指责你粗心大意，你就应该表示歉意。

对方言辞过激，营销人员可将大家的注意力引向他，使他暴露在众目睽睽之下。

② 对付专横跋扈的人的策略：

站在第三者的立场上表达对发言人的意见要求。

询问大家的反应，引导大家来反对他。

以客观性的阐述参与争执，让众人知道道理在你这一边。

③　对付说话不着边际的人的策略：

牢记谈判的中心议题。当对方说的话已游离主题时，你应及时将话题拉回。

重申时间限定的紧迫性，让对方明确不应该在无关问题上浪费太多的时间。

向其他参会人员发问并将人们的注意力拉回正题。

④　对付故意唱反调的人的策略：

让他们将意见或想法说给大家听。

停顿一下并直视唱反调的人。

重申谈判主题的重要性与严肃性。

⑤　对付爱争辩的人的策略：

事先向这种人打招呼，用解释的方法表示出你对他的话是如何理解的。

重申谈判已达成的一致，将讨论拉回正题。

同步案例

背景与情境：张先生是市场营销专业本科毕业生，就职于某大公司销售部，工作积极努力，成绩显著，三年后升任销售部经理。一次，公司要与美国某跨国公司就开发新产品问题进行谈判，公司将安排接待的重任交给张先生负责，张先生为此也做了大量细致的准备工作，经过几轮艰苦的谈判，双方终于达成协议。可就在正式签约的时候，客方代表团进入签字厅后，转身拂袖而去。最后，项目告吹，张先生也因此被调离岗位。为什么会出现这种情况呢？

问题：原来，在布置签字厅时，张先生错将美国国旗放在签字桌的左侧，引起美国客人的不满。虽然张先生的工作态度不可谓不认真，可是，为什么还会出现这种情况呢？

(案例来源：杨群祥. 商务谈判. 大连：东北财经大学出版社，2014)

同步阅读

【阅读1】

一次，辽宁省政府组织驻该省的外资金融机构的20余名代表考察该省的投资环境，整个考察活动是成功的。然而，给这些外资金融机构代表们留下深刻印象的除了各市对引进资金的迫切心情及良好的投资环境外，还有一些令他们费解，同时也令国人汗颜的小片段。

在某开发区向考察者介绍开发区的投资环境时，不知是疏忽，还是有意安排，由开发区的一个副主任作英语翻译。活动组织者和随行记者都认为一个精通英语的当地领导一定会增强考察者们的投资信心。哪知这位副主任翻译起来结结巴巴、漏洞百出，几分钟后，不得不换另外一个翻译，但水平同样糟糕。而且，外资金融机构的代表们一个个西装革履、正襟危坐，而这位翻译却穿着一件长袖衬衫，开着领口，袖子卷得老高。考察团中几乎所有的中方人员都为这蹩脚的翻译及其近乎随便的打扮感到难为情。外方人员虽然没有说什么，但下午在某市市内考察，市里另安排了一个翻译，几个外方考察人员都对记者说："这个翻译的水平还行。"其言外之意不言而喻。

考察团在考察一家钢琴厂时，主人介绍钢琴的质量如何好，市场上如何抢手，其中一个原因就是他们选用的木材都是从兴安岭林场中专门挑选的一个品种，而且这个品种的树木生长缓慢。一位外资金融机构的代表顺口问道："木材这么珍贵，却拿来做钢琴，环保问题怎么解决？"没想到旁边一位当地陪同人员竟说："中国人现在正忙着吃饭，还没顾上搞环保。"一时间，令所有听到这个回答的考察团中方人员瞠目结舌。事后，那个提问的外方金融机构的代表对记者说："做钢琴用不了多少木头，我只是顺口问问，也许他没想好就回答了。"虽然提问者通情达理，然而作为那位"率直"的回答者口中的"正忙着吃饭"的中国人，却不能不感到羞愧。

在某市，当地安排考察团到一个风景区游览，山清水秀的环境的确令人心旷神怡。外资金融机构的代表刚下车，一位中方陪同人员却把一个带着的或许是变质了的西瓜当着这些老外的面扔到了路旁。这大煞风景的举动令其他中方人员感到无地自容。

【阅读2】

与银行行长谈判

谈判是买卖双方的一种活动，是买方和卖方斗智斗勇的一个过程，是双方知识与谋略的较量。目前为止，我参加大谈判的次数不多，不过，这两天一场真的谈判终于完成，仅以此文与文友分享，并希望能与各位文友一起进步。

简单介绍一下，本月 1 日，一家银行将我楼下四个门市租下作为分行，要占用我的二楼户外约 10 平方米的面积作招牌，根据我查阅的法律知识，中国户外广告管理办法，民事通则，物权法中的规定我对二楼户外有绝对的使用权利，所有的法律对我有利。因此，我就有偿使用我二楼户外面积的一场谈判准备开始了，庆幸的是，对此，我的对手银行毫不知情。

我从 12 日开始做必要准备，首先要了解对方，经过四天不动声色的资料收集，我得到以下有效信息。

1. 银行租期是 10 年，租金是每个门市 15 万元/年。
2. 银行的广告高度是 1.8 米，LED 广告是 0.3 米，广告位总高度是 2.1 米，长 10 米，将占用我的位置约高 1 米，长 10 米。面积约 10 平方米。
3. 该银行招牌都有标准，一般情况下不会缩小尺寸。
4. 分行开业时间是本月 21 日，装修时间是 20 天左右。
5. 我附近另一家银行占用楼上住户一次性补偿金是 2000 元。

谈判前的策略:

利用知道的分行开业时间,我决定给对方留下最少的谈判时间,也就是,等分行开始安装广告时才告知对方,给对手造成压力。

谈判前优势评估:

1. 银行必须用我的户外面积,是主动购买方,我占主动权。

2. 银行是有钱客户,购买力可以保证。

3. 银行开业时间紧,时间上我占优势。

谈判技巧在谈判过程中详细说明。

我给秘书吩咐了一件特别的事,关注我们楼下银行装修工程的进展,每天上班时要特别留意户外招牌安装的时间,一发现安装,比如,开始在我的二楼墙上钻孔,就立即阻止并通知我。

第一步:阻止施工、宣布权力。

15 日上午,终于开始安装银行灯箱招牌了,接到秘书通知,我立刻到现场表明身份,阻止安装,留下我的联系电话给施工方负责人。下午,分行主任来我公司二楼办公室找我,我将所知道的对我有利的法律条款每一条都背给分行主任听,当时分行主任听傻了眼,宣布完我对户外的使用权限后,我没有给主任时间,称自己有事要办马上谢客让他离开了。

谈判技巧 1

你自己尽量了解以方,但尽量不要给机会让对方了解你,所以我要马上谢客。

第二步:拖延时间。

从 15 日下午到 16 日两天,我都对员工称出门在外,银行主任找我两次都没有找到。其实这两天我没有什么事,只是躲在家里上网,在散文吧里读诗,看文章。

17 日上午,通过事先电话预约,主任与另一位经理终于在我二楼办公室找到我了,与我商量户外招牌的事宜,我耸耸肩,装出很遗憾的表情告诉对方,我要用这块面积为自己的公司做广告,不能让给银行使用。然后就立刻叫秘书送客。

谈判技巧 2

给对方找一个竞争对手,这里说真的,那块面积我一直没有打算做任何用途,相反,我还因为墙上灰尘和到乱拉乱布的网线发愁不过,现在,我以自己要使用给银行找到了一个最有力的竞争对手。

17 日下行,银行通过我的朋友,领导或打电话或亲自到我办公室说情,请我将那块户外面积让出来,我一直坚持说自己要用,在接见到第五个县级领导来说情时,无奈地表示可以商量、可以和银行的负责人谈一谈,给足领导面子。呵呵,做个顺水人情。

第三步:第一次正式商谈。

18 日早上,银行派出片区经理和施工方负责人来和我商谈,我漫不经意地接待了一下,并问银行给出什么补偿条件,经理说给 2000 元,我说条件不够好,经理让我报价,我的报价是 2000 元一个月,每年 24000 元,10 年共 24 万元,如果一次性付清,可以 20 万元,经理当时说这是天文数字,我以教训的口吻说,没想到银行派出一个外行来我和商谈,让经理转告我的意思给银行负责人，让银行另派人来与我商谈，并吩咐秘书送客，经理与施工方负责人灰溜溜地走了，我只是坐在椅子上说了声"慢走"。

谈判技巧 3

让对方先报价试探虚实，自己报价要高，谈判的人身份必须相符。当对手比你职位低时，你可以适当轻视或教训一下对方，让他们更重视你，并且谈判时最好能与决定权的人谈，比较有利自己。

第四步：二次商谈

18 日下午，银行派出一个副行长与一个总经理来与我商谈，我依然让对方先报价，副行长开始报价 5000 元，然后说了一大堆难处，我开始做一个听众，听对方说，待对方说完让我报价的时候，我很直爽地将报价降低了一半，12 万。副行长直摇头说不行，这时，我从办公桌里拿出一个自己制作的中国户外广告面积收费标准，按照我的标准，我的价格相当合理，呵呵。并将收费标准表格送给副行长，让他带回去向领导汇报，也相当于将副行长当了我的说客，并表示明天上午我也有空，早上 8：30 可以在办公室等他再来商谈一次，呵呵。

谈判技巧 4

做足准备，给自己的高报价找出充分足够的依据，并根据对方的让步做出相应的让步。

第五步：三次商谈

19 日上午 8：30，副行长和总经理准时出现在我的办公室，我拿出一盒云南茶叶说是顶级的好茶要与副行长分享，让秘书为我们泡好，几次副行长要开口谈合同的事，我都以先品茶为由拒绝，并大谈茶道。半个小时过后，下面一楼安装负责人打电话问副行长是否可以安广告了，我知道银行开始有点火烧眉毛了，呵呵，我心淡定，还是老规则，我让对手先报价，副行长报出 1 万元的价格，并以恳请的语气让我接受，我直接说，条件不够好，并说如果我自己用这副广告位做广告，我的收益比这个高，所以拒绝了，行长再次准备大谈难处时，我的电话响了，其实这是我事先就安排好的让我一个朋友打过来的，我让他在 9 点钟打给我，我说有要事要离开，副行长拉住我的手，让我报个价，我说这样吧，一次性付 10 万，有诚意的话，下午我回来签合同，副行长显然没有权做 10 万的主，说要回去向领导汇报，我顺势离开。

下午我的电话响了，是副行长打来的，我说下午我在约见我一个重要客户，没有空，明天上午再谈。

谈判技巧 5

关键的时候离开，给对方不留谈判的时间，因为作为卖方，谈判时间越长越不利。

第六步：四次商谈

20 日上午，8：30，行长终于本人出现，带着昨天的副行长，两人一来，我立刻对行长本人亲自到来表示热情欢迎，说了许多客气的恭维话，虽然行长脸上微笑了，但我知道此刻他的心中如热锅上的蚂蚁，我心淡定。

老规矩，我让行长先报价，行长说 3 万元，这是他的最高权限，我说条件不够好，直接拒绝了，行长让我报价，我说这样吧，9万元，然后一直抢着说这是我的最低价，并开始将所有的理由不停地说出来，态度坚决，眼神坚定，不给行长说话的机会，在我说了半个小时后，行长实在受不了，打断我的高谈阔论，说4万吧，我的回答仍然是条件不够好，不过我让步5千，说8万5千元，再也不能少了。行长刚要开始谈，我突然捂着肚子说身体感觉有点不适，要上洗手间，我拿着纸，来到洗手间，并关上门，站在里面，等了约20分钟，他们等不住了，副行长也来上洗手间，冲完水后，假装关心地问，李总，好了没有，没事吧？我说还有两分钟就好了，我知道，他们这时已经请示了市行或省行领导，有结果了，过了两分钟，我准时出来了，边进办公室边说，昨天酒喝多了，肚子有点不舒服。

谈判技巧6

越到最后，让步要越小，并且如果对方没有权限，就要给对方一点时间请示领导，所以我要上20分钟洗手间。

第七步：我刚坐上椅子，行长说，5万，高了就再也没有办法了，我睁大眼睛表示惊讶，全身再配上夸张的表情，装出完全不可以接受的样子。行长开始大谈难处，谈了一会儿，我的手机响了，当然，也是我安排的一个朋友打来的，以公司总部的名义通知我今天下午去深圳公司总部报道，明天参加企业精英课程培训，为期三天。我将秘书叫进办公室来，让她帮我预订上午的飞机票，当然，这些也是我预先安排的。然后就起身要谢客，说因为我参加学习，我要做一些准备和工作的安排，学完后回来再接着谈，呵呵，行长说再给他点时间，并要求我再少一点吧，口气已经成了无可奈何，我装出非常为难的样子坐了下来，说让我考虑一下。我这一考虑就是5分钟，我们三人一句话都没有说，办公室出奇的静。

谈判技巧7

越到关键时刻，越是考验耐心的时候，谁的心坚定谁就是赢家！并且要制造时间理由，催成成交，所以我安排了一次假出差。因为我知道，今天是他们最后安广告牌的时间。明天他们就要开业了嘛，呵呵。

第八步：成交

最后我拿出办公桌里的一张纸，用笔写下两个大大的字，8万。然后坚定地说：就这个价，不能再商量了。然后还说，如果不是老领导说情，我根本就不会转让这块户外广告位置，然后就一直盯着行长看，又是沉默，办公室像黑夜一般寂静，副行长额头开始冒汗水了，而行长脸上苍白的表情让我知道，他的抵抗显然投降了，呵呵，在他低头思考的时候，秘书进来了，说，李总，机票订好了，上午11点半，我说，知道了，然后对行长说，要不，你们回去再开会商量一下，还是等我学完后再谈吧，随即我就起身，开始整理桌上的文件，装着收拾东西，两分钟后，我说还是回来再谈吧，礼貌地表示要先告辞了，并表示歉意，刚要走，行长站起来，握住我的手，说：成交。呵呵，预料之中。

谈判技巧：谈判应该有一个底价，我定的底价是8万，所以我不会再让一点步，并且让对手知道，如果现在不马上签，就再也没有机会和我谈了。

剩下的事就是由我的秘书与副行长商谈协议的一些细节，打印好协议后，我和行长签完字，握握手，礼送出门。

一块布满蜘蛛网的十平米的外墙我以 8 万的价格卖给了银行。

以上都是一些谈判中的常用技巧，当然，谈判还有一些其他的技巧，要活。

(案例来源：杨群祥. 商务谈判. 大连：东北财经大学出版社，2014)

【阅读 3】

汤姆停在路边的小车被一辆翻斗车撞毁。汤姆的车保了全险，但究竟能赔多少需要他和保险公司的理算师商定。

保险公司理算师：汤姆，我们研究了你的案子，确定了适用的保险条款，你可以获得 6600 美元的赔偿金。

汤姆：这样啊。你们是怎么得出这个数额的？

保险公司理算师：我们是依据这辆车被撞前的价值。

汤姆：明白了，但你们是用什么标准得出这个赔偿额的？你知道我现在得花多少钱才能买一辆同样的车吗？

保险公司理算师：你想要多少？

汤姆：我想得到依据保单条款应该得到的数目。我找到一辆类似的二手车，价钱是 7700 美元，再加上营业税和消费税，大约是 8000 美元。

保险公司理算师：8000 美元！这太多了！

汤姆：我所要求的不是 8000 美元，6000 美元或 10000 美元这样的具体数额，而是一个公平的赔偿。你不认为我得到足够的赔偿来换一辆车是公平的吗？

保险公司理算师：好，给你 7000 美元，这是我们所能支付的最高赔偿额了，公司有政策规定。

汤姆：你们公司是怎么算出这个数额的？

保险公司理算师：你要知道，7000 美元是你能得到的最高数额了。要不要随你。

汤姆：7000 美元也许是公道的，但我不能确定。如果公司的政策束缚了你，我当然可以理解。但除非你客观地告诉我得到这个数额的依据，否则我想法庭上我能够得到更高的赔偿。

保险公司理算师：我们为什么不研究一下再谈呢？星期三上午 11 点对你合适吗？

汤姆：好的，格利弗先生，我今天在报纸上看到，一辆 1989 年的托罗斯车出价是 6800 美元。噢！上面有没有提到行车里程？

保险公司理算师：4.9 万英里。为什么问这个？

汤姆：因为我的车只跑了 2.5 万英里，你认为我的车可以升值多少？

保险公司理算师：让我想想……450 美元。

汤姆：假设 6800 美元是合理的，那现在就是 7250 美元，广告上提到收音机了吗？

保险公司理算师：没有。

汤姆：那你认为一部车载收音机值多少钱？

保险公司理算师：125 美元。

汤姆：空调呢？

······

半小时后，汤姆拿到一张 8024 美元的支票。

(案例来源：一个非常成功的谈判案例，百度文库)

任务三　协议文本的起草与签署

任务提出

请根据表 5-2 所给资料撰写银行证券营销推广合作协议。

中国农业银行××分行——××证券××服务部

表 5-2　第三方存管营销推广合作协议

目标：实现新增股票客户 3000 户	
时间：2008 年 4 月 19 日到 2008 年 5 月 31 日	
甲方：	××证券××营业部××服务部

工作任务

1.在农行网点派驻营销人员，主要负责客户营销、客户服务、客户咨询以及与银行的联络等工作。

2. 奖励措施：

①银行职员每开一户奖 35 元；本人开户免开户费。

②开户客户每人可获赠证券业务基础知识小册子。

③凡开户客户均可提供现场指导、电话指导、免费手机短信指导和免费增值服务产品。详情请登录××证券网址 www.ghzq.con 查询。

④对有效股票客户的银行员工进行差级奖励。

A．股票市值 5 千到 2 万元的有效户奖励 50 元/户

B．股票市值 2 万到 10 万元的有效户奖励 100 元/户

C．股票市值超过 10 万元的有效户奖励 200 元/户

⑤对营销工作先进的网点：

A．网点开户数 100 户/月，奖励 1000 元/每个网点

B．网点开户数 150 户/月，奖励 2000 元/每个网点

C．网点开户数 200 户/月，奖励 3000 元/每个网点

续表

(有效户的界定：股东账户有交易 10000 元以上交易记录或股东账户托管股票市值在 5000 元以上。)

委托电话	咨询电话	联系人
网址		电话
乙方：		中国农业银行××分行

工作任务

1.组织、排列出各网点培训时间表并培训(培训内容：股票基金基础知识、开户培训、活动优惠措施及服务等内容介绍。)

2.免费为客户开办借记卡。对于属于中央和地方预算单位、国有(控股)企业(分支机构)等大型机构的客户可以免费申请农行金穗公务员卡(其特点：免卡费、免年费、免担保、免排队；信用额度为 1～5 万元不等，25～56 天免息期)

3. 奖励措施：

①个人营销新户数达 100 户以上的奖励营销费用 2000 元

②个人营销新户数达 80 户以上的奖励营销费用 1600 元

③ 个人营销新户数达 50 户以上的奖励营销费用 1000 元

④个人营销新户数达 30 户以上的奖励营销费用 600 元

4.通过网点海报、理财专区、宣传折页、网银、及时语、电邮推送、对账单、声讯广告、媒体广告和软文等多种方式进行营销宣传。

5.举办股评会、股民培训班、私人理财产品推介会等，发展批量客户。

联系人	电话

知识准备

请读以下寓言故事，谈谈对你的启示有哪些。

与虎谋皮

古时候，有个喜欢贵重皮袍子和精美食物的富翁。一天，他想炫耀自己的财富，便想做一件价值一千两银子的皮袍子，没有那么多的皮，他便去和老虎商量，要剥它们的皮，富翁话还没有说完，老虎就没命地逃入了崇山峻岭。又一次，他想办一桌有羊肉的丰盛筵席，便去和羊商量，要割它们的肉，同虎一样，羊也一个个躲进了密林深处。就这样，富翁谋算了很长的时间，也没有办成一桌有羊肉的酒席。

在设计作业方案的同时，营销人员应就合作的具体方式、费用的收取标准等情况同客户进行洽谈。洽谈应该本着互利、平等的原则进行。如果双方就洽谈达成了一致意见，则需用协议的方式确定下来。此时，应及时向客户发出签订协议的建议与要求。

例如贷款协议、理财协议等都有标准化的文本；对战略性协议或个性化产品服务协议则需要银行进行专门起草。一般而言，对有专项服务的客户来讲，需签订专项服务协议；对有综合性服务需求的客户来讲，还需要在总的合作协议项下签订一系列的专项合作协议。

一、协议文本的基本构成要素

协议是用来描述进程之间信息交换过程的术语。是由一系列的步骤组成，包括两方或多方。设计它的目的是要为了完成一项任务。

(一)协议文本特点

市场经济在某种意义上说是法制经济，贴近生活的说法，是指契约经济、合同经济。企业在经营中，要充分运用法律，最大限度地发挥其效力空间，规避运营风险，维护好我们的合法权益。

(1) 协议中的每个人都必须了解协议，并且预先知道所要完成的所有的步骤。

(2) 协议中的每个人都必须同意并遵循它。

(3) 协议必须是清楚的，每一步必须明确定义，并且不会引起误解。

(二)合作协议的基本构成要素

一个完整的协议一般由下列要素构成：

(1) 协议名称(标题)；

(2) 协议签订者名称、地址和法人代表姓名；

(3) 签订协议的出发点(依据和目的)；

(4) 合作的基本内容；

(5) 各方的权利和义务；

(6) 经济责任和违约责任；

(7) 争议的解决；

(8) 协议的有效期限；

(9) 协议的份数与保存；

(10) 未尽事宜；

(11) 协议的签章、日期。

二、签订合作协议

金融营销人员如果与目标客户就洽谈达成一致意见，则需要用协议的方式确定下来。

一般来讲，营销人员为签订合作协议需做好以下准备工作。

(1) 协议上的任何文字以终稿为准，协议文本不得涂改，确需变动时须经双方同意，改动的地方要加盖公章，协议需用碳素笔或钢笔签订。

(2) 订立协议的当事人必须具备完全的缔约能力和合法资格，必要时应对协议的签署进行公证。

(3) 与拟签约客户进行联系。

① 确认签约人员姓名、性别、职务，如签约人不是法人代表，应出具法人代表的授权书。

② 商讨签约时间、地点。一般在金融机构办公地点或某个宾馆进行签约活动。如在宾馆进行签约，应与其就费用、会议室的使用、摄像、礼仪人员、条幅制作等问题进行协商。

(4) 联系新闻单位，协助新闻单位起草新闻稿。

(5) 起草领导讲话稿。

(6) 准备好赠送给客户的礼物并届时由参会领导进行交换。

(7) 确定是否邀请非签字双方的第三方人士参加。

(8) 确定所有参会人员的出行方式及出行时间。

(9) 安排好来宾携带的文件包及其他物品。

(10) 安排好参加人员的接站、到达时车位的引领及接待工作。

(11) 如在外地签约，应为参加人员预订好往返车票或机票。

三、起草协议文本的注意事项

(1) 语言要规范、准确、严谨、具体，违约责任中对各种可能出现的情况都要预料到。

(2) 起草协议时应保持同客户的经常沟通，避免一方独揽而发生异议，在内容设计上要体现公平互利和诚实信用原则，要遵循法令法规，既体现原则性又体现灵活性。

(3) 如果对某些具体内容有异议，先将共识写入协议，其余未达成共识的事项待协商一致后再补进协议。

(4) 非标准格式的协议文本在签署前应经行内法律部门或专业人员进行法律性审查，并签署书面意见。报有权签字人签字并加盖公章后方可同客户签署。其他任何同客户签署的协议最好也要征求专业律师的法律意见。

(5) 对协议进行认真审核，包括：

① 合法性审核，即审核协议约定的事项是否为合法行为，有关手续是否完备。

② 有效性审核，即审核双方代表是否有签署协议的权利，协议内容有无违法或前后矛盾之处。

③ 一致性审核，即审核协议与双方商谈的内容是否一致。

④ 文字性审核，切忌使用模棱两可的文字，重点审核关键语句、金额等。

(6) 签约之前需注意保密，尤其是要对竞争者保密。

(7) 起草完协议之后应尝试着回答：这个协议达到目标了吗？对方能不能认可这个协

议？协议中所列的各项义务对方能不折不扣地执行吗？对方的履约能力能达到你的期望值吗？对方能真正执行协议中的有关条款吗？

(8) 在总协议框架下有时尚需根据业务开展的具体需要起草专项协议，如结算服务协议、进行战略研究协议、聘请法律顾问协议、顾问服务协议、成立联合工作机构协议及其他专项产品服务协议。

四、协议文本示例

某银行河北省分行与星达公司建立联合工作机构的协议。

依据某银行河北省分行(以下简称"甲方")与星达公司(以下简称"乙方")达成的《某银行河北省分行与星达公司战略合作协议书》的要求，现就某银行河北省分行与星达公司建立联合工作机构的有关事宜达成如下协议：

一、人员构成

(1) 甲方选派 4 人。

(2) 乙方选派 4 人。

(3) 部门管理人员甲乙双方各指定 1 人，正职由甲方人员担任。

二、机构职能

联合工作机构是对甲方行长和乙方总经理负责的乙方内部常设机构，同时为甲乙双方的联络机构。职责主要是：

(1) 对乙方的战略发展规划提出策划意见及推动方案。

(2) 提交乙方资金及资本运作方案。

(3) 对乙方各管理系统提出预警报告。

(4) 帮助建立和完善乙方内部系统。

(5) 提交工作报告。

三、权利范围

(1) 具有收集乙方资料的权利。

(2) 具有向乙方总经理提出工作改进意见的权利。

(3) 具有内外调研的权利。

(4) 具有参加乙方高层管理者会议及生产调度会议的权利。

(5) 对乙方重大战略决策有提出建议的权利。

(6) 具有对乙方提供综合授信的建议权利。

四、目标责任与工作方法

自联合工作机构成立之日起 10 日内，由该机构提出目标责任与工作方法，经甲方行长和乙方总经理讨论同意后执行，并作为对该机构及工作人员考核的依据。

五、双方的利益保证

(1) 人事管理权。双方对各自派入此机构的工作人员有调整权，并对对方的派入人员有调整建议权。

(2) 财务管理权。除甲方派入人员的工资与福利费用由甲方承担外，其他的费用均由乙方承担，并按乙方有关管理制度执行。

六、其他

该联合机构经甲乙双方共同认可后方可正式撤销。撤销后，双方的日常联络工作由双方指派专人负责。

甲方：	乙方：
法人代表或授权代表人：	法人代表或授权代表人：
签订时间：	签订时间：
签订地点：	签订地点：

五、合作事项的具体运作

签订协议意味着双方合作的正式开始，签订的协议内容就变成了具有法律意义的事实，签订双方也就具有了相应的权利与义务。营销人员应以高度的责任感与事业感牵头组织作业小组及产品部门人员投入对客户的服务工作，保证对客户服务的高质量、高效率。如聘请了外部机构或专家参与对客户的服务工作，还应督促外聘单位按协议抓紧作业，全面推进金融顾问服务工作，保证按时完成对客户的服务工作。

(一)向客户索取开展业务必需的有关材料

不同的银行产品需要客户提供不同的资料，为提高服务效率，营销人员可采取卡片的形式向客户索取有关资料(如表 5-3 所示)。

表 5-3　××产品需提交材料

尊敬的客户朋友：

为了尽快帮您办理业务，请您在办理业务前认真阅读下列内容并将下列资料尽快提交我行，以提高我们为您服务的效率。真诚感谢您的惠顾！

您应提供的资料　　资料名称(可根据产品手册所列业务品种填写)　　您实际提交的资料

☐
☐
☐
☐
☐
☐
☐
☐
☐
☐
☐
☐
☐
☐
☐
☐
☐

客户签字：		营销人员签字：

交付资料时间：　年　月　日　　　　　　　　　接受资料时间：　年　月　日

有关收费标准：

　　我们将按　　　　标准收取费用。

我行承诺：

　　您如果能向我行及时提供符合要求的资料，我们将在××天之内办理完上述业务。

产品经理意见：

　　　　　　　　　　　　　　　　　　　　　　　产品经理签字：

　　　　　　　　　　　　　　　　　　　　　　　　　年　月　日

(二)提高产品服务效率

营销人员需联合银行产品部门共同向客户提供产品服务，为提高服务的效率，营销人员应加强计划性，可采取制作计划进度表的方式进行。其中，表 5-4 为营销人员自己掌握服务进度所用。表 5-5 为营销人员上报自己的工作计划供上一级领导掌握所用。

表 5-4 营销人员业务开展进度表

服务品种		预定完成时间	实际完成时间	责任人	拟采取对策
品种一	第一阶段				
	第二阶段				
	第三阶段				
品种二	第一阶段				
	第二阶段				
	第三阶段				
品种三	第一阶段				
	第二阶段				
	第三阶段				

表 5-5 营销人员提供产品服务工作表

客户名称		客户联系电话		客户方联系人	
产品名称	计划时间安排	协作部门	协作人员	实际完成时间	

产品服务说明：   营销人员签字：

年　月　日

工作效率评价：   上一级营销人员签字：

年　月　日

六、向客户提交服务成果

对信贷、结算等传统的银行服务，营销人员是在牵头组织产品部门向客户提供服务的过程中完成的。对顾问服务，营销人员最终需提交专业的服务报告。服务报告的终稿需经专家及上一级营销人员审核后才可向客户提交。一般来讲，不同的服务报告具备不同的内容，应采取不同的形式。

例如客户发展建议书。

光明工贸公司是一家上市公司，营销人员在对其进行诊断的基础上，提出了专业化的顾问建议。

对光明工贸公司发展的建议

尊敬的××公司：

为促进贵公司的进一步发展，我们本着忠于客户、服务客户的原则，提出如下发展建议，请参考。

一、为确保贵公司的长期成长性，应研究企业发展战略

(1) 搞好市场研究。包括国际国内市场上公司产品(含相关产品)的供需现状、未来走势；原材料的供需现状、未来走势；国内外同类企业的成功道路；产品价格分析；影响行业发展的因素分析；产业政策剖析；行业发展走势预测；行业主要企业情况分析。

(2) 制定经营与发展战略。包括企业基本情况剖析；企业主要经济技术指标及与同类型企业比较；企业在同行业中的竞争地位剖析；企业存在的问题及解决方案；以核心优势为根本的扩张之路；企业发展战略目标、规划及其可行性；企业发展前景预测；企业持续发展的战略规划。

(3) 抓住发展机遇。包括行业的整体发展态势；行业的市场结构及资源配置状况；市场空隙剖析；行业重组、技术创新等对贵公司的影响；贵公司对机遇的把握。

(4) 注重风险控制。包括企业财务风险监控体系的创建；市场风险与防范；政策风险与防范；行业风险与防范；扩张风险与控制等。

二、考虑利用企业的核心优势，走资本经营之路，搞好战略扩张

(1) 利用金融杠杆和资本市场工具，实现核心业务的规模化扩张。

(2) 在巩固核心业务的同时，考虑核心产业链的延展，寻求新的效益增长点。

(3) 利用国家对基础产业的倾斜政策，加大科技开发投入，作出高科技概念。

(4) 利用上市公司在品牌、信用等方面的优势，走向借助资本市场成长之路。

三、创新思路，在同类型上市公司中独树一帜

(1) 通过与我行展开全面合作，在同类型上市公司及公众中树立起银企全面合作的旗帜。

(2) 获得我行全面的金融服务，借助金融杠杆和手段进行扩张。

(3) 通过与我行展开全面合作，实现企业与我行的优势互补，树立良好的产业与金融间"强强联合"型上市公司新形象。

① 重组方案和筹融资方案。

营销人员向客户提供重组顾问服务，最终要向客户提供重组方案；向客户提供筹融资顾问服务，最终就要向客户提供筹融资方案。

一般来讲，重组方案应包括如下内容：介绍重组背景；介绍重组的目标；介绍公司重组的国内经验；公司重组的模式分析，包括每种模式的优缺点及适用条件；设计具体的重组方案，一般是提出若干备选方案；对各个备选方案进行评价，并选出最佳方案；介绍选择该重组方案的依据；介绍该重组方案的操作依据与步骤。

筹融资方案则包括如下内容：介绍项目背景；介绍项目特征及市场运作要求；分析项目存在的问题，主要分析现有筹融资工具与渠道存在的问题；筹融资方案的具体设计，包括设计原则与思路、筹融资的具体途径及分析、项目债务承受能力分析、项目资金使用安排建议及其他注意事项；对新的筹融资渠道进行效益分析，包括项目效益预测、借款偿还计划、项目现金流量预测、经济指标分析等内容；介绍筹融资方案的具体实施措施及保证措施。

②投资价值分析报告。

七、正式建立合作关系

银行与客户是否真正建立了合作关系，关键要看是否具备了合作关系必需的条件。

条件主要包括：双方签署了合作协议书及其他相关合同文本；营销人员(及银行的有关领导)与目标客户的法人代表(或有关负责人)建立了良好的个人感情关系；客户在本银行开立了基本账户或专用账户；银行与客户建立了全方位、基于科技手段的互相依存关系；客户大量、连续、持久地使用本银行金融产品及服务，银行既能满足目标客户的现实金融需求，又能引导目标客户的潜在需求，即建立了忠诚客户关系。

八、合作关系的定期评价

与客户通过产品提供建立合作关系后，营销人员应定期对客户进行价值评价，以确定下一步的营销方向，尽可能多地从该客户身上获取收益。如果该客户价值基本丧失，营销人员应考虑在适当时候放弃此客户，对自身所掌握的客户资源进行结构调整。

同步案例

请通过完成任务三写出合作建议书的格式。

同步阅读

【阅读1】

表5-6客户价值分析表、表5-7客户年度合作评价表。

表5-6　客户价值分析表

客户名称				日期
社会效益				
第一年与本	业务品种	金额	占所有银行业务的比重	情况分析
行合作情况	存款			

第一年与本行合作情况	贷款			
	客户信用评级			
	授信额度			
	人民币结算量			
	国际结算量			
	利差收入			
	中间业务收入			
	累计净收入			
	交叉销售1：			
	交叉销售2：			
	客户业务紧密度	产品数量		
第二年与本行合作情况	存款			
	贷款			
	客户信用评级			
	授信额度			
	人民币结算量			
	国际结算量			
	利差收入			
	中间业务收入			
	累计净收入			
	交叉销售1：			
	交叉销售2：			
	客户业务紧密度	产品数量		
与本行合作历史简要回顾				
客户自身发展趋势分析	行业状况		区域情况	
	财务状况		管理情况	
	经营情况		简单总结	
在本行发展战略中的地位				

注：对于本行尚无业务往来的客户，可不填写"前年、去年与本行合作情况"部分。

表 5-7　客户年度合作评价表

客户名称 _____　　　　　　　　　　　　　　　　　　　日期

客户级别		与本行 合作年限		客户信用评级	
与本行 合作情况	业务品种	金额	比上一年度增加(或减少)	本行在客户与银行 合作业务总额中的 占比	原因 分析
	存款				
	贷款				
	承兑汇票				
	贴现				
	其他1				
	其他2				
	其他3				
	交叉销售1				
	交叉销售2				
客户对本行 贡献度(单位: 百万元)	利差收入		中间业务收入	累计净收入	
	简要评析				
合作总体评价	对本行产品是否 满意		对本行服务是否满意		
	对本行提出了哪 些新的产品需求		综述:		
	存在主动营销/交 叉销售哪些产品 的机会				
下一年与该客 户合作的计划 与建议	今年对客户拜访 频率		明年计划对客户拜访频率		
	为扩大业务合作 需要银行提供的 资源				
	明年拟采取的营 销措施				

【阅读2】

股票配资公司合作协议合同范本。

证券投资合作协议

依据现行法律法规的相关规定，甲乙双方经友好协商，本着诚实信用的原则，就甲方将其股票账户授权乙方进行交易合作事宜，自愿订立本协议。

第一条　合作事项

甲方拥有资金，希望与乙方合作进行证券投资获得稳定收益；乙方拥有证券投资的经验及技能，愿与甲方合作获得投资收益和承担投资风险。合作形式为乙方提供交易保证金，甲方提供出资额，乙方在中国证券交易市场进行 A 股买卖交易，乙方获得投资收益和承担投资风险，甲方收取相应的管理费。

第二条　合作金额及管理费

1. 甲方出资额人民币(大写): _____ 元整，(小写): ￥_____ 元整;

2. 乙方提供交易保证金人民币(大写)_____ 元整，(小写): ￥_____ 元整;

3. 股票账户初始资产总额为甲方提供的出资额加上乙方交易保证金合计人民币(小写): ￥_____ 元整;

4. 甲方收取管理费每月为_____ 元整。

第三条　合作期限

____ 个月，自____ 年____ 月____ 日起至____ 年____ 月____ 日止。

第四条　合作方式

1. 乙方将上述交易保证金存入甲方提供的银行资金户，甲方提供初始资产总额为乙方交易保证金和甲方出资额之和的股票账户。

2. 乙方在甲方提供的股票账户上进行中国证券市场 A 股交易，甲方进行风险控制管理。

3. 乙方应按月将管理费存入甲方银行资金账户，存入日期为每月_____ 日。

第五条　合作规则

1. 甲方应当向乙方提供股票合作账户及密码，由乙方实际操作该股票账户上的股票买卖交易。合作期间乙方未取得甲方的书面同意，不得以任何理由修改交易密码。

2. 股票账户资产总额在工作日(T 日)收盘后低于警戒线_____%即_____万元整时，乙方应在 T+1 日 09:15 以前追加资金至预警线(以资金实际到账为准)或降低仓位至以市值计算的持仓比例不超过 50%，自 T+1 日 09:15 起，若乙方未按期足额追加资金或降低仓位，甲方有权自主决定变现股票，直至以市值计算的持仓比例不超过 50%。

3. 股票账户资产总额在工作日(T 日)收盘后低于止损线_____%即_____万元整时，乙方应于 T+1 日 09:15 前追加资金高于预警线。如果乙方未追加资金，则自 T+1 日 09:15 起，甲方对乙方持有的全部股票进行清仓变现。若乙方出具有效划款凭证但追加资金仍未实际到账的止损时间可延迟至最晚不超过当日 13:00，否则，甲方自 13:00 开始清仓变现。

4. 如果乙方在止损变现完成后的 3 个交易日内追加资金使股票账户资产总额达到初始资产总额，协议继续履行。否则，协议于第 4 个交易日提前终止，所变现资产在扣除甲方出资额及管理费后返还乙方，如变现资产余额不足以抵扣出资额和管理费，乙方应在 1 个自然日内将差额补付至甲方资金账户。

5. 股票账户资产总额超过初始资产总额的 110 %时即资产总额超过人民币 _____ 万元整且持续 3 个交易日，乙方可以以万元为单位整数提取超过初始资产总额的 110 %以上盈利部分资金。由乙方提前 1 个工作日通知甲方，甲方应在 2 个工作日内将股票账户的盈利资金转入乙方收款账户。

6. 避免乙方买卖的股票出现连续急跌等不可预见的情况，乙方购买主板、中小板股票单只仓位不得超过 _____ %；购买创业板股票单只仓位不得超过 _____ %；总仓位不得超过 _____ %；购买当天上市的新股和复牌当天等涨跌幅不受 10%限制的股票单只仓位及总仓位不得超过 10 %。乙方不得购买权证、ST、*ST 和 S*ST 股票。

7. 乙方不得投资交易甲方关联方发行的证券品种(目前有鲁信创投、华东数控、新北洋、宝莫股份、圣阳股份、龙力生物、通裕重工，如有增加以甲方通知为准)以及甲方认定的临时性高风险证券品种。

8. 合作期限届满双方可签订协议续期，如双方不愿继续可终止合作。到期终止合作则乙方应在终止日前将股票清仓，甲方应在终止日后 3 个交易日内将股票账户的资金扣除出资额、违约金和管理费后的余额返还乙方。如股票账户资金余额不足以抵扣出资额、违约金和管理费，乙方应在 1 个自然日内将差额补付至甲方资金账户。

9. 本协议履行过程中双方(含双方的指定联系人、紧急联系人)之间的邮件、短信、传真通知均视为履行本协议过程中的有效通知，但是本协议明确应该以书面形式的通知除外。

第六条　承诺与保证

1. 甲乙双方必须确保其资金来源的合法性。由于某一方的资金来源不正当所导致的任何后果均由其自己承担，资金来源合法的一方无须承担任何法律或经济责任。

2. 除非出现本协议约定的情形，否则甲方自愿放弃对股票交易的选择权，由乙方自主决定购买股票品种，甲方不得干涉，否则视同甲方违约。

3. 乙方应按法律法规的相关规定进行股票交易操作，如有违反，由乙方承担因此产生的一切法律责任。

4. 乙方购买的股票暂停交易且交易恢复日不确定或在合作期限到期日之后的，由甲乙双方协商合作延展期，协商不成合作期限到期顺延 30 个自然日，合作延展期或顺延期乙方应按月支付管理费，合作延展期或顺延期到期日届满当日，乙方应足额偿还出资额和管理费。

5. 乙方购买的股票公告终止上市的，股票账户资产总额应减去该股票市值，并以此作为实际资产总额计算预警线和止损线及清仓后资产总额。

6. 合作期间，甲方如因管理需要更改股票账户，需提前30个自然日通知乙方，乙方应在30个自然日内对原股票账户清仓并通知甲方，甲方在接获通知并查实清仓后的当天为乙方在新股票账户划拨原股票账户清仓后的资产总额。

7. 若甲方以他人名义开设股票账户提供给乙方操盘，甲方承诺已取得该股票账户所有人的全部授权，甲方承诺对该股票账户和关联的资金拥有完全的所有权和处置权，若该股票账户的所有人擅自操作股票账户和关联资金所导致的乙方损失由甲方承担。

8. 甲、乙双方应当保证不得擅自将股票账户资料、乙方实际交易情况及乙方个人信息以任何方式泄露给其他第三人。

9. 甲方除本协议约定情况外不得强制平仓账户上的股票。如果因行情急剧变化、操作失误、系统性风险影响导致股票账户中甲方出资额本金损失，即账户平仓后的资产总额小于甲方的出资额和管理费之和，差额部分由乙方承担，乙方应于 2 个交易日内无条件补足差额，甲方对差额部分具有追偿权。

第七条　违约处理

1. 乙方未取得甲方的书面同意修改交易密码的，甲方有权无条件地收回股票账户、强制平仓。

2. 股票账户资产总额低于警戒线或止损线而乙方未按约定时间补仓或降低仓位的，甲方有权更改交易密码、进行股票交易或强制平仓，且无须征得乙方同意。甲方强制平仓后有权锁定股票账户，停止交易，并可将股票账户上的资金转入甲方资金账户。

3. 违反第五条第 6 项规定的甲方有权无条件地收回股票账户、强制平仓。

4. 乙方如未按规定的日期存入管理费，则按甲方出资额以日___3___‰向甲方支付违约金。

5. 合作期间甲乙双方提前 5 个交易日通知对方，可提前终止合作，如实际合作期超过协议合作期一半，提前终止的一方应按 1 个月的管理费标准向另一方支付违约金，如实际合作期未达到一半，则应按 2 个月的管理费标准支付违约金。

6. 乙方违约所造成的一切后果由乙方自行承担，且甲方有权强制自行交割或平仓，由此造成的损失后果全部由乙方承担。乙方违约后除支付出资额和管理费外，还应赔偿甲方由此带来的损失(包括但不限于甲方支出的止损费用、律师费、公告费等。)

7. 甲方依照约定行使强行交割或平仓权利之后，乙方实际使用甲方出资额不足 1 个月的，按照 1 个月收取管理费，已经提前按月足额所收取的管理费不予退还。

8. 甲方如违反第六条第 2 项的规定擅自操作股票进行交易因此造成乙方损失的，应赔偿乙方上述股票市值的损失。

第八条　风险揭示

1. 乙方在操作股票账户的过程中，存在政策风险、市场风险、经营风险、管理风险以及其他风险，此等风险有可能导致乙方遭受财产损失。乙方需谨慎操作并识别风险、预警风险及控制损失的发生，甲方不承担任何风险产生的任何责任。

2. 乙方对证券市场风险具有较高的认知度和承受能力，并完全理解和同意本协议所揭示或约定的风险，且自愿承担由此造成的风险，以及由此带来的一切可能的损失。

3. 乙方不得将股票账户密码告知他人，如因乙方泄漏密码导致的股票交易损失由乙方自行承担，甲方不承担相关责任。

第九条 相关账户

1. 股票账户：证券公司＿＿＿＿＿＿＿＿＿＿＿＿＿账号＿＿＿＿＿＿＿＿＿＿

2. 甲方资金账户：户名＿＿＿＿＿＿＿＿＿＿＿＿开户行＿＿＿账号＿＿＿＿＿＿＿＿＿＿

3. 乙方收款账户：户名＿＿＿＿＿＿＿＿＿＿＿＿开户行＿＿＿账号＿＿＿＿＿＿＿＿＿＿

第十条 乙方签署的由甲方提供的客户资料表为本协议组成部分。

第十一条 甲乙双方终止合作或有效期届满在乙方足额偿还出资额和管理费后本协议终止。

第十二条 履行本协议中如发生争议由双方协商解决，如协商不成双方同意将争议交由协议签订地人民法院进行诉讼解决。

第十三条 本协议经甲乙双方签字后生效。本合同壹式贰份，甲乙双方各执壹份，具有同等法律效力。

特别声明： 乙方确认，甲方已对本协议条款内容作充分说明和解释，乙方已充分理解和认同本协议条款内容。

资料来源：汇润股票配资 **www.gdhuirun.com** 做最专业的股票配资公司 配资热
4000-839-830

甲方(签名、指模)： 乙方(签名、指模)：

签订地点：＿＿＿＿＿＿＿＿＿＿＿＿＿ 签署日期：＿＿＿年＿＿＿月＿＿＿日

【阅读3】

合作建议书范例

(1) 提交背景。拟服务的公司为一家在深圳证券交易所挂牌的上市公司。该公司通过上市及配股募集到大量的资金，但苦于找不到合适的项目，大量资金得不到最佳使用，其发展也处于转折关头，本省内许多同类型企业纷纷发展起来，对其构成一定威胁。此时，营销人员捕捉到这一信息，通过调研分析与研究，并征求了行业专家及资本运营专家的意见，提出了如下合作建议书。

(2) 合作建议书的内容。

尊敬的××公司：

过去一段时间我们与贵公司进行了友好的接触，我们非常愿意与贵公司建立全面性的战略合作关系，以实现彼此的共同发展。根据我们对贵公司的了解，我们拟定了以下合作内容，希望我们的服务能为贵公司带来更大的发展。对合作内容有何意见或更正之处，望告知。

一、战略顾问

战略顾问服务是指我行为企业确定长期发展战略、实现战略规划而向企业提供的中介性服务工作。我行可向贵公司提供的战略顾问服务主要包括：

(1) 贵公司资本经营战略研究。

① 贵公司从事资本经营的实践经验总结及已有成效评价。

② 资本市场发展、金融体制改革等带给贵公司的机遇。

③ 贵公司资本运营的基本思路及与客户建立合作关系。

④ 贵公司资本运营的目标及达到目标的策略选择。

⑤ 贵公司资本运营的基本步骤。

(2) 贵公司资本经营核心产业链构造。

① 贵公司核心优势的挖掘。

② 贵公司核心优势的技术经济评价。

③ 贵公司核心优势的成长趋势分析。

④ 在现有核心优势的基础上如何构造核心产业链：目标、思路及策略。

(3) 如何加快贵公司战略扩张，参与并推进行业重组、改造和发展。

① 贵公司战略扩张的总体策略及基本思路。

② 贵公司在战略扩张中怎样与行业重组实现有效对接。

③ 战略扩张过程中贵公司内部资源的最佳配置。

(4) 贵公司发展道路评价及建议。

① 贵公司成长道路的总结：经验与教训。

② 贵公司今后发展的对策性建议。

二、财务顾问

财务顾问服务是指，我行为企业长期投资、收购兼并、多角化经营等活动而向企业提供的中介性金融服务。我行为贵公司提供的财务顾问服务主要包括：

(1) 并购顾问：担当贵公司收购、兼并业务的金融顾问。

(2) 项目筹融资顾问：贵公司有关并购项目或改扩建项目的一揽子筹融资方案设计。

① 如何选择筹融资工具。

② 筹融资总体方案的设计及方案的可行性论证。

③ 协助贵公司组织实施。

(3) 配股的财务顾问：会同企业与券商分工协作，共同做好今后贵公司的配股工作。

① 配合企业选择券商。

② 配股方案的评价与论证。

③ 对配股进行有效宣传。

④ 其他相关的专业化服务。

(4) 为贵公司设计财务与风险控制系统。

① 贵公司发展过程中的风险点识别。

② 如何选择风险防范工具。

③ 风险防范的具体举措。

④ 贵公司风险防范系统的改进。

(5) 投资项目评估：在贵公司进行长期投资、收购兼并、多角化经营等活动时，我行可提供投资项目评估服务。

① 投资项目的可行性分析。

② 投资方案论证。

③ 为项目投资提供可操作性建议。

三、本、外币经常项目下的结算服务

(1) 国内结算服务。

(2) 现金结算服务。

(3) 结售汇与代客外汇买卖。

(4) 国际结算服务，包括汇出汇入款项、进口与出口托收、对外开立进口信用证、来证通知、旅行支票服务等。

四、杠杆融资、过桥贷款

贵公司在配股或其他资本运营活动中如出现暂时性资金短缺，我行可在分析论证的基础上为您提供周转性贷款，或充分利用自身掌握的金融工具为您提供资金融通服务。在向上市企业提供杠杆融资及过桥贷款方面，我行积累了较为成熟的经验。

五、综合授信服务

我行向贵公司提供的综合授信服务是指信贷资金及可为企业利用的其他信用服务，主要包括：

(1) 我行信用保证服务：担保服务、见索即付保函服务、信用证服务、我行承兑汇票服务等。

(2) 短期贷款：周转贷款、临时贷款、票据贴现、出口押汇等。

(3) 中长期贷款：建设项目贷款、投资项目贷款等。

银行部门名称及签章

年　月　日

(案例来源：百度文库)

项目六

客户关系维护

本项目要达到的目标：

职业知识

(1) 掌握客户关系管理理论

(2) 掌握客户关系管理的实施步骤

(3) 掌握营销人员在客户关系档案建立过程中的职责

(4) 掌握强化同客户的合作关系、维护客户关系的基本方法

职业能力

(1) 能够建立客户关系档案

(2) 能够恰当处理客户的抱怨

(3) 能够强化同客户的合作关系

职业道德

(1) 具有高度的热忱和服务意识、良好的心态和饱满的热情

(2) 具有善于学习和总结的好习惯

(3) 具备严谨的工作态度

项目提出

请帮助小李通过客户关系维护来发现问题解决问题。

背景一：

借款人红星啤酒厂，成立于1980年，是海滨市的第一家啤酒生产企业。在20世纪80年代，生产销售量占到本市啤酒销售的25%，成为市里的重点企业和利税大户。2011年6月，企业为进一步提高产品质量。扩大销售，增加利润，向市商业银行申请了技术改造贷款1200万元，期限三年，按季归还贷款本息，还款来源为折旧和销售收入。由海滨市东方房地产公司提供700万元的担保，并用红星啤酒厂的一套价值700万元的啤酒生产设备作为抵押。银行予以贷款。

借款人2011年末的财务报表资料(略)表明：其财务状况良好，销售收入和经营利润稳中有升，现金净流量为正值，足以偿还贷款本息。

1. 借款人按约使用贷款，并能按期偿还贷款本息；

2. 经过技术改造，借款人的产品质量有所提高，再加上市场开拓有方，市场占有率上升到32%；

3. 借款人内部经营管理正常，外部经营情况良好。

背景二：

2012年海滨市有三家新的啤酒厂投产，其中一家是中外合资企业，生产销售一种世界

名牌啤酒，市场竞争十分激烈，借款人的市场份额已经下降到 19%；而同时，由于国家大幅度调整农副产品价格，啤酒的原材料成本上涨。红星啤酒厂经营净利润和净现金流量等几项财务指标较去年同期有所下降。

借款人 2013 年度的财务报表分析显示，从 2013 年 9 月开始，经营利润出现亏损，年末累计亏损 20 万元，净现金流量为 -50 万元。

1. 受市场竞争和原材料成本上升的持续影响，借款人的生产经营状况不理想；由于主管生产的副厂长调动工作，企业的产品质量有所下降，销售严重下降，市场份额只有 8%，产品积压现象较为严重，大量货款被拖欠。

2. 在过去的年度中，借款人在还本付息方面出现三次延迟现象，其中一次拖欠利息达两个多月。

背景三：

本市的中外合资啤酒股份公司有意向兼并收购红星啤酒厂，双方正在磋商过程中，借款人申请对逾期贷款本息进行重组。

截至 2014 年末，借款人财务报表表明：亏损严重，净现金流量和资产净值均为负值。

1. 借款人的大部分生产线已经停工，只保留了原 1/3 的生产能力，产品出现滞销，市场占有率已经降到 2%。

2. 借款人贷款已达 520 万元，逾期时间大于 195 天。

（案例来源：贷款管理，百度文库）

任务一　客户关系管理

任务提出

请为王先生制定新的公司工作方法。

王先生是一家基金公司的老总，经过王先生及其团队的共同努力，公司的业务有声有色。随着公司的发展，老客户越来越多，名气也越来越大，甚至经常有新客户慕名打电话来咨询业务。一时间，公司上上下下忙得不亦乐乎，可是还是有些重要客户抱怨公司的响应太慢，服务不及时，而转向了其他公司。为此，王先生决定加大投入，招聘了更多的销售及服务人员，来应付忙碌的业务。

一年辛苦下来，王先生满以为利润不错。可公司财务经理给出的年终核算报告，利润居然比去年还少！经过仔细分析，王先生终于发现了其中的症结所在：原来虽然不断有新的客户出现，但是销售额却不大，而这些客户带给销售和服务同事的工作量却是不小。与此同时，一些对利润率贡献比较大的老客户，因在忙乱中无暇顾及，已经悄悄流失……

请大家分析如果银行要求账户主人提高账户余额或者支付账户管理费的后果。

一家银行准备对一位存款金额极低、使用不频繁的账户主人发出通知，要求提高账户余额或者支付账户管理费。但客户关系管理系统(CRM)显示，这个账户的主人是一位由儿子赡养的老人，平时由老人使用他儿子的账户支付日常费用。他儿子不但个人账户在这家银行，而且开办的两家公司也把账户设在这家银行，是银行追捧的高价值客户。如果老人收到银行通知后，所产生的愤怒心情，将足以对孝顺他的儿子产生一定的影响。于是银行停止了向该客户发出通知的做法。

客户关系是企业的价值基石，营销是围绕客户需求而进行的一系列活动。信息技术的发展改变了金融竞争的规则，也使得广大客户在寻求金融服务时有了空前巨大的选择空间。

大型国有商业银行致力于拼抢高端企业客户，新兴股份制银行则在中小企业金融服务和技术领先型产品上大做文章；证券和基金公司面对连年低迷的大势，正合纵连横，力图从优质客户身上挖出更多利润；投资、信托企业和期货公司，则更是视眼下为多年未遇之良机，大力开拓市场，拼抢各自的市场份额。客户已成为企业至关重要的商业资源，客户关系的建立、维持和培育已成为金融企业最重视的任务。

能向客户提供服务意味着双方合作关系的正式建立。如果要想使这种关系持续下去，就必须不断地加以维护，即对客户的决策者、组织机构、业务进展和营销人员的全部销售努力以及双方的合作进展进行全程监控。另外，现有的客户是最好的广告，能有效地扩大营销人员的客户源。总之，培育客户和客户关系的维护都同等重要，因为在现在的市场环境下失去一个客户比获得一个客户更容易。

与客户保持长期稳定的关系不仅可以为企业节省成本，增加利润，而且能为企业带来长期效益。那么如何在企业与客户之间搭建友好的桥梁呢？怎样才能最大程度的保持客户对企业的满意度并提高客户对企业的忠诚度呢？

随着信息技术的发展，市场经历了一个从"以产品为导向"到"以客户为中心"的转变过程。客户关系管理的产生，是市场需求和管理理念更新的需要，也是企业管理模式变革和企业提升核心竞争力的要求。

客户关系管理是指企业确立一种以客户为中心的经营理念，利用信息技术使客户、竞争、品牌等要素协调运作并实现整体优化，以达到企业对客户资源全面有效的管理。并源于"以客户为中心"的新型商业模式，是在改善企业与客户之间关系基础上发展起来的。并通过搜索、整理和挖掘客户资料，建立和维护企业与客户之间卓有成效的"一对一"关系，使企业在提供个性化的产品、更快捷周到的服务和提高客户满意度的同时，吸引和保持更多高质量的客户，并通过信息共享和优化业务流程有效地降低企业的经营成本，从而提高企业的绩效。客户价值是客户分类管理的基本依据。通过客户价值分析，能使企业真正理解客户价值的内涵，从而做好客户分类管理，使企业和客户真正实现"双赢"。

一、客户关系管理系统

金融产品和服务往往具有突出的同质性。企业的管理者在经营中会发现，尽管员工最积极地去了解客户金融需求、去服务和维护客户，如果企业的经营后台没有形成完整和科学的"流程管理"能力，业务前台没有一体的"客户关系管理"能力，要竞争到关键客户并为其提供优质的金融服务，是无法实现的。

为了使客户资源带来最大的效益，人们研究出了 CRM——客户关系管理系统。

(一)CRM 含义(Customer Relationship Management)

CRM(Customer Relationship Management)，顾名思义，是企业用来管理客户关系的工具。客户关系管理是一个不断加强与客户交流、了解客户需求、对产品及服务进行改进和提高以满足客户的需求的连续的过程。其内涵是企业利用信息技术(IT)和互联网技术实现对客户的整合营销，是以客户为核心的企业营销的技术实现和管理实现。客户关系管理注重的是与客户的交流，企业的经营是以客户为中心，而不是传统的以产品或以市场为中心。为方便与客户的沟通，客户关系管理可以为客户提供多种交流的渠道。

(1) 建立客户关系，包括三个环节：客户的认识——客户的选择——目标客户和潜在客户开发为现实客户。

(2) 维护客户关系，它包括五个环节：客户信息的掌握——客户的分级——客户沟通——客户满意度——实现客户忠诚。

(3) 在客户关系破裂的情况下，应该如何恢复客户关系，应该如何挽回流失的客户。

(二)CRM 的两大运营模式

一个完整的 CRM 系统能够实现对客户销售、开发拓展市场、实现支持和服务的全面管理；能够完成对客户基本数据的记录、跟踪；能够完成对客户合作的全程追踪；能够完成对客户市场的划分和趋势研究；能够完成对客户支持服务情况的分析；能够在一定程度上完成业务流程的自动化。此外，进行数据挖掘和在线联机分析还可以提供决策支持，这也是客户关系管理系统的功能之一。

(1) 运营型 CRM(Operational CRM)。它建立在这样一种概念上，即客户管理在企业成功方面起着很重要的作用，它要求所有业务流程的流线化和自动化，包括经由多渠道的客户"接触点"的整合、前台和后台运营之间的平滑的相互连接和整合。

(2) 分析型 CRM(Analytical CRM)。主要是分析运营型 CRM 中获得的各种数据，进一步为企业的经营、决策提供可靠和量化的依据。这个分析需要用到许多先进的数据管理和数据分析工具，例如数据仓库、OLAP 分析和数据挖掘等。

如果把 CRM 比作一个完整的人的话，运营型 CRM 是 CRM 的四肢，而分析型 CRM 则是 CRM 的大脑和心脏。分析型的客户关系管理应能同运营型的客户关系管理进行平滑的集成和协同工作。分析型的客户关系管理应用一般主要有：客户群体分类分析和行为分析、客户效益分析和预测、客户背景分析、客户满意度分析、交叉销售、产品及服务使用分析、客户信用分析、客户流失分析、欺诈发现、市场分类分析、市场竞争分析、客户服务中心优化等。

(三)CRM 系统的功能

CRM 软件的基本功能包括客户管理(如客户的基本信息)、渠道管理(如呼叫中心、网银、微行、分支机构、电话银行、营销人员等)、业务流程管理(如账户开立、登记、交易管理、评估等)、业务分析管理(如对账户、信用卡、信贷、总账的管理)等，有的还包括了呼叫中心、合作伙伴关系管理、知识管理、客户服务、电子商务等。(如图 6-1CRM 构架图所示)CRM 系统提供的基本功能是客户发现、客户交往、客户分析。通过客户关系管理去为营销人员提供客户价值信息，发现哪些客户能为企业带来价值和如何使这种价值最大化，使营销人员和客户之间建立紧密的联系，以保证客户能够得到专业化的服务。

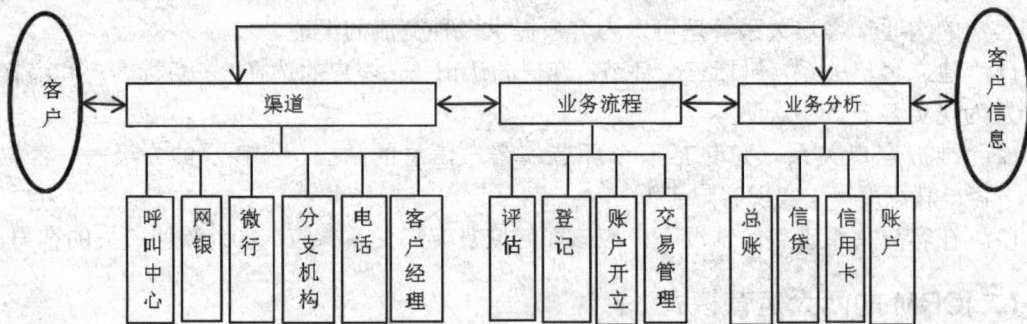

图 6-1　CRM 构架图

【教学互动6-1】

请分析 CRM 的作用。

2014 年×月×日

某披萨店的电话铃响了，客服人员拿起电话。

客服：×××披萨店。您好，请问有什么需要我为您服务？

客户：你好，我想要一份……

客服：先生，烦请先把您的会员卡号告诉我。

客户：16846146××

　　客服：陈先生，您好！您是住在泉州路一号 12 楼 1205 室，您家电话 2646××××，您公司电话是 4666××××，您的手机是 1391234××××。请问您想用哪一个电话付费？

　　客户：你为什么知道我所有的电话号码？

　　客服：陈先生，因为我们联机到 CRM 系统。

　　客户：我想要一个海鲜披萨……

　　客服：陈先生，海鲜披萨不适合您。

　　客户：为什么？

　　客服：根据您的医疗记录，你的血压和胆固醇都偏高。

　　客户：那你们有什么可以推荐的？

　　客服：您可以试试我们的低脂健康披萨。

　　客户：你怎么知道我会喜欢吃这种的？

　　客服：您上星期一在中央图书馆借了一本《低脂健康食谱》。

　　客户：好。那我要一个家庭特大号披萨，要付多少钱？

　　客服：99 元，这个足够您一家六口吃了。但您母亲应该少吃，她上个月刚刚做了心脏搭桥手术，还处在恢复期。

　　客户：那可以刷卡吗？

　　客服：陈先生，对不起。请您付现款，因为您的信用卡已经刷爆了，您现在还欠银行 4807 元，而且还不包括房贷利息。

　　客户：那我先去附近的提款机提款。

　　客服：陈先生，根据您的记录，您已经超过今日提款限额。

　　客户：算了，你们直接把披萨送我家吧，家里有现金。你们多久会送到？

　　客服：大约 30 分钟。如果您不想等，可以自己骑车来。

　　客户：为什么？

　　客服：根据我们 CRM 全球定位系统的车辆行驶自动跟踪系统记录。您登记有一辆车号为 SB-748 的摩托车，而目前您正在解放路东段华联商场右侧骑着这辆摩托车。

（资料来源：耿印权. 营销实战. 北京：中国经济出版社，2005）

二、客户关系管理的实施

　　人们越来越清楚地认识到客户资源将是企业获胜的最重要的资源和最基本的竞争利器之一，客户比收入重要。毛泽东说过这样一句话：地在人失，人地皆失；地失人在，人地皆得。地就是收入，人就是客户。如何对客户关系进行管理，如何维护客户关系，让客户资源发挥最大的作用，是经营客源的长期而又艰巨的工作。

　　由于每位营销人员负责的客户有很多，营销人员不能平均分配精力来维护每一位客户，营销人员应重点维护那些对金融机构来讲十分重要的客户，包括那些对金融机构服务很满意的客户、业务量很大的客户、合作期限较长的客户及难以打交道的客户。

1. 客户识别

识别的目的在于每一次企业与客户联系的时候，能够认出每一个客户，然后把那些不同的数据、不同的特征连接起来，构成我们对每一个具体客户的完整印象。企业需要尽可能详细地掌握每一个客户的细节，包括他的习惯、偏好和其他识别这个客户的重要特征以及交易历史记录等等。客户数据库和数据仓库是大脑的延伸，提高了收集、存储、分析客户信息的能力。企业利用客户信息的能力越强，客户下一次与企业的交易就会更简单、更迅速或更便宜，客户也就更愿意与这家企业进行交易。企业与客户共享的客户信息应该是客户自愿提供的，并让客户能感觉自在，他的隐私也受到尊重和保护。

2. 客户区分

不同的客户具有不同的价值，不同的客户具有不同的需求。通过客户数据的分析、整理，将一个大的客户群体划分成一个个细分群。针对这些细分群采取相应的营销策略，是"一对一"营销的基础。企业找到最有价值的客户，进一步分析挖掘这些客户的深层次个性化需求，那么企业的产品和服务都有可能是为他们定制的。

3. 与重要客户开展一对一的互动

客户群区别开来之后，接下来就要对不同的客户以不同的方式进行互动。企业与客户互动的目的在于创造并培养一种同单个客户的一对一关系，双方都能从这种关系中获利、共赢。客户可以从这种"一对一"的关系中获取越来越多的满足感；企业通过各种互动渠道，选择客户最喜欢的互动渠道与客户进行互动，当客户通过不同的渠道与企业接触时，企业可以根据客户特征识别出这是同一个客户。在与客户互动过程中，进一步了解单个客户的现有需求和潜在需求，并给客户带来快乐的情感体验。当今互联网技术使得企业与客户双方互动的成本几乎为零。例如客户互动中心整合了电话、传真、互联网、电子邮件等多种与客户互动的方式。

4. 提供个性化的产品或服务以满足客户的特殊需求

个性化的定制使得客户得到了与个人所需完全匹配的东西，这是竞争对手所不能提供的，除非客户不怕麻烦而与竞争对手重新建立一个新的"一对一"关系。大规模定制使得企业能够以低成本和更高效的方式对不同客户单独提供不同产品和服务。大规模定制实际上是将产品或服务模块化，然后将这些模块重新组合来得到最接近客户想要的东西，模块化越细，组合能力越强，就越能符合客户的个性化需求。个性化的目的不只是给客户他想要的东西，而是使他开心，同时也确保企业从提供服务中获利。

只有与单个客户互动，并比竞争对手更加"了解"该客户，提供超过竞争对手的客户利益和情感体验，才能保证该客户不转向竞争对手，获取客户忠诚。

5. 客户关怀

很多企业都不惜血本争取新客户，但是找一个新客户来代替当前客户的成本远高于保持现有客户的成本。所以，真正的赢利能力来自于保持这些现有客户。

客户关怀就是以恰当的方式对待客户，让他们愿意与你做合作，并且始终保持这种业务关系。

客户关怀是企业用来把自己的产品或服务与竞争对手区分开来的重要方法。现在有许多的企业通过相似的媒介以近似的价格提供类似的产品和服务，客户为什么一定要购买你的产品或服务而不是别人的呢？所以，客户关怀能够影响客户的感觉。客户关怀不仅仅是一件应该做好的事情，而且还是节省资金、增加赢利的有效方法。

三、客户关系的维护

客户关系的维护主要是针对核心业务的维护，是附之于附加产品与人际关系的维护。维护的目标在于保持和扩大这种合作关系，并建立能对金融机构和客户都有益的长期稳定的合作关系，获得双方合作基础上的最大利益。

客户会面临众多金融机构和其他经济组织光怪陆离的诱惑和引力，随时都有可能移情别恋，另觅新欢。因此，对客户关系的维护，不仅要持之以恒，并且要讲究艺术，不断地创新和探索，适应客户求新求深求变的心理。

(一)客户关系维护的形式

1. 功能维护创新

以业务全能化和客户便利化为目标，对现有金融产品的功能进行深度开发和挖掘，使客户感觉常用常新。如设计家庭内部夫妻、父子相互连接，允许资金快速汇划的亲情账户，一号两用，适应家庭理财活动的需要；推行企业股投资质押贷款，适应民营资本多渠道融资的需要等等。

2. 情感维护创新

美国营销大王吉拉德每月要给他的 1.3 万名客户每人寄去一封不同大小、格式、颜色的信件，以体现个性化的客户沟通。实际上多数金融产品具有同质性、相似性的特点，差别在于金融机构出售产品前后也同时出售了个性化的情感服务。要使客户深切地感受到金融机构的服务如饮甘露，如沐春风，关键是抓住不同层次，不同需求的客户的特性，特别是在他们遭遇挫折或变故时能及时给予朋友式的关怀，其效果远胜于一般的吃请公关，例如客户遇到台风袭击时第一个登门的不是保险营销人员，而是带着周密的受损产品处理方案的银行营销人员，会使客户感激不已。

【教学互动 6-2】

请分析法兰克营销的转折点是什么？

有一次，法兰克去拜访一位客户，他看见客户 5 岁的小女儿正在地板上玩耍。小姑娘很可爱，法兰克很快就成了她的好朋友。她父亲一忙完手中的事就过来打招呼，他说很久没有买法兰克的产品了。法兰克并没有急于向他推销什么，而只是说他有个可爱的小女儿。

这位顾客对法兰克说："看得出来你真是喜欢我女儿，如果方便的话，你晚上就来我家参加她的生日晚会吧，我们家就在这商店附近。"

法兰克办完事后，真的去参加那个小女孩的生日晚会了。晚会上大家玩得很开心，法兰克一直到最后才离开，当然手里多了一笔订单——那是一笔法兰克从未有过的大订单。法兰克并没有极力推销什么，只不过对客户的女儿表示友善而已，就和客户建立了良好的关系并达到了自己的目的。

3. 特色维护创新

为特色群体的客户开设客户学校，邀请银行家，国际业务专家或保险、证券投资高手来讲授投资理财实务；为符合条件的贵客客户铺设特事特办、急事急办的"绿色通道"，享受服务内容，产品价格、处理时效上的特殊服务；对所有办理本行各类业务交易量达到一定积分的客户举办新年酒会、青春派对、神州漫游等。

(二)客户流失的挽留

1. 客户流失

客户的需求不能得到切实有效的满足往往是导致企业客户流失的最关键因素，一般表现在以下几个方面。

(1) 产品价格不稳定、服务质量不好，使客户的利益受损。

(2) 缺乏创新。任何产品都有生命周期，随着市场的成熟及产品价格透明度的提高，产品带给客户的利益空间往往越来越小。若企业不能及时进行创新，客户自然就会 "移情别恋"到我们的竞争对手那里，毕竟利益才是维持企业与客户关系的有效杠杆。

(3) 服务意识淡薄。即企业内部服务意识浅薄，员工傲慢，客户提出的问题不能得到及时解决、查询无人理睬、投诉没人处理、服务人员工作效率低下等。

(4) 客户遭遇新的诱惑。现代社会，随着市场竞争的日益激烈，为能够迅速在市场上获得有利地位，竞争对手往往会不惜代价以优厚条件来吸引那些资源丰厚的客户，在重金的诱惑下，客户自然有可能流失到别家企业。

2. 客户挽留

对于那些已流失的客户，企业不应该任其自由发展，而是要与他们接触一下了解发生这种情况的原因，要善于倾听客户的意见和建议。除了客户搬离企业地区、改行或破产外，有很多时候企业是可以改进的，例如客户流失是因为企业服务、价格高的原因。企业可以通过保持价格的稳定、提高企业服务质量、不断完善企业的服务、降低客户的经营成本以及把企业的服务理念灌输在行动中等多种改进方式挽留住客户，重新树立其对企业的忠诚。

四、建立客户关系档案

由于全面的客户关系管理系统是建立在金融机构各种业务基础数据平台上的，涉及企业内包括市场营销部门、业务处理部门、专业管理部门及管理层在内的各个方面，实施的广度、深度、难度较大，因此，金融机构的客户关系管理战略首先是通过建立客户关系管理档案，逐步搭建起一体化、面向客户关系与过程管理的公司业务作业平台，逐步实现营销人员对客户的管理；管理人员对营销人员的管理；金融机构对客户、产品与营销行为的管理的一体化集约管理。

(一)客户关系管理档案内容设计的出发点

(1) 按照简单实用的原则设计客户关系档案内容，档案能够提供必要的流程信息，反映相应的管理要求，实施有针对性的差异化客户服务。

(2) 从档案记录中能够发现黄金客户和潜力客户，进行有效管理，来增加金融机构收益，来避免客户流失；发现、度量、识别客户潜在风险，避免最终风险的形成，并及时放弃低值客户和无价值客户。

(3) 为金融产品的营销、整合、创新及市场分析留存系统、科学的记录。

(4) 利用档案对客户进行系统化管理，保持客户资源的稳定性与营销管理的延续性。

(二)客户信用档案的内容

1. 基础资料

这是客户的最基本的原始资料。主要包括客户的名称、地址、电话、所有者、法人代表及他们的个人性格、兴趣、爱好、家庭、学历、年龄、能力、经历背景，与本公司交往的时间，业务种类等。这些资料是客户管理的起点和基础，它们主要是通过营销人员对客户的访问收集来的。

2. 客户特征

客户特征主要包括市场区域、销售能力、发展潜力、经营观念、经营方向、经营政策、经营特点等。

3. 业务状况

业务状况包括客户的实际销售业绩、经营管理者和业务人员素质、与其他竞争者的关系及与本公司的业务关系及合作态度等。

4. 交易现状

交易现状主要包括客户的销售活动现状、存在的问题、保持的优势、未来的对策、企业形象、声誉、财务状况、信用状况等。

(三)客户信用档案管理的原则

(1) 动态管理。"客户资料卡"(如表 6-1 所示)建立后不能置之不顾，否则就会失去其价值。因客户的情况总是不断地发生一些变化的，所以对客户的资料也应随时进行调整。

表 6-1　客户资料卡

客户名称				地址				
电话			邮编			传真		
性质	□个体　□集体　□合伙　□国营　□股份公司　□其他							
类别	□代理商　□一级批发商　□二级批发商　□重要零售商　□其他							
等级	A 级 B 级 C 级							
人员	姓名	性别	出生年月	民族	职务	婚否	电话	住址	素质
负责人									
影响人									
采购人									
售货人									
工商登记号				税号(国税)				
往来银行及账号								
资本额			流动资金			开业日期		
营业面积			仓库面积			雇员人数		
店面		自有□　租用□		车辆				
运输方式	□铁路　□水运　□汽运　□自提　□其他							
付款方式				经营额				
经营品种及比重								
辐射范围								
开发日期及开发人								

(2) 突出重点。应从众多的客户资料中找出重点客户，重点客户不仅要包括现有客户，而且要包括未来客户和潜在客户，这样可以为选择新客户和开拓新市场提供资料，并为市

场的发展创造良机。

(3) 灵活运用。客户资料收集管理的目的是为了在销售过程中加以运用，不能将建立好的"客户资料卡"束之高阁，要进行更详细的分析，提高客户管理的效率。

(4) 专人负责。由于许多客户资料是不宜流出企业之外只能供内部使用的，因此客户管理应确定具体的规定和办法，应由专人负责管理。

(四)客户档案的种类

营销人员负责维护的客户档案不仅指文字档案、数据档案，还包括声像档案和电子档案。

客户档案包括两个层次：客户个别档案与客户汇总档案(客户汇总档案主要是指客户名册)。

每一位客户的档案都应包括三类内容：客户培育过程档案、客户信息资料档案和产品服务档案。其中产品服务档案主要由产品部门负责，但营销人员应选择其主要部分复制后保存。

1. 培育过程档案

(1) 年度客户培育计划。

(2) 拜访计划与拜访总结。

(3) 合作建议书。

(4) 作业方案。

(5) 强化客户关系的计划。

(6) 客户维护访问计划。

(7) 客户投诉调查处理资料。

(8) 业务开展进度情况。

(9) 客户发展建议、筹融资方案、行业发展报告以及客户培育与维护过程中的其他各种有价值的资料。

2. 基本信息档案

(1) 客户基本信息表及具体调查表。

(2) 客户需求资料。

(3) 客户财务状况分析资料。

(4) 行业与地区评价计分卡。

(5) 客户价值评价报告或企业价值评价计分卡。

(6) 金融机构与客户业务往来情况，包括各种交易记录。

3．产品服务档案

每一种金融产品的档案都有所不同。

下面以固定资产贷款为例介绍银行产品档案。

固定资产贷款档案主要由借款人材料和担保人材料构成，营销人员选择其主要部分加以复印留存。

1）借款人资料

(1) 固定资产项目立项批文复印件。

(2)《投资许可证》《建筑许可证》及《开工许可证》的复印件。

(3) 国家或各级政府固定资产投资计划复印件。

(4) 项目可行性评估报告。

(5) 外管局批准借款外债批文复印件。

(6) 设备合同或清单复印件。

(7) 年检合格的企业法人营业执照复印件。

(8) 企业法人代码证书复印件。

(9) 法定代表人证明书复印件。

(10) 法人授权委托证明书复印件。

(11) 法定代表人和委托代理人身份证复印件。

(12) 年检合格的贷款证复印件。

(13) 近 3 个会计年度的财务报表和注册会计师审计报告。

(14) 企业最新资信等级评估证书复印件。

(15) 企业成立批文复印件及企业章程。

(16) 借款人决策机构同意贷款的文件复印件。

(17) 借款企业变更登记的有关资料。

(18) 生产经营许可证和外汇登记证的复印件。

(19) 与借款用途相关的购销合同复印件。

(20) 进入呆账核销程序的相关资料。

(21) 核销贷款损失申请表复印件。

(22) 借款人和保证人调查报告。

2）保证人资料

(1) 年检合格的企业法人营业执照复印件。

(2) 法定代表人证明书、法人授权委托证明书和企业法人代码证书的复印件。

(3) 法定代表人和委托代理人身份证复印件。

(4) 年检合格的贷款证复印件。

(5) 近 3 个会计年度的财务报表和注册会计师审计报告。

(6) 企业成立批文复印件及企业章程。

(7) 董事会或类似决策机构同意担保的决议复印件。

五、营销人员在客户关系档案建立过程中的职责

客户关系档案是营销人员培育客户的详细记载和历史记录,直接反映着营销人员的工作水平和工作成绩。营销人员应当对客户档案的形成、完整和真实负直接责任,即营销人员及时进行资料整理,负责建档,并按时间先后分门别类加以维护。营销人员还应通过追踪访问等途径及时对客户档案进行更新。上一级营销人员或领导可直接调看档案,但均应遵守保密原则。

(1) 定期填制、更新档案和及时反映客户需求。营销人员要与客户保持多渠道的充分沟通,在建立和巩固客户关系的过程中需按时填写不同表格。利用档案表格的不同流程模型,尽可能多地记录与客户的各种重要联系,反映客户需求。

(2) 及时对档案进行检查、统计分析。营销人员要对客户关系管理档案定期统计分析,进行阶段性总结。对客户关系管理档案中反映出的问题和商机及时响应,对于问题要马上着手研究解决;对于商机要调配资源来满足目标客户的需求,如果无法解决,要及时向上级反映,营销人员并应将后续结果补充记录在档案中。

(3) 重视对档案的成果运用。以客户关系管理档案为基础,实现对现有客户资源的合理配置,为不同层次的客户群体提供差别化、特色化服务,使金融机构对客户的拓展和服务真正实现从所有客户服务的一致性转向重点服务优质客户、高效益客户;优质金融机构客户的结构;提高金融机构各项业务的经营效益。

同步案例

请大家分析案例"中国平安保险公司北京分公司实施 CRM",并思考金融业为什么要引入 CRM 和信息技术?实施 CRM 的步骤有哪些?

中国平安保险公司北京分公司实施 CRM

随着我国加入 WTO,更多的外资保险公司将与本土的保险公司直接竞争。面对挑战,我国保险业对信息管理提出了更高的要求,不能仅满足于单纯的业务流程自动化,而要将战略重点放在客户关系管理上,如何获得客户的认知,如何巩固客户关系并随时更新客户信息,至关重要的是把这些信息用于提高自身竞争力上。

中国平安保险股份有限公司北京分公司引进 CRM 系统后,在不同的角度都能够看到客户的全部信息:如有的客户只提供车牌号,有的客户只提供保单号,还有的客户只提供身份证号,而不论是客户提供何种的唯一标识都能够检索到与客户相关的全部信息,都能够

及时了解到当天或某段时间需要续保的客户名单，并根据与客户的联系情况来获得续保、不再续保和正在考虑中的客户名单，从而保证能够及时跟进客户、减少客户资源的流失。

随着业务的发展，面对客户需求多样性、激烈的行业的竞争，要求对信息的快捷传递、员工工作有效的管理、业务拓展的有效支持等问题，采用 CRM 系统后能及时地解决以上的问题。

在充分调研了保险行业面临的挑战和特性之后，CRM 公司采用三大套件，并提供与原有保险业务系统相整合的软件包，为保险行业提供了"三位一体"的解决方案。它包含了三个层面(如图 6-2 CRM 企业提供一体化解决方案所示)：客户应用层、业务管理层和决策支持层，并为企业提供一体化的管理。

1. 客户应用层

(1) 客户应用层为客户提供了个性化的一个互动界面，客户应用层包含了客户主页、交易平台、个性产品推荐、银行转账等功能模块。客户可以利用互联网接入到保险企业所提供的互动界面上，根据自己的需求情况查询到相关的信息。客户还可以通过客户应用层直接进行投保，如果不清楚投保的流程还可以在系统中直接得到有效的帮助信息，由此可以帮助客户熟悉投保流程。

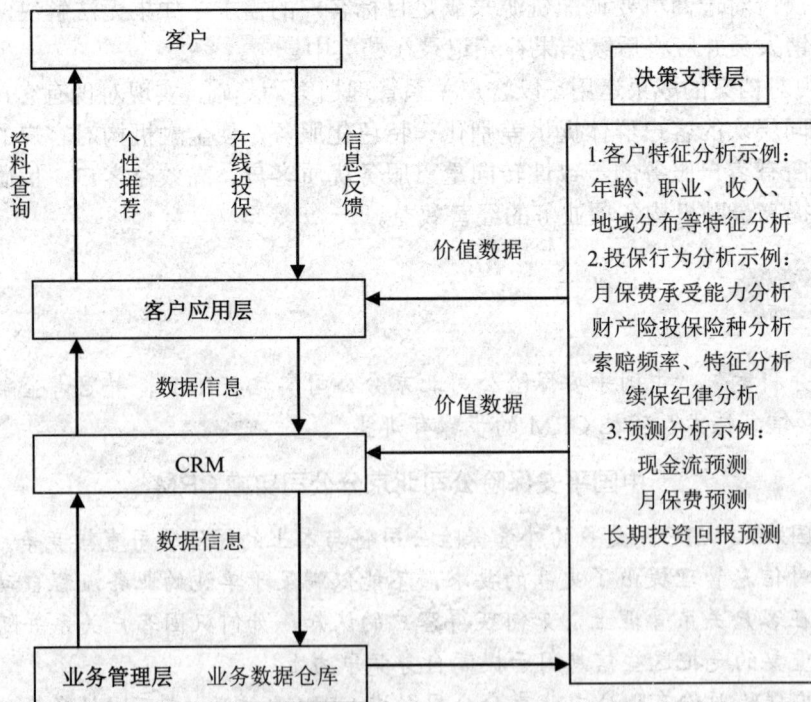

图 6-2　CRM 企业提供一体化解决方案

(2) 客户应用层将会记录下客户访问的信息内容，以便为其提供个性信息。而保险公司的营销人员将通过业务管理层系统对在线保单进行实时高效的跟踪与确认，既可以让客户感受到投保简单方便，也可以提高营销人员的销售效率。

(3) 客户应用层也为客户提供了互动的条件，客户可以利用客户应用层直接查询到信息的反馈处理情况，而不用天天打电话去询问处理情况。

(4) 客户应用层还为客户提供银行转账、自身投保情况的跟踪、个性产品的推荐等。通过客户应用层系统的应用不但拓宽了销售的渠道，同时也拉近了与客户的距离，简化了业务人员销售流程。

2. 业务管理层

(1) 业务管理层是一个以客户为中心的关系管理系统，业务管理层包含了客户管理、竞争对手、合作伙伴、员工管理、市场管理、销售管理、订单管理、服务管理等功能模块。

(2) 业务管理层为公司内部实现了工作的协作，它不但衔接了部门间的工作内容，同时也规范了部门内的工作流程。

① 客户利用业务管理层进行投保，营销人员从业务管理层接到投保单后与客户进行联系，得到客户的正式确认后，营销人员就可以把在线保单直接转入到正式的保单管理中，并把联系的情况和处理的结果录入到系统中。

② 如果需要服务部门进行支持，则可以反馈服务请求到服务部门，服务人员接到服务请求后填写处理意见，并生成服务任务执行。

这样一来，不但客户能够及时了解投保的进行情况，而且营销人员也能够及时跟踪到服务的进展情况，并准备好下一步的工作。

(3) 业务管理层还为公司实现了信息资源的共享，管理人员也能够及时获取下属员工的工作内容和工作状况等。

3. 决策支持层

决策支持层为公司的发展战略提供科学、量化的数据支持。

(1) 决策支持层为公司提供的系列软件都采用统一数据仓库，使得数据资源得到有效的整合和利用。

(2) 决策支持层系统包含了销售分析、市场分析、服务分析、费用分析、客户特征分析、伙伴特征分析、险种特征分析、竞争分析、丢单分析、员工分析等。

(3) 系统可以从客户—产品—客户特征—产品特征等多种条件下进行多角度分析。以车险为例，保险公司可以利用决策支持层系统从不同的角度对出险率进行分析。

① 从客户本身出发，决策支持层系统可以分析出何种性别、哪个年龄段的客户出险率高。

② 从险种出发，决策支持层系统可以分析出哪种险种或不同险种的出险率高。

③ 从车辆本身出发，决策支持层系统可以分析出哪种类型的车、是否有防盗系统等车辆的特征来分析出险率的情况。

④ 决策支持层系统也可以对以上的信息进行综合性分析。利用决策支持层系统可以找出持续投保不高的客户，以便对这些客户加强关怀来留住客户；还可以发现哪种类型的客户从潜在客户向现实客户转化过程中，花费的成本是最高的、而哪种类型是最低的，是何种原因产生的，这样就能为开发新客户成本进行有效的控制。

⑤ 该系统还可以为保险公司提供多种分析模型和多种分析角度，使数据资源的利用的价值最大化。

（案例来源：韩宗英. 金融服务营销. 北京：化学工业出版社，2011）

同步阅读

全国劳模"跑章"记

2015-05-01　　来源：中国青年网

刚被评为全国劳模的海南省歌舞团董事长彭煜翔差点因盖不了章而错失这份荣誉。

报送全国总工会的材料要跑 8 个部门盖 20 个章，结果省歌舞团的人跑了几天也没盖上。省委得知此事后，指定专人周克刚和彭煜翔一起跑部门盖章。

评选全国劳模有一张上报全国总工会的征求意见表，上面要盖 8 个部门的章，包括税务、工商、环保、计划生育等，来证明本人在这些方面没有问题。

既然省总工会都推荐了，彭煜翔刚开始以为评劳模盖个章没什么复杂的。但结果发现远比想象的烦琐。例如到某个部门盖章，并不是只盖一个章那么简单，还需要几个相关处室分别盖章，全盖齐了再拿到部门办公室盖章。要把 8 个部门的大章盖下来，至少要盖大大小小的一共 20 个章。

有些部门领导出差或者开会，相关工作人员就置之不理。"虽然跟他们解释了是评全国劳模，而且有省委办公厅的文件，但部分工作人员根本不理，看都不看，就说领导不在，把表放这里，等领导回来再说。

周克刚和彭煜翔跑了整整一个星期，却只盖了两个部门的章，而次日 12 点就是上报省总工会的截止日期。

眼看着只剩半天时间，彭煜翔想放弃当全国劳模了，但转念一想这事得向上级汇报一下，于是当晚他给省领导秘书打电话反映了相关情况。

结果第二天早上 7 点，省委一位处长就打来电话说"全国劳模不仅是你个人的荣誉，是对海南整个文化战线的肯定，不能放弃。"然后，这位处长就领着他一个单位一个单位跑。

那位处长拿着电话簿，给各个单位"一把手"打电话说明情况。直到中午 12 点 15 分，最后一个章终于盖了下来。他们中午 12 点半赶到省总工会，省总工会的人带上这最后一份材料急匆匆去赶下午 2 点多飞往北京的航班。"太紧张了，就跟接力赛一样。把表交上后，心里五味杂陈，在省总工会的楼道里就忍不住哭了。"彭煜翔说。

全国劳模、海南现代科技集团有限公司董事长邢诒川也有同感。他盖这 8 个章也不顺利，来来回回折腾了一个星期，最后一个章离上交时间还差一小时才盖上。

他说，这说明尽管审批体制改革搞了几轮，但有些部门工作人员为人民服务的意识和行动还不到位。

鲍勃闯了一次红灯

一个夜晚，天下着大雪。德国人鲍勃抱着侥幸心理驾车闯了一次红灯。

没隔几天，保险公司的电话就到了："你的保费从明天开始增加 1%。"

"为什么？"鲍勃大惑不解。

"我们刚刚接到交通部门的通知，说你闯过红灯。根据我们的经验，这种人很危险，所以我们必须提高你的保费。"

鲍勃心想，如果这样我就退保，去投保另一家保险公司。但当他找到别的保险公司时，那家公司也提出同样的要求——他的保费必须比别人多 1%。原来，全德国的保险公司通过网络都知道他有一次闯红灯的不良记录，所以任何一家保险公司都会这么做。

没过多久，鲍勃的太太问他："老公，银行突然通知我们购房分期付款从 15 年改为 10 年，到底发生了什么事？"

鲍勃打电话过去质问原因，对方客气地答道：实在对不起，因为你前几天闯过红灯。

太太生气地说："啊！闯红灯？我们家已经没有钱了，你发生这种事情，你自己想办法吧！"

不久，鲍勃的儿子从学校回来对他说："爸爸，老师要我把学费用现金送过去，不能再通过支票分期预付了。"

当儿子得知这一切都是因为爸爸闯红灯造成的时候，感到不可思议："啊！爸爸你闯红灯！难怪同学们都笑我，下礼拜我不想去学校了，真丢脸！"

不幸的是，鲍勃的上司也找他谈话了，要求他更换一个工种，因为原来的工作需要很高的责任心。虽然鲍勃过去一直干得很好，但现在他必须让位给其他人，因为没有人相信他会始终兢兢业业。

这个德国人最终陷入困境，只是因为一次闯红灯的记录。

一个不能约束自己的人是非常可怕的。如果你有一次违背规则，别人就有十足的理由认定，你还会再一次违背规则，况且，谁知道你下一次会做出什么更严重的事情？

和一个不能自律的人在一起，就像和一匹狼、一只虎在一起同样的危险，一个人失去自律，就会失去诚信，失去责任，失去规则。

任务二　强化同客户的合作关系

任务提出

对比以下案例中李先生与王先生的做法，找出他们工作的不同之处？

服务是通向客户的桥梁

某公司的王科长是个典型的厉害角色，连经理都略逊他一筹。他是个天生的工作狂，精力旺盛，几乎连把椅子坐热的空闲也没有，整天来回登门拜访，次数一多，就会被客户讨厌。

"我是王××……"

还没等他把话说完，就听见对方把电话放下了。

而在另一公司的营销人员李先生却又与王科长有所不同了。李先生在公司十分勤劳，赢得了经理的一再表扬，并拥有一大批老客户，这主要是因为他为客户提供了优质的服务。

一次，一位老大爷要从他这儿买个热水瓶，其实，一个热水瓶才多少钱？而李先生却十分耐心地给这位老大爷讲解热水瓶的使用方法和注意事项。李先生甚至拿了一个热水瓶，将里面装上水，给这位老大爷当场示范。

老大爷连连点头，并赞扬了李先生的服务态度，向李先生保证，他以后只来这儿买东西，哪儿也不去。李先生心中当然高兴了，并向老大爷说："大爷，以后这东西如出现问题，就叫我去给你维修，这是我们公司的电话号码。"李先生把电话号码抄给了老大爷。

老大爷高兴地回了家，到家后，他一传十、十传百地讲述与李先生的故事，这使得该公司拥有了一大批忠实的客户，并收到了巨大的效益。

知识准备

请通过案例"东方饭店"的细致服务分析客户关系管理的实质是什么？

东方饭店

泰国的东方饭店堪称亚洲饭店之最，几乎天天客满，客人大都来自西方发达国家，如果不提前一个月预定是很难有入住机会的。泰国在亚洲算不上特别发达，但为什么会有如此诱人的饭店呢？估计大家以为泰国是一个旅游国家，而且又有世界上独有的人妖表演，是不是因他们在这方面下了功夫而产生的。其实不是，他们靠的是非同寻常的客户服务维护，也就是现在经常提到的客户关系管理。

他们的客户服务到底好到什么程度呢？我们不妨通过一个实例来看一下。

朋友于先生因公务经常出差泰国，并下榻在东方饭店，第一次入住时良好的饭店环境和服务就给他留下了深刻的印象，当他第二次入住时几个细节更使他对饭店的好感迅速升级。

那天早上，在他走出房门准备去餐厅的时候，楼层服务生恭敬地问道："于先生是要用早餐吗？"于先生很奇怪，反问"你怎么知道我姓于？"服务生说：

"我们饭店规定，晚上要背熟所有客人的姓名。"这令于先生大吃一惊，因为他频繁往返于世界各地，入住过无数高级酒店，但这种情况还是第一次碰到。

于先生高兴地乘电梯下到餐厅所在的楼层，刚刚走出电梯门，餐厅的服务生就说："于先生，里面请"，于先生更加疑惑，因为服务生并没有看到他的房卡，就问："你知道我姓于？"服务生答："上面的电话刚刚下来，说您已经下楼了。"如此高的效率让于先生再次大吃一惊。

于先生刚走进餐厅，服务小姐微笑着问："于先生还要老位子吗？"于先生的惊讶再次升级，心想"尽管我不是第一次在这里吃饭，但最近的一次也有一年多了，难道这里的服务小姐记忆力那么好？"看到于先生惊讶的目光，服务小姐主动解释说："我刚刚查过电脑记录，您在去年的 6 月 8 日在靠近第二个窗口的位子上用过早餐"，于先生听后兴奋地说："老位子！老位子！"小姐接着问："老菜单？一个三明治，一杯咖啡，一个鸡蛋？"现在于先生已经不再惊讶了，"老菜单，就要老菜单！"于先生已经兴奋到了极点。

上餐时餐厅赠送了于先生一碟小菜，由于这种小菜于先生是第一次看到，就问："这是什么？"，服务生后退两步说："这是我们特有的某某小菜"，服务生为什么要先后退两步呢，他是怕自己说话时口水不小心落在客人的食品上，这种细致的服务不要说在一般的酒店，就是美国最好的饭店里他都没有见过。这一次早餐给他留下了终生难忘的印象。

后来，由于业务调整的原因，于先生有三年的时间没有再到泰国去，在他生日的时候突然收到了一封东方饭店发来的生日贺卡，里面还附了一封短信，内容是：亲爱的于先生，您已经有 3 年没有来过我们这里了，我们全体人员都非常想念您，希望能再次见到您。今天是您的生日，祝您生日愉快。

于先生当时激动得热泪盈眶，发誓如果再去泰国，绝对不会到任何其他的饭店，一定要住在东方饭店，而且要说服所有的朋友也像他一样选择。于先生看了一下信封，上面贴着一枚 6 元的邮票。六块钱就这样买到了一颗心，这就是客户关系管理的魔力。

(案例来源：韩宗英. 金融服务营销. 北京：化学工业出版社，2011)

客户与公司之间的关系，是一种相互促进，互惠共赢的合作关系。跟优质客户合作，能提升我们的服务意识，提高我们的管理水平，完善我们的服务体系，同时也能给我们带来丰厚的利润。保持长期的客户关系，还会以减少广告支出。客户本身就是一个免费的广告资源。很多企业在选择服务合作伙伴时都会以同行业为参照对象；很多人在消费前喜欢听取朋友的意见，认为比广告更可信。

一、客户关系维护的形式

参照 P249 内容，在此不再赘述。

二、客户维护的方法

(一)追踪制度

追踪工作的目标是保证并提高客户使用金融产品的满意程度，维护金融机构与客户关系的正常化及其稳定和发展。具体策略有以下方面。

(1) 向客户提供有用的各种信息，包括客户产品的市场信息、有关的宏观经济信息、新的业务机会及对客户有用的其他信息。

(2) 提供产品过程中讲究质量和效率，力求让客户满意。

(3) 通过电话、书信等途径与客户保持沟通。

(4) 随时将金融机构业务开展及内部管理方面的最新进展告知客户。

(5) 在每次追踪活动结束后尽快更新原有的客户记录。

(6) 推动营销人员之间关于客户服务的交流活动。

(7) 对客户的决策者、财务结构、运行状态进行监测，并及时作出反应。

(8) 根据客户的日程安排追踪活动。

(9) 营销人员应既会做事，也会做人，让客户得到心理上的满足。

(二)电话或邮件维护

电话或邮件维护是最常见和成本最低，同时也是最难将追踪活动转化为值得记忆的体验的一种追踪方式。具体策略有以下方面。

(1) 在拜访刚刚结束不久就打电话或发邮件给客户，或表示感谢，或询问一些问题。

(2) 强调个性化，如果能提供一条引起客户注意并激起兴趣的信息，以便给客户留下深刻的印象。

(三)温情追踪

每个人都喜欢别人的感谢，营销人员最常用的方式就是通过打电话或写短信来表示感谢，在表示感谢的时候应特别注意用语。温情追踪的目的在于让客户意识到你在感谢他。

(四)产品跟进

客观上不存在永远忠诚的客户，只有依靠高质量的产品服务和必要的感情维系，才能保证客户不丢失。具体策略有以下方面。

(1) 承诺的服务坚决履行到位，如遇特殊情况导致有的产品服务跟进不上，营销人员必须主动向客户说明情况，取得客户谅解。

(2) 不仅向客户提供协议中规定的产品服务，营销人员还应围绕客户的新需求，动用自身及银行所有资源，尽力创造新的金融产品。有时突然遇到对客户有用的信息或自己有一个对客户有利的想法，营销人员都应及时通报给客户。

(五)扩大销售

扩大销售指的是向现有客户提供另外的金融产品或服务。当金融机构推出新产品或有新的服务举措时，营销人员应及时通报给现有客户。具体策略有以下方面。

(1) 通过开发那些提高业务一体化和客户便利程度的产品来扩大同客户的合作范围。

(2) 营销人员应当了解每件新产品是如何实施的，了解每件新产品适用于哪一类型客户。

(3) 当某种金融服务获得客户认可后，再适时提出新的服务品种。

(六)维护拜访

维护拜访是对现有客户的再拜访。具体策略有以下方面。

(1) 拜访前应参考过去的拜访报告、客户卷宗、前次拜访的记录来分析和评估与客户的现有关系。

(2) 维护拜访中应注重发现新的问题，因为新问题往往意味着新的机会。

(3) 在拜访时，应征询客户对使用金融产品的满意程度及对前一时期双方合作的看法。

(4) 拜访将近结束时，与客户约定下次见面的时间。

(5) 加大拜访的频率。

(七)机制维护

通过建立金融机构与客户间的双向沟通机制来维护双方的关系即为机制维护。具体策略是营销人员在做好自身对客户维护服务的同时，还应注意做好本金融机构高层与客户高层的协调、交流工作，由此建立一个双方关系的维护机制。

(八)差别维护

营销人员根据产品服务的性质内容、客户类型等确定维护重点。对重点客户、典型客户进行重点维护，做到急事急办、特事特办、易事快办、难事妥善办。对一般客户、普通客户进行一般维护。在采用此法进行维护时，重点要考虑金融产品服务的特性：存款的维护重点在于安全及收益最大化；顾问服务重点在于能给客户带来启迪与收益；而贷款则讲求资金到账速度等。同时注意为客户提供其他银行目前尚不能提供或虽能提供但本金融机构仍有差别优势的金融产品。

(九)超值维护

超值维护即是向客户提供超出其心理预期的、具有人情味的服务。具体策略有以下方面。

(1) 让客户感到本金融机构所提供服务的文化品位的与众不同。

(2) 加重对客户的感情投资，在常规的金融维护之外，关注并随时解决客户日常生活中遇到的问题。

(3) 依靠集体的氛围、个人的敬业精神、高超的业务技能、良好的修养与文化素质感召客户。

(4) 开展知识维护，提升服务档次，运用新知识、新产品赢得客户尊重。

(5) 记清客户的重大节日及主要负责人的生日，到时候应有所表示。

(6) 注意同客户的感情维系。

(十)招待宴请客户

宴会有正式宴会、便宴、中餐宴会、西餐宴会、欢迎宴会、答谢宴会、饯行宴会等多种形式。营销人员根据需要可组织不同形式的宴会，例如针对刚接受金融服务的客户，可组织欢迎宴会；针对现有客户，可组织答谢宴会；如果客户负责人高升，可组织饯行宴会。营销人员组织宴会，需注意以下方面。

(1) 确定宴会的目的与形式，并根据目的决定邀请什么人、邀请多少人，并列出多少人，注意主宾对等。

(2) 宴请时间不应与客户的工作、生活安排发生冲突，要尽量避开客户的禁忌日。

(3) 宴请地点视交通、宴请规格、客户喜好而定。

(4) 提前1~2周制作请柬，发出邀请。即使是便宴，也要事前几天打电话告知。

(5) 宴会规格根据出席者的最高身份、人数、目的等因素确定。确定规格后，选择饭店并与饭店人员共同拟好菜单。

(6) 按尊卑位次安排席位。安排多桌宴会时，要确定主桌，并根据离主桌的远近安排尊卑位次。每张桌上的人员安排一般以 10 人为限。

(7) 宴请当日，营销人员应在门口迎接，并引领至宴席上。重要人物，还要先引领至洽谈室或休息室。

(十一)联谊活动

联谊活动包括与客户共同举办联欢会、邀请文艺团体为重要客户举办专场文艺晚会、向重要客户赠送某场晚会门票等。如果是双方共同举办，应确定联欢主题、时间、场地、节目、主持人并在正式活动前进行若干次彩排。

(十二)安排客户参观自己所服务的金融机构

安排客户来参观本金融机构有利于客户更好地了解为自身服务的金融机构。客户来参观，应重点做好以下准备：准备好宣传用的小册子；放映视听材料；引导客户参观，选择好参观路线；安排好参观过程中的休息事宜；分发纪念品；征求客户的意见。

三、完善内部工作制度

(一)建立《客户名册表》，对不同的银行客户实行差别对待

不同客户对银行的意义有所不同，营销人员应根据业务开展情况及客户对银行的重要程度来对客户进行重要性排序，并将客户级别记入客户名册表中，《客户名册表》如表 6-2 所示。

表 6-2　客户名册表

客户名称	客户地址	联系人及联系方式	存款额(万元)	贷款额(万元)	非风险业务开展情况	合作关系评价	业务合作方向	改进合作关系建议	客户重要程度	档案编号

(二)建立营销人员一日工作报告制度

为使维护工作有条不紊地进行，应建立营销人员一日工作报告制度。在每天开始营销人员都应做一下时间规划，确认哪些是首要任务，哪些是次要任务，哪些是相对而言不太重要的事务，准备拜访哪几位客户，准备取得什么效果。为保证首要任务能高效地完成，营销人员应根据事务的重要和紧急程度安排处理的时间。在每天工作结束时，营销人员应该扪心自问以下问题。

(1) 我今天拜访了几位客户？

(2) 我今天达到或超过制定的目标了吗？

(3) 我实际投入的时间和计划使用的时间一样多吗？

(4) 我浪费了多长时间来处理与工作无关的事情？

(5) 明天我将如何改进工作？是再度跟进，还是决定放弃？

四、发现不良征兆

营销人员要善于发现影响客户关系的征兆，并及时加以修补。客户关系产生裂痕的征兆主要有以下方面。

(1) 营销人员喜欢与客户争辩，而且总想辩赢对方。

(2) 营销人员按照自己的价值观去判断客户并且付诸实践。

(3) 征求客户的意见却又不采纳，并被客户知晓。

(4) 多次指出客户的缺点甚至不足，引起客户的反感。

(5) 只讨好对自己有帮助的人，对客户方的其他人员不热情。

(6) 当对自己有帮助的人已无利用价值时，碰面时也会设法避开。

(7) 不喜欢与自己意见不合的客户碰面及交谈问题。

(8) 营销人员因为自己有事而变更约定时间却不向客户解释、道歉。

(9) 客户有困难，但这些困难只要与自己无关系就设法回避。

(10) 为人处世表里不一且被客户发觉。

(11) 同客户见面的间隔时间拉长、次数变少，并且客户变得不热心。

(12) 接到客户的抱怨。

(13) 听到客户已开始与其他金融机构接触的消息。

五、掌握银行同客户的业务往来情况

作为客户关系维护的基础资料，营销人员应能及时掌握金融机构与客户的业务往来情况，如表 6-3 所示。

表 6-3　银行与客户业务往来情况表

年　月　日　　　　　　　　　　　编号

户名：		是否将基本户开在本银行：	
客户级别：		客户的其他往来银行：	
往来账户	账号		
	结算量		万元
	存款量		万元
	贷款量		万元
	本银行账户往来业务量占其整个业务量的比重		%
贴现	累计贴现量		万元
	本银行贴现业务占其贴现业务总量的比重		%

	累计国际结算量	万美元
国际结算	其中：结汇	万美元
	售汇	万美元
	本银行国际结算量占其国际结算总量的比重	%
	信用卡平均存款每月余额	万元
信用卡	商户 POS 机流水	万元
	本银行信用卡业务占其信用卡业务总量的比重	%
其他	其他业务量	万元
业务量评价		

六、提高客户对金融机构服务的满意度

维护客户关系的一个重要的方面是提高客户对金融机构服务的满意度。客户的满意度是与客户对服务的期望值联系在一起的，当客户得到的服务超过他的期望值时，就会表现出满意，否则就会表现出不满意。当客户的不满意逐步增大时，将会威胁到金融机构同客户的合作关系。客户的不满意有时不会直接提出来，有时则会通过投诉或不再使用金融产品的方式向营销人员提出来。对第一种情况，营销人员可通过定期拜访的方式对客户的不满进行了解，即通过向客户询问对某项维护的感觉及为什么满意或为什么不满意来获得答案。由于客户一般不愿谈出真实感受，故应及时调整询问的方式方法。对第二种情况，营销人员必须协调金融机构内部有关部门对投诉尽快作出恰当反馈和处理。

1. 恰当处理客户的抱怨

客户对金融机构提出抱怨，表明双方的合作关系已经出现明显裂痕。营销人员对此必须予以高度重视。客户的抱怨内容与金融机构对此的处理结果均应填入专门表格中，如表 6-4、表 6-5 所示，作为档案备查，也为了保证今后客户不再出现类似抱怨。

表 6-4　客户抱怨及处理登记卡

投诉客户名称		投诉客户联系方式	
投诉受理日期	年　　月　　日	投诉受理人	
发生时间	年　　月　　日	解决时间	
抱怨内容：		原因与经过：	
对策与结果：		备考：	
营销人员签字：			年　　月　　日

表 6-5　客户投诉统计表

投　诉		客户名称	投诉内容	责任划分	处理方式	客户反映
编　号	日　期					

在处理客户抱怨、纠纷的过程中及处理完毕后，营销人员都应遵守一些行事准则，主要有以下方面。

(1) 应让客户产生如下感觉：营销人员在认真对待客户提出的各种抱怨，并且抓紧对这些抱怨进行事实调查，没有采取不负责任的态度，也未拖延时间。

(2) 不对客户说"责任不在我"一类的话，以"客户总是有理的"作为基本原则。充分给客户道歉，因为道歉并不意味着营销人员错了，重要的是如何解决问题而不是让问题蔓延。应向客户解释，你已了解了他的问题，并请他确认。要善于把客户的抱怨收集起来。

(3) 站在客户的立场上看待客户提出的抱怨。让客户发泄，自己闭口不言、仔细聆听，但不要让客户感到是在敷衍。

(4) 在未证明客户说的话不真实之前，不要轻易下结论。不责备客户总比责备客户好一些。即使责任出在客户一方，也不可抨击客户及客户方的相关责任者，也不能对客户表露出不满，应对客户的抱怨采取宽宏大度的态度。客户抱怨时会省略掉一些他认为不重要但实际十分重要的信息(当然有些信息客户也可能是故意隐瞒)，营销人员应该能够根据客户叙述判明：当时的实际情况是什么，客户需要的到底是什么，客户对品质评判的标准是什么等。

(5) 要向客户提供各种方便，尽量做到只要客户有意见，就让他当面倾诉出来，同时善于发现客户一时还没有表示出来的意见和不便提出的问题。

(6) 不要向客户做一些不能兑现的保证，也不要作出不切实际的许愿，以免在今后的交往中引发更大的纠纷。

(7) 当客户正在气头上时，营销人员唯一要做的就是保持冷静，不要再刺激客户以免引发更大的怒气。当客户气消后，要征询客户的意见；如果提出了解决方案，营销人员应征求客户对该方案的意见。

(8) 对帮助解决不满与纠纷的相关者表示感谢。感谢不光表现在口头上，更要落实在行动上，比如送些小礼品、经常打个电话、抽时间上门拜访一次等。

(9) 事后不对处理决定提出评判性意见，不同意见应在解决之前提出。

(10) 以过去相同的方式拜访客户，对曾经让自己碰钉子的客户也不要躲避。

(11) 绝对不让同样的抱怨、纠纷问题再次发生。

(12) 将已发生的客户抱怨、纠纷问题做一总结，避免今后再发生类似的错误。

(13) 即使事情过去很久也不可掉以轻心，应时时牢记在心。

(14) 加强对客户的主要决策者、组织机构、管理体制、经营状况和财务状况的动态监控。

(15) 及时向金融机构风险控制部门提出产品变更建议，建议可以是扩大销售，也可以是减少或停止产品提供。

2. 加强同客户的联系

营销人员不光能被动地处理抱怨，更应主动地强化同客户的联系，如表 6-6、表 6-7 所示。

表 6-6　客户维护访问计划安排

客户级别	客户名称	访问频率安排(次/每年)	拟拜访人员
核心客户			
重点客户			
一般客户			
目标客户			

表 6-7　强化客户关系计划卡

客户名称								
客户内部关系人	客户竞争潜力				强化对策			
	推动的影响力	竞争银行	竞争银行关系人及职务	与客户内部关系人的关系	强化负责人	访问频率(次/季度)	强化策略	检查对策
董事长								
副董事长								
总经理								
副总经理								
部长								
副部长								
外围关系人								
其他关系人								

3. 经常检查自己的行为

为保证客户关系不受损害，同时也为了提高自己维护客户关系的水平，营销人员应对自己的行动经常进行检查。检查内容如下。

(1) 是否只是拜访特定的客户，且超过必要的拜访次数？

(2) 在客户处停留的时间是否过久，以至于影响到客户的心情乃至工作？

(3) 用电话就可解决的事情是否也故意登门拜访？

(4) 该拜访的客户，很少拜访；不必经常拜访的客户，却频频拜访？

(5) 是否拟订拜访客户的计划，同时努力按计划进行？

(6) 对客户拜访前，是否明确了拜访目标？

(7) 是否只拜访距离较近或接待态度较好的客户？

(8) 和客户主要决策人洽谈的次数占同该客户总洽谈次数的比重？

(9) 客户拒绝后是否再拜访过？

(10) 会不会觉得拜访客户是很沉重的负担？

(11) 本次拜访是否比上次拜访更有成效？

(12) 自己负责的客户数量是否减少？

同步案例

【案例1】

请分析小郭的客户关系发展经历了几个步骤？

小郭毕业于某医学院，入职某跨国企业，该企业致力于肿瘤姑息治疗中疼痛管理领域产品的推广，其最大的竞争对手同样是一家跨国企业，实力很强劲。小郭已从业10年，情商较高，在从业服务的企业里算得上数一数二的营销精英。入职后，在高强度学习产品知识及学术领域信息的同时，她没有急于进行营销，而是花一段时间到需要重点攻关的肿瘤科混个脸熟，对科内人员情况进行摸底。因为她很清楚自己所面临的问题，医院在有产品选择的情况下，销售的问题主要是客户关系方面。因为如果没有建立并维护好客户关系，可能连介绍产品的机会都没有，更谈不上销量的快速增长。以往经验告诉她，需要找到一个关键人物，这个人既可以撬动科室其他人员的人情，又能在用药上帮到她。

1. 该科主任属于公司资源维护对象。通过观察与了解，小郭发现了一个姓马的客户。马医生是科室的行政副主任，日常有一些科内协调工作，病源也很多，是一个关键客户。但一查销量才知晓，对于公司产品，马医生几乎零处方，属于客户性格分型中的分析型，难沟通，也难接受新人。这样的客户毫无捷径可言，只能实打实地用心跟进。针对分析型人格注重事实依据等特点，小郭的拜访每次都在结合产品学术信息的同时，带给客户一些情感关怀，但马医生都很冷漠地一一拒绝。

这种情况持续了3个月，但小郭仍坚持不懈地跟进，她利用公司的学术平台，多次邀请马医生参与公司的演讲会评判、培训会讲者等。

2. 小郭进入了客户关系维护的快速上升阶段，更加关注一些客户的细节需求。她从客户的签收函中了解到马医生的生日，立即筹备为他庆祝生日……

3. 在客户关系渐入佳境时，小郭开始在学术信息上传递产品与竞品的差异，通过抓住几个核心要点强势出击，依靠良好的客户关系，最终说服了包括马医生在内的多名医生。此举使得一些原来使用竞品的老病号都换药了。肿瘤姑息治疗是一个漫长的过程，任何一个病例的转换都包含了巨大的潜在销量。

4. 截至小郭入职年尾，公司的产品销量增长600%，竞争对手的销量远远落后，以至于负责该医院的竞品销售代表被地区经理直接免职走人。

【案例2】

请大家看以下案例"美国航空公司的客户关系管理"，分析美国航空公司通过哪些措施极大地提高了客户满意度和忠诚度？

美国航空公司的客户关系管理

随着电子商务的快速发展，20世纪90年代中期，一些敏锐的勇于创新的服务型企业迅速意识到其中存在的商机，开始利用信息技术对客户关系进行管理。

美国航空公司(American Airlines)的客户关系管理应是其中成功的经典案例之一。

1994年前，美国航空公司的订票服务主要通过免费电话进行，当时电话订票系统对公司业务发挥着巨大作用。而负责监督电话订票系统业务的约翰·斯米尔(John Samuel)注意到，公司网站上仅仅用于提供公司年报。显然，公司网站远远没有发挥出它应有的功效。

约翰·斯米尔设想到，如果公司拿出一部分资金用于网络系统的建设，让乘客也可以在网上预订机票，那么将为旅客提供更多的方便，并可吸引一些新的网络用户从网上查询航班、票价和订票，这将为公司节省费用并带来实际的回报。

美国航空公司随即展开调研，调研显示，近九成的乘客在办公室经常使用电脑，近七成的乘客家中有电脑。因此，从1995年开始，美国航空公司开始改进公司的网站，成为第一家在网上提供航班资讯、飞机起降、航班行程变更、登机门等更多准确、快捷的信息，有些信息甚至每隔30秒就更新一次，极大地方便了乘客。

客户关系研究表明，一个企业80%的效益来自20%的关键客户。美国航空公司深知80/20规则，加强了对客户的分析调查，发现有七成以上的公司A级会员愿意以电子化方式进行交易，他们非常介意能否自由安排旅行计划，能否随时改变原定的行程和班机。因此，1996年美国航空公司推出了"本周特惠"促销活动服务，即在每周三定期发电子邮件给愿意接收的会员订户。这一服务推出的一个月内就发展了两万名订户，一年内订户突破77万人。紧接着，美国航空公司为A级会员特别开设了网络订票系统，使其可以直接上网查询特价班次并在网上预订机位，不久又提供新的服务：使A级会员可以直接上网订票或更改，然后由公司将机票寄给客户；客户可以在飞机起飞前通过网络临时更改订位而不需要到换票中心换票。这些措施使美国航空公司的A级会员人数激增。

在网上订票系统运行一股时间后，美国航空公司发现，通过网络订票的乘客对于最后能否拿到机票仍不放心；一些乘客还是认为通过传统方式订票并拿到机票更为稳妥。针对这种情况，美国航空公司就在每次乘客订位或更改订位时，主动寄发一封确认的电子邮件让乘客放心。通过这一系列拓展和改进，到1997年底时，美国航空公司的网上订票收入完成了年度计划的198%。1998年6月，美国航空公司发布了新的网站，改善浏览界面并提供更为强大的功能。其新增的特色包括美航用户资料的网络管理，航线的改进及方便快捷的网上资料查询。网站最大的改善是向A级会员提供更加个性化的服务。公司收集乘客的各种基础信息，比如对于座位位置的偏好、餐饮习惯、信用卡卡号等，建立客户数据仓库，利用客户数据，尽可能为客户提供各种体贴入微的个性化服务，并享受折扣、座位保留等多种优惠措施。该活动引起了巨大的关注。大约43%的美航会员登录了这个网站，在18个月里，美航获得了其25%活跃用户的名单，其数量达到了110万人次。

　　此后，美国航空公司更是广泛应用了各种网络和计算机技术来把握、挖掘和争取更多的客户。

　　美国航空公司推出了电子机票，真正实现了订票的无纸化操作；同时整合了各种渠道的订票业务，使乘客通过网站、电话和传统的旅行社代理网点都可以实现订票；利用先进的数据库技术和工具，优先处理其 3200 万公司 A 级用户的邮件，并建设更加个性化的自动回信系统，对于乘客的电子邮件开始进行个性化的回复；允许乘客自行设立兑换里程的条件，获得自己想要得到的奖励；为每个会员建立其单独页面，提供一些显示他们的航行里程，征集飞行伙伴等私人化服务。

　　就像他们所期望的一样，用户喜欢这些个性化的服务。越来越多的新客户加入并成为会员。这些措施极大地提高了客户满意度和忠诚度，实现了保留老客户、吸引新客户的目标。

　　可以说，正是建立了以客户为中心的管理模式，利用高速发展的计算机网络技术成功实施 CRM，才使美国航空公司牢牢占据着激烈竞争的美国航空业领先者的位置，获得了丰厚的利润回报。

　　客户关系管理是一个不断完善的过程。"9·11"事件后，全球航空公司受到致命打击，多家航空公司宣布破产。在不景气的时期，美国航空公司和它的竞争对手们都在更仔细地搜索业务中的漏洞。所有航空公司开始认识到，要生存下去，途径之一就是集中精力将电子商务融入整个航空业务中。例如，美国航空公司就利用其数据仓库计算出新的、更均匀分布的飞行、机场安排计划，以适应新的形势。

　　在客户关系管理方面，为了引来更多的空中的旅行，美国航空公司在机场服务的技术方面花费了不少力气，尤其是在自动售票亭项目中。

　　这个项目不仅降低了成本，还减少了在登机手续柜台前排队的长度。拥有电子机票的客户可以利用自助售票亭办理登机手续、领取登机证和更改座位安排等。

　　2002 年底，美国航空公司在全美的各机场拥有 700 个自动售票亭。而且公司也利用大量的无线登机设备，各地漫游的代理可以利用这些无线设备加快服务的速度。美国航空公司不仅限于这些改进，其最终的目的是将它的服务信息化。

　　2002 年 6 月，美国航空公司宣布将在 2003 年 12 月之前，百分之百地使用电子机票，还要将别的机场处理事务也电子化。

　　可以预见，要实现美国航空公司的再次起飞，还有大量的工作要做，而客户关系管理的不断改进、完善将成为推动美国航空公司向前发展的重要引擎。

（案例来源：美国航空公司案例，百度文库）

【案例 3】

　　请问营销人员采取了什么样的客户维护方法？

　　客户背景信息：杜女士　　私营业主　　　约 38 岁　　为银行目标客户

情景1:

杜女士长期在工行存有大额外币,办理转存手续时被前台柜员识别,作为目标客户介绍给营销人员。营销人员介绍其办理理财金账户卡,杜女士较为犹豫。在营销人员介绍财金账户的种种优势后,客户决定一试。

情景2:

5月8日,客户接到营销人员生日祝福电话,十分意外,表6-8中有相关问候语。

表6-8 问候语

人 物	销售对话	动作/注意事项	相关维护过程
营销人员	杜女士,您好,我是工行营销人员×××,现在打电话打扰您吗?	说清全名,让客户有时间回忆并且记住自己;对接触不多的客户最好不要拨打手提电话,而是拨打客户座机	问候,介绍自己;提醒客户回忆自己
杜女士	你好,没关系,找我有什么事吗?		
营销人员	今天是您的生日,我代表工行为您送上一份生日的祝福,感谢您对工行的支持。		生日祝福
杜女十	谢谢,谢谢,没想到现在你们工行的服务这么细,谢谢你!		
营销人员	您有电子邮箱吗,我想为您发一份生日贺卡,方便吗?	由于前次客户有疑虑,沟通不够,通过此种方式了解客户喜欢/习惯的联系方式	提出生日祝福的传递方式
杜女士	这个……我一般不上网,没关系,我已经了解你的意思了,谢谢你。		信息反馈
营销人员	其实我们为您这样的客户准备了纪念币作为生日礼品,上一次您没有来得及留下邮寄地址所以没办法寄给您,另外纪念币邮寄也不方便,您看方便我为您送去吗?	了解客户喜欢/习惯的联系方式	促进客户贵宾服务细致感的体验
杜女士	太客气了,×经理,真感谢你们的服务这么好,现在工行的服务的确进步了许多,不好意思麻烦你过来了,这样吧,我过去拿你看好不好?		客户维护的第一个进展

续表

人物	销售对话	动作/注意事项	相关维护过程
营销人员	那就给您添麻烦啦，您看您什么时候有时间？	客户约见是最好的沟通机会	
杜女士	下午吧，2点多钟行吗？		约见成功
营销人员	当然可以，那我们下午见，我等您！		

情景3：

5月15日，银行推出保本型基金，营销人员联系杜女士介绍新产品，表6-9显示介绍产品过程。

表6-9　产品过程

人物	销售对话	动作/注意事项	相关维护过程
营销人员	杜女士，您好！我是……		问候，介绍自己
杜女士	你好，X经理，有什么事吗？		从称呼/回应中可知已与客户建立起初步的非交易联系
营销人员	明天我们行要推出市场上第一支保本型基金，风险又小，可以有3%～7%的收益预期，我觉得挺不错的，可能会适合您，想让您了解一下，我已经把相关资料邮寄到您上次留的地址了，请您注意查收。		通过邮寄方式进行新产品推介
杜女士	是吗，谢谢你，我会留意的。		
营销人员	您先看看资料，有什么疑问随时跟我联系，这支基金只销售一个月，您要做决定的话要抓紧时间。	简单介绍产品特点	提醒客户注意时间限定
杜女士	好的，我会随时跟你联系。		信息反馈

情景4：

5月20日，营销人员进行资料邮寄后续维护，顺便为行内举办小型外汇买卖讲座电话约请杜女士，表6-10显示电话交谈内容。

表 6-10

人　物	销售对话	动作/注意事项	相关维护过程
营销人员	你好，杜女士，我是……上次寄送的材料您收到了吗？		
杜女士	你好，×经理，材料收到了，我正想找你问问好不好呢。		已逐渐与客户建立信任关系
营销人员	我觉得风险不大，收益也还不错，我们卖得挺火，值得一试。		确定销售机会
杜女士	那行，我哪天有空去找你。		基本确定销售成功
营销人员	正好我们行要在 25 日举办一个小型的外汇买卖讲座，我记得上次您提到很感兴趣。		财经讲座邀约
杜女士	是呀，太好了，25 日什么时间，我安排一下争取去。		确定客户参与意向
营销人员	25 日下午 4 点，大概 1 小时左右，另外，您也可以在那天看看基金的事情。		确定客户出席可能，将客户购买意愿变为现实
杜女士	25 日，可以，我提前点，3 点半到。	考虑一下	
营销人员	好啊，25 日下午 3 点半，我会提前一天提醒您。		如约见日期较远应提前提醒客户约见的时间
杜女士	好的，谢谢！		

　　通过生日祝福、电话邀约、新产品推介等一系列紧密的客户关系维护，杜女士已经由一名工行的普通客户，特别是由一名对持有理财金账户卡带有疑虑的客户，转变为一个在工行认购了基金，建立了较为信任的良好关系的客户，由于购买了长期投资产品，在较长一段时间内，杜女士都将是工行稳定的优质客户，并将逐步发展为工行的忠诚客户。

同步阅读

客户满意度以及金融服务需求反馈表。

客户满意度以及金融服务需求反馈表

您的姓名＿＿＿　性别＿＿＿　年龄＿＿＿　手机＿＿＿

1.　对于本次客户活动，您的整体满意度为多少？(单选)

　　　　A. 很满意□　　　　B. 满意□　　　　C. 尚可□　　　　D. 不满意□

2.　对于本次的活动，您对哪个环节最满意或最感兴趣？(多选)

　　　　A. 活动会务组织□　　　　　　　　B. 专家讲座□

　　　　C. 礼品馈赠□　　　　　　　　　　D. 活动选题内容□

3.　您希望下次来参加的 X 活动的形式或内容为哪些？(多选)

　　　　A. 投资技巧等知识类讲解活动□

　　　　B. 产品介绍□

　　　　C. 软件应用□

　　　　D. 晚会聚餐类□

　　　　E. 风水讲解(如家居和办公室风水)□

　　　　F. 其他□

4.　对于 X 公司的整体印象中，您认为哪些方面需要继续改善提升？(多选)

　　　　A. 公司环境□　　　　　　　　　　B. 人员服务□

　　　　C. 业务手续□　　　　　　　　　　D. 产品多样性□

　　　　E. 销售专业性□　　　　　　　　　F. 客服维护□

5.　在获取自己所感兴趣的金融信息时，你更愿意选择以下哪种方式？(单选)

　　　　A. 直接电话询问投资顾问□　　　　B. 投资顾问通过 qq 等聊天工具告知□

　　　　C. 通过手机短信获取□　　　　　　D. 自己从网络资源获得□

6.　您一般选择金融产品投资的途径是以下哪种方式？(单选)

　　　　A. 朋友介绍□　　　　　　　　　　B. 银行业务人员介绍□

　　　　C. 电话邀约陌生拜访□　　　　　　D. 其他(请注明)_____□

7.　在明年的金融投资中，您希望我们为您提供哪些服务？(多选)

　　　　A. 新产品推荐服务□　　　　　　　B. 理财沙龙投资专家讲座□

　　　　C. 金融最新资讯服务□　　　　　　D. 抵御通货膨胀的资产配置建议□

　　　　E. 其他□

8.　如果您成为×公司的贵宾，您将有专属的投资顾问为您服务，您最看重的是哪些？(单选)

　　　　A. 投资顾问很专业，能及时提供最新的财经资讯和产品信息供您选择□

　　　　B. 投资顾问很热情，服务态度很好就够了□

　　　　C. 投资顾问能够解决您投资技术需求，同时能全程指导你的投资□

9.　您希望投资顾问给您提供哪方面的信息或者服务？(多选)

　　　　A. 短信发送最新的财经新闻和产品资讯□

　　　　B. 短信发送金融市场的走势、变动，及时提醒□

　　　　C. 通过电话通知最新的投资资讯就可以了□

　　　　D. 通过 E-mail 发送给您所有跟金融相关的信息□

10. 您希望我们的投资顾问联系您的频率是_____? (单选)

    A. 无所谓,随时可以联系我□　　B. 每天□

    C. 1~2 周□　　　　　　　　　D. 1~2 个月□

    E. 2~3 个月□　　　　　　　　F. 不要联系我□

    G. 有新产品时联系我□　　　　H. 其他(请注明)＿＿＿□

11. 您已经拥有哪些金融产品服务? (多选)

    A. 信用卡□　　　　　　　　　B. 网上银行□

    C. 黄金□　　　　　　　　　　D. 外汇□

    E. 基金□　　　　　　　　　　F. 股票□

    G. 债券□　　　　　　　　　　H. 银行理财产品□

    I. 期货□　　　　　　　　　　J. 信托□

    K. 个人住房贷款□　　　　　　L. 个人经营性贷款□

    M. 个人信用贷款□　　　　　　N. 个人汽车消费贷款□

    O. 个人出国留学贷款□　　　　P. 个人其他用途贷款□

    Q. 海外投资□　　　　　　　　R. 其他□

12. 您觉得我公司目前提供的产品种类是否能够满足您的投资需求? (单选)

    A. 完全满足□　　　　　　　　B. 基本满足□

    C. 只满足小部分□　　　　　　D. 完全不能满足□

13. 您最大可投资的金融产品的额度是多少? (不同金额选择不同投资方式,将获得更高收益)(单选)

    A. 10 万元以下□　　　　　　　B. 10 万元~50 万元□

    C. 50 万元~100 万元□　　　　D. 100 元~200 万元□

    E. 200 万元以上□

14. 您在选择金融投资时,对年收益的要求在哪个区间? (单选)

    A. 高于定期存款即可□　　　　B. 收益 6%~8%□

    C. 收益 8%~10%□　　　　　　D. 收益 10%~15%□

    E. 收益 15%以上□

15. 您选择金融投资产品时最关注哪个指标? (多选)

    A. 是否保本□　　　　　　　　B. 预期收益率是否满足□

    C. 流动性(是否可提前赎回)□　D. 投资期限□

16. 您是否拥有房地产投资的经验,您对房地产投资判断是怎样的? (单选)

    A. 只有自家住房□

    B. 除了自家住房,其他的有_____套投资住房□

17. 您自己或者身边的朋友及生意伙伴是否有其他融资方面的需求,如短期资金周转、项目融资、房屋贷款、个人抵押贷款等。

A. 无□ B. 有＿＿＿＿＿＿＿请列举□

18. 您对我公司服务有哪些建议和意见，希望还引进哪方面的服务？

_____

_____

19. 您对我公司现有的产品有什么建议？您希望获得什么样的产品？

_____

_____

感谢您百忙中抽出时间参与我们的调查，十分感谢！

任务三　加强客户风险的管理

任务提出

某银行在对行里 1103 个贷款客户进行了四个级别的划分，如表 6-11 四类客户应收账款比例所示，即：

A 类：有价值大客户。这类客户占销售额较大，偿债能力强，付款信誉好(没有 6 个月以上拖欠的贷款)，共 175 家。

B 类：可接受风险客户。这类客户虽然订单量不大，但数量较大，付款较为正常，共 720 家。

C 类：高风险客户。这类客户虽然有订单潜力，但付款不及时，大部分拖欠贷款在 6 个月以上，共 125 家。

D 类：不可接受风险客户。这类客户已有严重货款拖欠，全部在 6 个月以上，共 83 家。(C、D 合计占拖欠 88%)

表 6-11　客户应收账款统计　　　　　　　　　　　　　万元

客户 类别	客户 数量(个)	2014 年 销售额	应收账款余额		
			总　额	6 个月内	6 个月以上
A	175	52 000	13 000	13 000	0
B	720	38 000	15 000	12 000	3 000
C	125	16 000	17 000	8 000	9 000
D	83	3 000	14 000	0	14 000
合计	1103	109,000	59,000	33,000	26,000

通过这样的结构性统计，要求营销人员分析并提出对高风险客户实行严格的事前防范

和事后清欠措施。

知识准备

请大家通过以下案例分析营销人员如何加强风险客户管理，及时化解资金风险的？

保证贷款转成抵押贷款

某城市银行于 2014 年 3 月对 S 公司发放保证贷款 400 万元，期限半年。后来，由于人事变动的原因，S 公司出现了经营亏损。至贷款到期日，该公司不但还不了银行的 400 万本息，而且还有其他四家银行的逾期贷款 3000 多万元，以及其他债务 1 亿多元都未还。而该贷款的保证单位，实际上也无偿债能力。

营销人员及时掌握了该公司的上述风险，同时细心地发现了该公司唯一比较值钱的资产——市值约 1000 万元的地皮，因欠付近 200 万元费用而办不了产权证的情况，认为这是转化并最终收回 400 万元高风险贷款的唯一机遇。因此，营销人员向市场部领导建议：可以再向该公司贷款 200 万元，专用办理此块地皮的产权，但要其董事会议承诺：产权证办好后，即向某城市银行办理前次 400 万元及次 200 万元保证贷款的转抵押手续。为慎重起见，从产权部门取回产权证时，须由营销人员陪同，并将产权证放在银行，同时，将此董事会决议抄报产权部门盖章签收，以便实行。行领导同意，200 万元特殊的贷款就这么发放。

出乎意料的是，尽管营销人员密切关注产权证办理的进展情况。但防不胜防的是，该公司竟然违背承诺，私自从产权部门拿走产权证，要拿到别的银行去借款 1500 万元，然后还银行 600 万元贷款。该城市银行立即通知该公司如果其两天内不把产权证交还给该银行，将采取法律手段，对其地产实行诉讼保全。同时，为了防止意外事情的再次发生，营销人员由一位保安人员陪同，时刻跟着该公司老总，声明不拿回产权证，决不罢休！在营销人员的压力下，该公司终于将产权证拿给了银行，重新办理了 650 万元的抵押贷款手续，期限 3 个月。贷款到期时，该公司已被其他多家债权银行申请破产还债。银行及时将其抵押物直接委托拍卖公司拍卖，收回了贷款本息。

一、管理客户风险的基本原则

客户风险管理是指通过获得客户预警信号，发现客户存在的潜在或显在的风险问题，及时采取相应对策，最大限度地维护金融机构的利益及金融机构同客户的合作关系。客户风险管理的基本原则如下。

(1) 动态全程而非静态间断。在对目标客户开展营销工作时，风险预警与监控工作也就同时开始。客户风险预警与监控工作贯穿拓展客户工作的全过程。尤其在合作关系建立后，营销人员更应密切关注客户出现的各种预警信号，以确保金融机构资产的安全及客户关系的健康发展。

(2) 对客户综合风险进行预警监控，而不是对单一产品风险进行预警监控。客户风险有产品风险、技术风险、竞争风险等多种表现形式；营销人员对客户风险的管理应涵盖各种风险表现形式，而不是对某一种单一风险的管理。

(3) 由被动的事后监控变为主动的事前防范和事后监控相结合。

二、客户风险的处理策略

(1) 风险预防。

风险预防是一种积极的风险处理方式，它是通过识别、分析和消除可能导致客户风险发生的各种直接因素和间接因素，达到防患于未然的目的。

(2) 分散风险。

分散风险是将风险分散到彼此独立，关联度较小的不同性质、不同类别的业务上，或不同特点的业务品种上。包括资产种类分散、行业分散、地区分散、资产质量分散等。

(3) 消减风险。

消减风险即采取适当的措施来减少风险的损失，乃至消除风险。例如针对客户可能面临的利率风险和汇率风险，金融机构可帮助客户通过期货交易、期权交易、互换交易(货币互换和利率互换)、无期限协议及套期保值等交易方式来消除和减少风险。

(4) 摆脱风险。

摆脱风险就是与风险有关的各个方面完全摆脱关系，与高风险客户完全脱离关系，不再与高风险客户打交道。

(5) 关注风险。

关注风险就是在风险爆发之后，加强对风险因素的关注，注意事态向不利方向变化的信号，在风险扩大之前尽早采取预防措施，防止事态进一步恶化。

(6) 转移风险。

转移风险是通过一定的交易方式和业务手段，将风险尽可能转移出去。例如客户从事证券投资业务时存在市场风险，营销人员可提醒客户可能存在的风险，并帮助客户通过证券交易将其所持的证券资产转化为货币资产，从而将客户面临的市场风险转移到交易市场内的其他公司。从理论上讲，风险转移的方式有追加担保、保险、转移、期货与期权等。

三、建立客户风险管理机制

(1) 建立客户档案。

通过接触客户，收集和整理客户信息，建立起完备的客户档案，为金融机构提供分类研究客户风险的最为直接、可靠的资料，使金融机构能够在进行售后服务的同时对客户进行连续的动态监控。

(2) 把握客户需求的变化。

及时把握客户需求的变化，包括客户对新产品需求的变化、对风险规避需求的变化等。在客户提出风险规避需求时，金融机构有责任帮助客户对面临经营的风险进行诊断分析、确定风险标的，并对风险可能带来的损失进行量化的确定和识别，从规避风险的方案中择优选定出最佳策略。

(3) 建立客户风险管理责任制度。

根据市场经济的规律和利益驱动的原则，金融机构内部实行责权明确、合理确定职能的客户风险管理奖惩责任制，使防范与化解客户风险由外在压力的强制要求，变为内在利益驱动追求的目标。

(4) 建立信息与风险研究机构。利用金融机构各方面人才集聚的优势，建立专业化的信息与风险研究机构，针对客户的基本情况，协助营销人员帮助客户分析市场状况、把握行业竞争的总体态势，做客户的市场顾问，帮助客户预见、规避和化解风险。

四、识别客户风险预警信号

(一)外部环境因素预警信号

(1) 经济环境发生变化，出现经济增长乏力或地区出现金融动荡；国家产业、货币、税收及进出口等宏观政策发生变化；政府出台限制行业发展的政策。

(2) 地区投资环境日趋恶化；出现重大的技术变革，影响到行业的产品和生产技术的改变；所在行业或地区出现整体性衰退；行业内产品积压日益严重。

(3) 自然灾害或社会灾害影响到客户运营。

(二)财务因素预警信号

(1) 不能及时报送财务报表。

(2) 应收账款增加过快，或回收速度突然放缓；应收账款与营业收入的变化比例明显不一致；长期债务或短期债务大量增加；成本上升或利润下降；投资项目出现亏损；现金大幅减少，净现金流量出现负数；销售收入连续两年减少，且逐年降幅超过 15%；所有者权益或销售收入降低 25%以上；与上一年或竞争对手相比，税前利润降低 5%；营运资金大于年销售额的 75%；固定资产的大幅增加或减少；固定资产的增加与减少和产量的变化不相适应；无形资产占总资产比例过高；无形资产的取得成本不合理；营业收入增长与产业整体变化明显不符；非主营业务收入占比过大。

(3) 所持证券大幅度贬值；资本金没按比例到位，到位率小于 70%；贷款担保人财务或其他方面出现问题；产生金额重大的营业外收支；以存货做担保品；关联企业的应收款项占比过大；过分依赖于少数大客户；突然改用其他会计政策；过于频繁的长、短期投资买卖；不恰当地确认投资损失；以明显不恰当的对价进行交易；与关系人的股权买卖过于频繁；折旧计提方式突然改变，折旧年限或摊销年限不适当等。

(三)经营管理因素预警信号

(1) 向不熟悉的领域拓展业务，或开始在不熟悉的地区开展业务，贪大求多；业务性质、经营目标或习惯做法发生变更；不能适应市场变化或客户需求的变化，产品积压严重；产品品种缩减，呈单一化发展态势；存货突然增加；对存货、生产和销售的控制能力下降；出现停产、半停产或经营停滞状态；市场份额下降，客户抱怨增多。

(2) 管理层对外部环境反应迟缓；高级管理人员之间出现分歧和争论，或不团结；最高管理层不讲民主，听不进不同意见；管理层品行低下，缺乏修养，投机思想严重；管理层出国考察不断，桃色新闻频出；管理层注重个人享受、喜欢赌博，或经营资质太差；主要管理人员发生改变。

(3) 违反财务制度，快速计提折旧，用于其他工程项目，而不归还银行贷款；违反财务制度，大量计提公益金等各种福利基金，而不归还银行贷款本息；已计提折旧，但不归还银行贷款本金；工资、奖金超过行业、地区平均标准，企业经营中挥霍浪费，而不归还银行贷款本息；在资产经营活动中，发生产权变动却不按合同约定向银行通报，造成银行债权悬空；借款单位法人代表、财务主管无还贷意识，对银行收贷人员态度恶劣、推诿、躲避、不予配合；对银行下达的贷款催收通知书不理睬、不回执；还款资金不列入企业年度还款计划；隐瞒或转移利润，用于投资或其他工程项目，而不归还银行贷款；企业利润先用于股东分红，而拖欠银行贷款本息；在财务费用已计入成本，企业又不亏损的情况下，拖欠银行贷款利息；在销售收入没有明显增长的情况下，管理费用等成本支出不正常大幅度增长，而不归还银行贷款本息；向其他银行的服务请求被拒绝；在银行的存款余额或结算量持续下降；突然接到多家银行的资信咨询调查；其他银行对此客户信用评级降级，或其他银行对其贷款急剧减少；从非银行金融单位借款显著增加；在新的银行或其他金融机构开立账户；突然提出大量资金需求；开始欠付本息；发生灾难性事件；对银行态度发生变化，即突然变得过分冷淡或过分热情。

(4) 主要业务数据呈现出不良的变动趋势；对一些客户或供应商过分依赖；重要客户或供应商破产，其经济效益发生很大变化；客户主要产品价格比前一年降低 20%以上；原材料采购量下降；生产能力利用率下降或小于 60%；工厂因不正常原因停产 1 个月；客户的分支机构发生调整，出现不合理情况；收购是出于改变财务结构，或只为控制更多资源，不是为巩固核心业务；出售、买卖主要的生产经营性固定资产；厂房、设备很久没有更新维修；项目建设工期延长，或处于停缓状态，或概预算调增；产品质量或服务水平出现下降；组织形式发生变化，例如租赁、分立、承办、并购、重组、联营等；进行股份制改造或进行企业再造；办公室过于豪华，或贸然购建办公大楼；业务会议剧增。

(5) 职工怨言增多；员工更新过快或缺员严重，中层管理较薄弱；企业资源与其业务规模不成比例；缺乏发展战略规划，或虽有规划但没有实施，或无法实施；管理层结构匹配不合理，如生产管理者多而市场拓展者少；股东、关联企业或母子公司发生了重大的不利因素；突然更换法律顾问、会计师事务所，对当前的注册会计师有不满言行；新闻媒介披露其有不良行为；和某破产企业关系密切。

(四)道德风险预警信号

(1) 提供虚假财务报表，隐瞒重大财务变动情况，提供虚假证明材料和资料。

(2) 在其他金融机构存有因道德问题的违约记录。

(3) 为获取贷款，随意承诺银行贷款条件而不兑现。

同步案例

【案例1】

分析以下案例对你的启示。

客户高某与配偶共同向某行申请 50 万元个人家居消费贷款,用于装修其名下住房并购置家具电器。该客户提交各项资料齐全，工作收入稳定,资质良好。但在与客户面谈期间，除高某夫妻二人外，另有一人吴某也出现在签约现场，且对于该笔贷款的放款时间、支付方式等极度关注。

该行营销人员与客户进一步交谈后，发现高某与其配偶对装修的情况并不上心，且没有什么规划，只是一味地关心银行贷款何时放款、能否将贷款资金打入个人账户等，该情况引起营销人员的警觉，同时营销人员在吴某的随身携带的资料里面发现有高某配偶的身份证复印件等资料。据经验，申请人此笔贷款的实际使用情况很可能与吴某有直接关系。就此，营销人员找机会再次详细询问了申请人贷款用途，并针对用途发散其他相关问题，见此情况申请人最终承认申请贷款并非装修而是用于支付购置吴某名下一套房产的首付款。

【案例2】

请大家分析以下案例中营销人员在处理客户风险时的关键点在哪里？

以依法被查封的财产作抵押，合同是否有效

S 公司为解决流动资金不足的问题，需要经常向银行申请借款。该公司除了拥有一幢评估价值为 5000 多万元的办公楼之外，没有其他高价值的财产，但是，因为该公司用款的时间不易确定，用款数额也难以固定，每次办理借款的时间较紧，并且该公司又不具备信用借款的条件，办理保证贷款又难以找到合格的保证人，所以一次又一次地用办公楼办理抵押借款，手续非常麻烦。

2012 年 5 月 21 日,S 公司与银行签订了一份最高额房地产抵押合同。合同约定: 在 5000

万元的最高贷款限额内，该公司以其办公楼对自 2012 年 6 月 1 日至 2015 年 6 月 1 日这一期间连续发生的借款合同作抵押担保。借款人履行债务的期限为每份借款合同约定的还款期限。同日，双方又签订了一份余额为 2100 万元人民币的借款合同，借款期限为 2012 年 6 月 1 日至 2012 年 9 月 1 日，并与最高额抵押合同一起，依法办理了抵押登记手续。2012 年 6 月 1 日银行发放了第一笔贷款。该笔借款到期后，S 公司按约及时归还了借款本息。此后，S 公司与银行又分别办理了金额分别为 700 万元和 1200 万元的两笔借款，没有发生纠纷。

　　2013 年 11 月 15 日，贷款银行与该公司又签订了第四份借款合同，借款期限为 2013 年 11 月 15 日至 2014 年 8 月 15 日，并按约发放了 2500 万元贷款。2014 年 6 月 10 日银行营销人员在贷后检查时发现，因 W 公司诉 S 公司 3500 万元的贷款纠纷一案，法院于 2013 年 10 月 22 日对作为最高额抵押物的办公楼实施了查封措施，后因 S 公司败诉，法院拍卖了 S 公司的办公楼。

(案例来源：王艳君. 公司信贷. 北京：中国金融出版社，2012)

参 考 文 献

[1]　崔丽. 生活在城市边缘[J]. 中国青年报，2012.

[2]　陈伟. 曹军新. 新兴市场国家代理银行的发展与普惠金融的实现[J]. 新金融，2012.

[3]　杜晓山. 小额信贷的发展与普惠性金融体系框架[J]. 中国农村经济，2006.

[4]　侯加林. 基于普惠金融理念的连片山区支付体系建设研究[J]. 武汉金融，2013.

[5]　焦瑾璞. 我国金融体系需要更多的普惠金融机构[N]. 中国经济导，2013.

[6]　章金萍. 现代商业银行客户经理. 杭州：浙江大学出版社，2003.

[7]　杨明生. 商业银行客户经理必读. 北京：中国金融出版社，2003.

[8]　王良平. 银行客户经理. 广州：广东经济出版社，2000.

[9]　〔美〕菲利普·科特勒. 市场营销管理学. 亚洲版. 中文版. 北京：中国人民大学出版社，1997.

[10]　陈佩爱. 商业银行防范化解金融风险. 深圳：海天出版社，1997.

[11]　何建民. 现代营销管理案例分析. 上海：上海外语教育出版社，2001.

[12]　阴双喜. 网络营销基础. 上海：复旦大学出版社，2001.

[13]　刘永章，叶伟春. 银行营销. 上海：上海财经大学出版社，2001.

[14]　王培志. 市场营销学案例教程. 北京：科学技术出版社，2001.

[15]　王培志. 市场营销学. 北京：中国经济出版社，2002.

[16]　沈蕾，邓丽梅. 金融服务营销. 上海：上海财经大学出版社，2003.

[17]　夏英. 市场营销案例. 北京：机械工业出版社，2004.

[18]　张学陶. 商业银行市场营销. 北京：中国金融出版社，2005.

[19]　耿印权. 曾立星，营销实战精要. 北京：中国经济出版社，2005.

[20]　张洪涛. 保险营销管理. 北京：中国人民大学出版社，2005.

[21]　营销实战精要. 北京：中国经济出版社，2005.

[22]　赖丹声. 银行营销实战原理. 北京：清华大学出版社，2006.

[23]　赖丹声. 银行营销实战案例. 北京：清华大学出版社，2006.

[24]　王方华，彭娟. 金融营销. 上海：上海交通大学出版社，2008.

[25]　梁昭，高静. 金融产品营销与管理. 北京：中国金融出版社，2010.

[26]　周小明，唐小飞. 金融服务营销. 北京：机械工业出版社，2010.

[27]　丘华. 服务营销. 北京：科学出版社，2010.

[28]　徐晟. 金融企业营销理论与实务. 北京：清华大学出版社，2011.

[29]　宋炳方. 商业银行客户营销. 北京：经济管理出版社，2011.

[30]　金融服务营销. 北京：化学工业出版社，2012.

[31]　杨群详. 商务谈判. 大连：东北财经大学出版社，2014.

参考网站

[1] 银行客户经理专业网站 http://www.abc861.com/

[2] 中国人民银行：http://www.pbc.gov.cn/

[3] 中国银监会：http://www.cbrc.gov.cn/

[4] 中国证监会：http://www.csrc.gov.cn/

[5] 中国保监会：http://www.circ.gov.cn/

[6] 中国建设银行：http://www.ccb.com.cn/

[7] 中国银行：http://www.bank-of-china.com/

[8] 中国工商银行：http://www.icbc.com.cn/

[9] 中国农业银行：http://www.abchina.com/

[10] 香港金融管理局：http://www.info.gov.hk/

[11] 国研网

[12] 微软中国 http://www.microsoft.com

[13] 中华企管网 http://www.wiseman.com.cn/

[14] 中国营销传播网 http://www.emkt.com.cn/

[15] 中华营销网 http://www.china-net.com/

[16] www.songsnine.com/main/yxjq.htm

[17] www.snki.net/index.htm

[18] http://wiki.mbalib.com/wiki/DWYER%E6%96%B9%E6%B3%95

[19] http://guide.ppsj.com.cn/art/6401/zgrbcxayyx/